U0572918

权威·前沿·原创

皮书系列为
"十二五""十三五"国家重点图书出版规划项目

医疗器械蓝皮书

BLUE BOOK OF
MEDICAL DEVICE INDUSTRY

中国医疗器械行业数据报告
（2019）

ANNUAL REPORT ON THE DATA OF MEDICAL
DEVICE INDUSTRY IN CHINA (2019)

主　编／金　东　耿鸿武
副主编／李　斌　钱　英　蔡　葵　许　锋

社会科学文献出版社
SOCIAL SCIENCES ACADEMIC PRESS (CHINA)

图书在版编目（CIP）数据

中国医疗器械行业数据报告 . 2019 / 金东，耿鸿武
主编 . -- 北京：社会科学文献出版社，2020.2
（医疗器械蓝皮书）
ISBN 978 - 7 - 5201 - 6137 - 4

Ⅰ . ①中… Ⅱ . ①金… ②耿… Ⅲ . ①医疗器械 - 制
造工业 - 经济发展 - 研究报告 - 中国 - 2019 Ⅳ .
①F426.7

中国版本图书馆 CIP 数据核字（2020）第 025905 号

医疗器械蓝皮书
中国医疗器械行业数据报告（2019）

主 编 / 金 东 耿鸿武
副主编 / 李 斌 钱 英 蔡 葵 许 锋

出 版 人 / 谢寿光
组稿编辑 / 任文武
责任编辑 / 杨 雪

出 版 / 社会科学文献出版社 · 城市和绿色发展分社 （010）59367143
 地址：北京市北三环中路甲 29 号院华龙大厦 邮编：100029
 网址：www.ssap.com.cn
发 行 / 市场营销中心 （010）59367081 59367083
印 装 / 三河市东方印刷有限公司

规 格 / 开 本：787mm × 1092mm 1/16
 印 张：23.25 字 数：345 千字
版 次 / 2020 年 2 月第 1 版 2020 年 2 月第 1 次印刷
书 号 / ISBN 978 - 7 - 5201 - 6137 - 4
定 价 / 158.00 元

这是一本写给医疗器械人"自己"的书。

这也是一本写给关心医疗器械行业"大家"的书。

——《医疗器械蓝皮书》编委会

《医疗器械行业数据报告》编委会

编委会顾问 王宝亭 中国药品监督管理研究会副秘书长

中国药品监督管理研究会医疗器械监督研究专业委员会主任委员

主 编 金 东 《中国医疗设备》杂志社社长

教育部高等学校临床工程专业卫健委规划教材评审委员会副主委

耿鸿武 清华大学老科协医疗健康研究中心执行副主任

九州通医药集团营销总顾问

副 主 编 李 斌 中华医学会医学工程学分会主任委员、上海市医疗设备管理质量控制中心主任

钱 英 中华医学会医学工程学分会候任主任委员、江苏省人民医院副院长

蔡 葵 中华医学会医学工程学分会副主任委员、北京医院放射科主任医师

许 锋 中国研究型医院学会临床工程专业委员会副主任委员、北京大学第三医院医学工程处处长

刘　刚　哈尔滨医科大学国有资产管理处副处长

刘辉强　河北省中医院设备处处长

刘景鑫　吉林省医学影像工程中心主任

刘曼芳　南方医科大学南方医院设备器材科原主任

刘庆涛　青岛海慈医院副院长

刘胜林　华中科技大学同济医学院附属协和医院生物医学工程研究室副主任

卢德玮　云南省第二人民医院设备科科长

路鹤晴　上海市第一妇婴保健院设备科科长

马新武　山东省医学影像学研究所主任

孟祥水　齐鲁医院（青岛）医学工程处处长

倪伟中　太仓市第一人民医院设备科科长

牛志科　鹤壁市人民医院医学装备部副科长

邱　涛　上海至数企业发展有限公司董事长

邵艳新　河北省胸科医院设备处处长

石　曦　天津医科大学中新生态城医院设备部主任

唐立岷　青岛大学附属医院副院长

王　飞　安徽蚌埠医学院第一附属医院医学工程部主任

王　新　新疆医科大学工程技术学院副院长

王志康　浙江大学医学院附属第二医院副院长

魏建新　新疆兵团第三师医院副院长

吴晓东　华西医院医学装备保障部副部长

玄　勇　北京医院器材处处长

杨　东　广州医科大学附属第一医院总务科
　　　　科长

杨东明　武汉大学人民医院基建处处长

杨永辉　河北省胸科医院副院长

印春光　上海儿童医学中心设备科副科长

游　勇　泸州市人民医院医学装备部副科长

喻　瑾　中国医学科学院阜外医院物资采购处
　　　　副处长

于雪梅　首都儿科研究所附属儿童医院医工处
　　　　处长

余巧生　武警北京总队第二医院医学工程科
　　　　主任

袁丹江　荆州市中心医院器材科科长

张恩科　陕西省人民医院医学装备科主任

张凤勤　中国医学科学院阜外医院设备处及物
　　　　资供应处处长

张　龙　河南省人民医院医学装备部主任

张　群　山东新华医疗器械股份有限公司感染
　　　　控制产品事业部

张晓斌　安徽医科大学第一附属医院医学工程
　　　　部主任

张元光　烟台蓬莱市人民医院副院长

张志强　保定市第一中心医院副院长

赵海宏　河北医科大学第三医院设备处处长

赵　珏　通用电气医疗数字化解决方案经理

赵献坤　青岛市立医院器械科主任

郑蕴欣　上海市第六人民医院医学装备部副
　　　　处长

仲　辉　苏北人民医院医学工程部主任

周凤英　北京市朝阳区妇幼保健院超声科主任

朱　波　临沂市肿瘤医院院长助理

朱国昕　北部战区总医院医学工程科主任

撰写小组成员　（按姓氏拼音首字母排序）

曹　悦　范文乾　耿鸿武　金　东　李　凯

路鹤晴　蒙家慧　邱　涛　司玉春　王晓宇

喻　瑾　张凤勤　张　群　赵　珏　郑莎莎

主编简介

金　东　《中国医疗设备》杂志社社长、教育部高等学校临床工程专业卫健委规划教材评审委员会副主委、中国药品监督管理研究会医疗器械监管研究专委会副主委、中国非公立医疗机构协会临床工程分会会长、中国研究型医院学会临床工程专业委员会副主委、中国医院协会医学工程专业委员会副主委。

耿鸿武　清华大学老科协医疗健康研究中心执行副主任（客座教授），九州通医药集团营销总顾问（原业务总裁）、"医疗器械蓝皮书"主编、"输血服务蓝皮书"执行主编、北大继教《医疗渠道管理》授课老师、中国药招联盟发起人，广州2017国际康复论坛特约专家，中药协会药物经济学评审委员会委员，社会科学文献出版社皮书研究院高级研究员。著作有《渠道管理就这么简单》《新电商：做剩下的3%》；主编《中国输血行业发展年度报告》（2016～2019年）四本、《中国医疗器械行业发展年度报告》（2017～2019年）三本。

摘　要

　　本报告立足于近 3 ~ 5 年我国医疗器械和耗材的注册、审批、市场配置、招投标和应用的实际，通过对市场的调研及多方数据的综合处理，用翔实的数据和图表反映了医疗器械行业的现状，揭示了医疗器械行业未来发展方向。报告共包括 5 个部分 8 篇研究报告，包括总报告、注册审批篇、设备市场篇、耗材市场篇、数据实践和应用篇等。总报告对我国医疗器械行业装备调研项目的建立、方法、指标设定、统计上报等做了论述；注册审批数据篇就 2016 ~ 2018 年的医疗器械、耗材、试剂等申报和审批情况进行了分析；设备市场数据篇就 2014 ~ 2018 年 CT、核磁等 7 类医疗设备的数据和 2018 年监护类、呼吸类等 14 类医疗设备的数据，以及 8 类设备的 2018 年中标数据进行了分析；耗材市场数据篇对医用工具类、置入类、植入类等 8 类耗材材料和致病病原体检测、血型组织配型等 5 类相关试剂市场数据进行了分析；数据实践和应用篇选取了 4 家企业应用的案例，进行了为临床服务的数据探索。该报告对我国医疗器械行业未来发展有一定的指导意义。

目　录

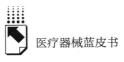

Ⅲ 设备市场篇

Ⅳ 耗材市场篇

Ⅴ 数据实践和应用篇

皮书数据库阅读**使用指南**

序　言

当今，医疗器械作为人们防病治病的重要工具，发挥的作用越来越大。每一次技术革命，特别是每一项医疗器械创新技术的出现，都会给整个医疗器械产业带来新的活力和生机。医疗器械产业发展水平是一个国家科学技术发展水平的重要标志之一。但是由于行业内统一的医疗器械数据平台的欠缺，我国的医疗器械相关数据还不完善，甚至还没有形成统一的规范。因而本书编委会动员了多家医疗机构及企业等单位，邀请了业内众多专家学者共同编纂了这本《中国医疗器械行业数据报告（2019）》。编辑本书的目的是为中国医疗器械行业的发展提供数据支持，为广大业界朋友与有关机构提供数据参考，为推动医疗器械行业发展出一份力。

《中国医疗器械行业数据报告（2019）》是"医疗器械蓝皮书"系列《中国医疗器械行业发展报告（2019）》的姊妹篇。该书收集了来自医疗器械行业多个维度的数据，比较客观真实地反映了我国医疗器械行业发展的现状。本书分析了目前医疗器械行业发展中存在的问题，提出了针对我国医疗器械数据发展的意见和建议，对推动我国医疗器械行业大数据发展和利用具有积极作用。

科学数据是医疗卫生事业改革与发展的重要依据。以数据为基础，经过深度解析，让数据真正在管理流程、辅助决策、服务临床等方面发挥作用，才是本书真正的价值所在。改革开放 40 多年来，中国医疗器械产业发生了天翻地覆的变化。综观医疗卫生事业发展的全局，我们更能清晰地了解如今的医疗器械产业所处的发展阶段和未来的前进方向。2016 年国务院发布《关于促进和规范健康医疗大数据应用发展的指导意见》，"医疗大数据"首度被提上战略层面。2018 年《国家健康医疗大数据标准、安全、服务管理

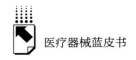

办法（试行）》正式出台，该文件对医疗大数据的标准、安全、服务中的权责利进行了详细规定。这为医疗机构、健康服务公司等数据生产者和使用者提供了方向及规范。医疗器械大数据作为医疗大数据中不可或缺的重要组成部分，需要大家的共同努力，齐心协力去收集、建设和应用。

2019 年，医疗大数据行业持续升温，医疗器械大数据建设逐渐崭露头角。对于医疗器械大数据平台来说，增强数据集成和标准化是建设平台的关键，当然更需要挖掘医疗器械大数据的价值。这就需要进一步对数据进行互联互通、精细化管理，满足社会对医疗器械行业发展研究的需求，想办法弥补我国医疗器械行业数据的不足。

经过编委会和全体作者近一年的努力，《中国医疗器械行业数据报告（2019）》即将出版发行。该书编委和作者来自三甲医院、国内顶尖的学术机构，以及国内外知名的医疗器械生产企业。他们在医疗器械行业深耕多年，具有丰富的实践工作经验和较深的理论基础。在这里我们对编委会和作者们的辛勤劳动和认真工作表示感谢，并预祝新书上市发行取得成功。

《中国医疗器械行业数据报告（2019）》是我国第一部关于医疗器械行业数据的报告，对目前我国医疗器械市场、使用、管理等数据进行了比较系统的汇总和分析，同时对国外的行业数据及先进经验进行对标研究，具有较强的指导性和参考价值。由于我国医疗器械数据收集体系还不完善、不规范，文中所引用的数据不全面、不准确在所难免。希望医疗器械行业的朋友们提出宝贵意见，以便今后共同努力，为推动我国医疗器械行业健康发展做出更大贡献。

王宝亭

二〇一九年八月二十六日

前　言

　　"医疗器械蓝皮书"之《中国医疗器械行业数据报告（2019）》作为《中国医疗器械行业发展报告（2019）》的姊妹篇，经过近一年的策划、组稿、编撰即将出版。此时此刻，我们既兴奋，也惴惴不安。

　　我国医疗器械行业借助改革开放的春风，在过去的40多年中取得了辉煌的业绩，得到了十足的发展。但是，作为一个新兴行业，数据的欠缺、数据挖掘的不足，成为制约行业发展的要素之一。2018年，在编写医疗器械行业发展报告的过程中，王宝亭司长多次提议可否就行业的数据进行专门的研究，在他的提议下，《中国医疗设备》杂志社的金东社长找到我商量，可否在他们过去近十年市场调研的基础上出一部行业的数据报告，在与社会科学文献出版社协商后，得到了绿色和城市发展分社任文武社长的大力支持，最后决定在"医疗器械蓝皮书"系列下增加一部关于行业数据的报告，作为医疗器械发展报告的姊妹篇，这就有了本报告的诞生。

　　在策划组织编写数据报告过程中，我们感到困难远远比想象的要多得多。一是数据用时方恨少，现有可以利用的数据严重不足，来源相对单一，可信度无从考证等，唯恐不能让读者满意；二是医疗器械的数据繁杂，既有市场、销售、配置、招标等行业数据，又有来自病人或者医疗器械使用者自身的外源性数据，还有医疗器械装备自身产生的大量的医学数据，选择哪些数据才更能满足读者的需求成为我们重点思考的问题；三是医疗器械品类繁杂，分类方法多种多样，一部报告很难穷尽所有的类别。鉴于此，2019年的5月，本书编委会在上海专门组织了编委扩大会，与会的代表提出了诸多好的建议和方法，最终我们决定以《中国医疗设备》杂志社的市场调

研数据，南京智械平台的产品注册、审批和医用耗材等数据及中国国际招标网医疗设备的中标数据为基础进行研究，并增加了医疗器械行业中应用数据、提高临床服务的部分企业案例。虽然上述数据仅仅是管中窥豹，但是我们希望医疗器械人能够窥一斑而见全局。从严格意义上讲，我们深知上述的努力也许离大数据的要求还相距甚远，但是我们希望通过我们的不懈努力，中国医疗器械行业数据年度报告可以做得越来越全面，越来越好。

《中国医疗器械行业数据报告（2019）》共包括 5 个部分，包括总报告、注册审批篇、设备市场篇、耗材市场篇、数据实践和应用篇等。全书共 8 篇研究报告。总报告对我国医疗器械行业装备调研项目的建立、方法、指标设定、统计上报等做了论述；注册审批篇就 2016～2018 年的医疗器械、耗材、试剂等申报和审批情况进行了分析；设备市场篇就 2014～2018 年 CT、核磁等 7 类医疗设备的数据和 2018 年监护类、呼吸类等 14 类医疗设备的数据，以及 8 类设备的中标数据进行了分析；耗材市场篇对医用工具类、置入类、植入类等 8 类耗材材料和致病病原体检测、血型组织配型等 5 类相关试剂市场数据进行了分析；数据实践和应用篇选取了 4 家企业应用的案例，进行了为临床服务的数据探索。

由于时间匆忙及参与编写者自身的局限，本报告数据难免有不准确和分析不到位的地方，甚至会出现错误，我们诚挚地希望读者能够提出宝贵的建议，以供日后我们进行完善和修正。

编撰过程中，我们得到了中国药品监督管理研究会副秘书长、中国药品监督管理研究会医疗器械监督研究专业委员会主任委员王宝亭的大力支持与指导；各位编委专家也为本书提供了很好的建议。特别要感谢参与本书撰写的 15 位作者，他们牺牲了大量的业余时间，不厌其烦地一遍遍进行报告的修改和完善，尤其是金东主编领导的《中国医疗设备》杂志社编写团队和范文乾领导的南京智械信息科技有限公司编写团队，付出了辛勤的劳动。感谢李斌副主编对数据应用与实践篇进行了修订。

　　祝愿这本大数据报告伴随着我国医疗器械行业的"黄金发展期"一同成长，成为行业历史的记录者和行业研究的重要参考。

耿鸿武

二〇一九年八月二十七日于北京

总 报 告

General Report

B.1
我国医疗器械行业拥抱大数据新时代

——医疗器械行业数据调研项目的进展及未来趋势

摘　要： 随着互联网技术的高速发展，以及医疗条件的日益改善，医疗器械行业也进入大数据时代。本文从大数据定义入手，阐述了大数据在医疗机械行业的应用，并根据我国医疗器械数据化发展现状，找出不足；介绍了"中国医疗设备行业数据及售后服务调查"项目的设计和实施；探讨了我国医疗器械行业数据化发展的未来趋势，给出我国医疗器械数据化发展的建议。

* 耿鸿武，清华大学老科协医疗健康研究中心客座教授、九州通医药集团营销总顾问（原业务总裁）；金东，《中国医疗设备》杂志社社长、教育部高等学校临床工程专业卫健委规划教材评审委员会副主委、中国非公立医疗机构协会临床工程分会会长、中国研究型医院学会临床工程专业委员会副主委。

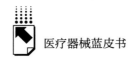

关键词： 大数据 医疗器械 行业数据

医疗器械关系到人类生命健康，其发展水平代表了一个国家的综合经济、技术的实力与水平。改革开放四十多年来，我国医疗器械行业迅猛发展，在注册审批、研发、生产、流通和使用各个方面均取得前所未有的成就。

随着计算机技术的飞速发展，尤其是"互联网＋"概念的兴起，各个行业都在发展行业大数据，加之政策的积极引导，医疗器械领域也开始进行积极的探讨。

大数据的概念最早起源于 IT 行业，是指无法在一定时间范围内用常规软件工具进行捕捉、管理和处理的数据集合，人们通过数据可以获得更强的决策力、洞察发现力和流程优化能力，是一种海量、高增长率和多样化的信息资产。然而，医疗器械行业目前数据的欠缺，尤其是医疗机构设备、耗材的配置和使用数据的不完善、不系统，成为制约行业研究和行业发展的瓶颈。

为了解决此问题，客观、全面地反映我国医院设备、品牌等配置现状及设备售后服务的真实情况，帮助医疗机构科学、经济地配置设备，引导医疗设备厂商规范服务行为、提高售后服务质量，自 2010 年起，《中国医疗设备》杂志社联合中华医学会医学工程学分会开展了"中国医疗设备行业数据及售后服务调查"活动。此活动以年度为单位，每年进行一次调查，邀请全国 2000 余名公立医院院长、设备科长、主任、工程师填报数据和参与打分评价。目前，每年的调查结果被业内誉为医疗器械行业的"金数据"。我们试图通过此种方式，经过不懈的努力，构建出医疗器械行业各个细分市场的数据库，继而最终实现医疗器械的"大数据"。

一 我国医疗器械行业大数据发展概要

2015 年 7 月 4 日，国务院发布《关于积极推进"互联网＋"行动的指导意见》（国发〔2015〕40号），明确指出支持第三方机构构建医学影像、健康档案、检验报告、电子病历等医疗信息共享服务平台。2015年8月，国务院发布了《促进大数据发展行动纲要》，指出发展医疗健康服务大数据，构建综合健康服务应用。2016年10月25日，《"健康中国2030"规划纲要》明确要求加强健康医疗大数据应用体系建设，推进基于区域人口健康信息平台的健康医疗大数据开放共享。2018年4月28日，国务院办公厅正式发布《关于促进"互联网＋医疗健康"发展的意见》（以下简称《意见》），明确从医疗、公共卫生、家庭医生签约、药品供应保障、医保结算、医学教育和科普、人工智能应用等方面推动互联网与医疗健康服务相融合；随后，国务院、卫健委相继发布了多项政策，以促进各省市政府将健康医疗大数据提升至战略层面。截至2019年，国家作为政策引导方，已出台了50余条《纲要》或《意见》，我国健康医疗大数据已开始起步。

医疗器械领域作为我国健康医疗的重要部分，进行了各个方面大数据的探讨。从医疗器械产业和产品的应用角度，我们可以把常用的医疗器械大数据划分为两大类，即市场数据和应用数据；其中，应用数据从数据来源上又可以分为两类，一类是外源型医疗器械大数据；另一类是内源型医疗器械大数据。

（一）市场数据

市场数据通常来源于产品的研发、注册、审批、招标、医院配置、配置后的使用、设备的售后及更新等多个环节，具有一定的动态性，且数量巨大。到目前为止，国内还没有一套系统可以全面对上述数据进行统计和分析。

（二）应用数据

1. 外源型医疗器械大数据

外部环境通过医疗器械反映出来的数据，即来自病人或者使用者自身的数据，可以称之为外源型医疗器械大数据。使用者通过佩戴、使用具备传感

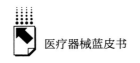

器等设备的医疗器械，其生理特征以数据的形式被汇集起来，这样得到的大规模数据集，因使用方式、场景不同，数据类型也不同。

（1）穿戴式医疗器械

穿戴式医疗器械是指将穿戴式技术应用到医疗器械上，从而开发出的新型医疗器械的总称。其本意是通过人与科技的交互探索，使每个人能够享受其专有的、个性化的医疗服务。

目前国内外可穿戴式医疗器械主要集中在病患管理、智能体检、健康追踪等方面。例如小米的 iHealth 智能血压仪，利用手机一键测血压，操作便捷，结果简单易懂；Scanadu 的 Scanadu Urine，通过检测尿液中的化学成分来判断健康状况等。

随着社会经济的发展，以及大众对于自身健康重视程度的日益增强，方便、快捷、及时的可穿戴式医疗器械市场也变得越来越大，从而大数据在此方面的应用范围也会越来越高。

（2）居家型联网医疗器械

居家型联网医疗器械是指使用者不受时间和所处环境限制，可以自己在家使用的医疗器械，并通过互联网共享数据，随时分析健康隐患和风险。

居家型联网医疗器械涵盖个人紧急应变系统、睡眠追踪、手术后监护、年长者居家安全等应用。例如家用医疗检测器材 Cue，可快速检测并依据数值提出就医建议；睡眠监测产品 Beddit 不只是睡眠状态的监测，也能透过软件分析所搜集的信息，提供改善建议。

（3）智能医疗

常规而言，病人去医院看病的流程是首先通过医疗器械对病患部位进行检查，然后由医生对检查结果加以分析判断，给出诊断建议。这种模式受医生学识、经验的限制，诊断结果在一定程度上也会出现主观失误的情况。

为改善这种情况，目前医院逐渐发展出智能诊疗、智能影像识别等智能医疗方向。例如微医云的智能分级诊疗系统，通过 AI 辅助诊断提升基层医生诊疗能力；智能影像识别则是对影像数据标注后，训练模型，仍需要医生参与，辅助医生进行分类。

2. 内源型医疗器械大数据

医疗器械内部环境呈现出的数据，即医疗器械自身产生的数据，可以称之为内源型医疗器械大数据。将医疗器械运行时间、参数、维修情况、保养情况等数据汇至数据库，对其进行分析，从而可以实现更加科学有效的医疗器械管理。

作为医院能够顺利运作的因素之一，医疗器械尤其是大型医疗器械，价值贵重，技术含量高，医院对其管理上也应该加以重视。随着我国医疗体系的逐步完善，医院中医疗器械的种类、数量都在不断增加。过往以人工记录的方式管理医疗器械，不仅效率低下，而且容易出现遗漏的情况，这种方式将不再适合新时代医院的医疗器械管理模式。

3. 医疗器械行业大数据刚刚起步

当前我国医疗器械行业数据化建设仍处于起步阶段，各项技术仍不够成熟，试点医院多为国内三甲医院，较少基层医疗机构。参与企业也限制在几个领域内，大部分医疗器械企业对该领域认知尚存在空白。这对数据类型产生了较多限制，且信息和数据各自独立，没有相互整合。参与人员多为医生或者 IT 从业人员，缺少专业人才培养，对于医疗器械行业数据化发展有所束缚。

另外现在社会上各种信息泄露、电信诈骗等事件层出不穷，人们对于数据隐私越来越敏感，尤其在涉及生理健康方面，更是小心翼翼。而数据共享恰是数据化发展的前提之一，所以大众接受程度单薄也在一定程度上束缚了医疗器械行业数据化的发展。

4. 我国医疗器械行业大数据建设急需改善的方面

（1）社会老龄化程度加重，解决老年人健康监控

国家统计局发布的人口数据显示，截止到 2018 年末，我国 60 周岁及以上人口数量共计 24949 万人，占全部人口的 17.9%（见表 1）。

根据联合国传统标准，一个国家或地区 60 岁及以上老人数量达到总人口数量的 10%，即可称该国家或者地区进入老龄化社会。而我国 60 岁及以上人口比例在 2016 年已达 16.7%，且这个比例还有逐年递增的趋势，也就

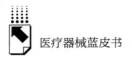
表1 2016～2018年我国60周岁（含）以上人口情况

年份	老年人口数(万)	占全部人口比例(%)
2016	23086	16.7
2017	24090	17.3
2018	24949	17.9

是目前我国已经步入严重老龄化社会。

老年人是疾病的高发人群，尤其是各种老年病、慢性病频发，这些疾病没有达到住院治疗的程度，却要随时监控病情发展。所以未来医疗器械大数据在老年人健康监控方面有着广阔的发展空间。医疗器械大数据，将改变我国慢性病、职业病等疾病的治疗现状，随时随地可以治疗和预防疾病的特征，为老年病、慢性病的防治提供长期治疗的时间和可操作性。

（2）医疗资源分布不平衡，提升基层诊疗能力

我国的经济环境有着"东富西贫，资源分布不均"的特点，医疗环境也存在"东多西少，医疗资源不平衡"的情况。截止到2019年2月，各省医院数量如表2所示。相对而言，西部地区医院数量远远低于东部发达地区，医疗环境稍差。

表2 我国各地区/省份医院数量

省份	医院数量	省份	医院数量	省份	医院数量
北 京	646	安 徽	1148	四 川	2347
天 津	422	福 建	646	贵 州	1314
河 北	2111	江 西	446	云 南	1282
山 西	1372	山 东	2584	西 藏	157
内蒙古	809	河 南	1906	陕 西	1158
辽 宁	1362	湖 南	1562	甘 肃	627
吉 林	777	湖 北	999	青 海	218
黑龙江	1105	广 东	1544	新 疆	905
上 海	359	广 西	622	宁 夏	225
江 苏	1858	海 南	218		
浙 江	1289	重 庆	807		

大力发展医疗器械行业数据化建设，实现远程诊断，可以提升偏远基层医疗机构诊疗能力，节约时间和金钱，减少病患治疗成本，减轻上级医院医疗压力。

（3）三级医疗机构病患压力大，提高诊断效率

随着人民经济条件的改善和大家健康观念的转变，很多患者不管病情轻重，一味追求大医院看病效果，从而出现"看病难，看病贵"。近年来国家致力于推行分级诊疗政策也是为了缓解这种局面。

推进医疗器械行业数据化建设，实现智能医疗，例如通过智能影像识别完成病理分类，通过指数的改变来及时纠正病理的变化，提高医生诊断效率，缓解医院诊疗压力。

二　我国医疗器械行业数据调研项目

为何实现医疗器械行业的"大数据"化，从 2001 年起，我们开始进行此方面的探讨，建立了"中国医疗设备行业数据及售后服务调查"项目，该项目坚持公平、公正、独立的第三方调查原则，九年来备受各级政府、医院、卫生机构、招标采购部门、企业和媒体高度关注。调查数据和结果帮助医院高效管理在用设备，帮助企业及时发现自身问题，极大地推动了中国医疗设备行业数据的发展，同时也为政府制定与实施相应行业政策提供了数据参考。调查数据覆盖医院较广；问卷设计和填写人员比较专业、固定，所有问卷均可溯源。

经过多年经验累积，中国医疗器械行业数据调研活动建立了完善的行业研究员系统，由医院固定的临床工程从业人员填写，所有问卷均实名填写，且可溯源；具有专有的问卷填写系统，问卷在好医工 App、好医工 PC 端完成填写，数据直接汇入服务器；专业的数据分析，从保有率、故障率、综合满意度等 11 个维度分析行业情况。近十年来，共回收问卷 40575 份（见图 1）。

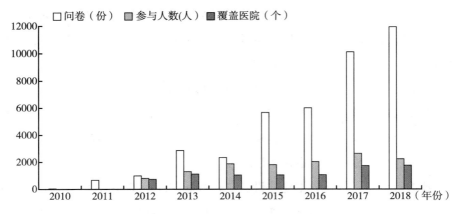

图1　2010~2018年中国医疗设备行业数据调研问卷回收情况

（一）十年磨一剑，医疗器械调研项目日趋完善

从不断完善和提高的角度看，中国医疗器械行业数据调研项目大体经历了三个发展阶段。

1. 2010~2011年建立调研项目并开始实施

2010年，为了在全国医学工程领域内宣传、鼓励和表彰优秀的技术型医工人员，树立比、学、敢、帮的医工行业新风，鼓励厂家做好售后服务，中华医学会医学工程学分会联合《中国医疗设备》杂志社开展了中国医疗设备售后服务调查活动。

调研活动主要面向学会内部专家；调研涵盖6类医疗设备，分别是放射影像类、超声类、监护设备类、内窥镜类、呼吸类；调研方式为填写纸质版问卷，回收之后电子化汇总；调研内容有6个指标，主要是分析企业的售后服务满意度。2011年，调研对象扩大至全国二甲以上医院，中华医学会医学工程学分会委员、常委及相关专家；调研范围涵盖7类医疗设备，增加血液净化类；调研方式电子化，以纸质问卷为主，Email问卷为辅；调研回收问卷数量共计622份，覆盖二级以上医院数500余家。

2. 2012~2016年数据调研进一步完善，范围进一步扩大

2012年，调查对象扩大至全国二级以上医疗机构设备管理部门；调查

范围在上一年 7 个类别的基础上，调整为 17 类。调研回收问卷数量共计 1024 份，覆盖二级以上医院数 736 家，其中 523 家为三级医院，213 家为二级医院；调研维度分为质量、价格、效率、培训和其他五个方面，共计 20 个指标。2013 年，项目对数据研究员进行了实名认证，问卷可靠性更高；调研范围进一步调整为 15 类。调研方式为《中国医疗设备》杂志社在网站发布问卷，行业研究员网上作答；调研回收问卷数量共计 1844 份，覆盖二级以上医院数 1120 家，其中三级医院 722 家，二级医院 398 家；调研维度分为配送服务、产品保证、维修服务、投诉处理和培训服务五个方面，共计 15 个指标。2014 年，调研范围增至 19 类；调研回收问卷数量共计 1713 份，覆盖全国 1048 家二级以上医院，其中三级医院 684 家、二级医院 364 家。2015 年，调研范围增至 21 类，增加病理类和手术显微镜类，调整 DR 类为普放类，调整消毒与灭菌类为消毒设备类；调研问卷更有针对性，大型设备和小型设备分别设置不同问卷；调研回收问卷数量共计 1618 份，覆盖全国 1042 家二级以上医院，其中三级医院 689 家、二级医院 353 家；调研分析维度增加设备可靠率。

2016 年，调研对象扩大为各等级医疗机构设备管理部门从业人员，除二级以上医院外，其他医疗机构（基层医院、专业医疗机构等）也开始参与到调研活动中；调研回收问卷数量共计 2025 份，覆盖全国 1126 家二级以上医院；调研分析维度增加使用效率、设备老化及故障情况、维修保养情况以及满意度和重要度模型方面指标，涉及内容更广。

3. 2017~2019年数据调研的完善和提高

2017 年，调研范围略有调整，调整普放类为 X 射线类。根据产品线设备特性，将所有调研设备分为六大类，分别是影像类设备，核医学、放疗等甲类设备，急救与生命支持设备，腔镜类设备，手术室设备，实验室设备；调研问卷根据产品线不同，问题也不尽相同，更加准确；调研回收问卷数量共计 2638 份，覆盖全国 1728 家医疗机构，其中三级医院 730 家、二级医院 414 家、其他医疗机构 584 家；调研维度调整为产品质量、维修质量、价格、效率、培训和服务态度这六个方面；调研分析维度也做出较大调整，分

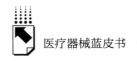
别是保有率、分级保有率、满意度、分级满意度、分省满意度、六维综合满意度、核心环节竞争力、年平均故障次数、维保履行率、维修付款方式、无间断服务情况、推荐度、四分图模型。

2018 年，调研对象以医疗机构设备管理部门从业人员为基础，逐渐向临床使用科室及影像科、检验科等设备使用科室延伸。经过各产品线数据研讨会讨论，调整放疗类为直线加速器类，调整消毒设备类为供应室及手术室消毒类，其中包括：脉动真空压力蒸汽灭菌器、环氧乙烷灭菌器、过氧化氢低温等离子灭菌器、医用全自动器械清洗机、卡式灭菌器、小型高温蒸汽灭菌器。2018 年，国家卫生健康委员会发布文件《大型医用设备科学配置许可管理目录（2018 年）》，对甲、乙类大型医用设备涵盖范围进行调整，直线加速器（放疗类设备）不再列入甲类大型医用设备，故将核医学、放疗等甲类设备和影像类设备合并为数字诊疗装备。调研方式首次通过好医工 App 完成填写，并且可以实时查看数据报告。调研回收问卷数量共计 2233 份，覆盖全国 1752 家医疗机构，其中三级医院 636 家、二级医院 371 家；调研分析维度调整推荐度为净推荐率，增加意向回购率。

（二）医疗器械数据调研的设计及方法

1. 数据调研的设计思路

数据调研活动的主要目的是通过对医疗机构在用医疗设备的统计，经过科学分析，反哺行业发展。调查对象为医疗机构，分为两类，一类是设备管理部门，该部门负责医疗设备保障管理工作，能够反馈医院的设备配置情况及厂家提供售后服务情况；另一类是临床及医技等设备使用部门，这些部门的医护人员对各厂家的售后服务也有直接接触，可以直接地反馈厂家的服务。数据调查包括 6 个维度。调查问卷涉及指标多达 20 余项。

数据调研采用 Delphi 法制定中国医疗设备行业数据及售后服务调查问卷。由放射诊断专家、医学工程专家及统计学专家组成专家小组，考虑整个医疗设备使用及售后服务流程涉及的指标，制定初步调查问卷，然后结合专家咨询、座谈、试答的方式对问卷进行优化，经多轮意见收集和反馈后，确认问卷内容。每年联合医院设备使用科室以及医疗设备企业人员举办行业数据研讨会，根据实际工作需要对问卷进行调整和完善。

效度一般指问卷的有效性和准确性，即测量工具能够准确测出所需测量事物的程度。效度通常分为三种类型：内容效度、准则效度和结构效度。本项目采用结构效度分析，指测量结果体现出来的某种结构与测值之间的对应程度，采用 KMO 值来判断问卷效度是否合理，判断标准如表 3 所示。

表 3　结构效度判定准则

KMO 系数	KMO≥0.9	0.7≤KMO≤0.9	0.6≤KMO≤0.7	KMO≤0.6
结构效度	非常好	较好	尚可	较差,不可用

对 2014~2018 年行业数据及售后服务调查影像类设备问卷设计的科学性评估，所得效度检验结果如表 4 所示。根据检验结果，结合判定标准，这 5 年问卷检验 KMO 值均大于 0.9，故问卷的结构设置是有效可用的。

表 4　2014~2018 年影像类设备问卷效度检验结果

年份	KMO 值	年份	KMO 值
2014	0.951	2017	0.954
2015	0.932	2018	0.963
2016	0.951		

信度主要指问卷数据是否精准，即采用同样的方法对同一对象重复测量时所得结果的一致性程度。其分析方法主要有重测信度法、复本信度法、分半信度法和内部一致性信度法。本项目采用内部一致性信度法，判定标准如表 5 所示。

表 5　信度检验标准

α 系数	α≥0.9	0.8≤α<0.9	0.7≤α<0.8	α<0.7
结构效度	很高	可以接受	有一定参考价值	数据不可用

对 2014～2018 年行业数据及售后服务调查影像类设备数据的可信度评估，所得信度检验结果如表 6 所示。根据检验结果，结合判定标准，这 5 年数据信度检验 α 值均大于 0.9，故调研的数据可信度较高，结果有效。

表 6   2014～2018 年影像类设备数据信度检验结果

年份	α 值	年份	α 值
2014	0.921	2017	0.951
2015	0.913	2018	0.960
2016	0.947		

2. 数据调研的品类划分

2018 年根据医院医疗设备配置情况，将医院在用设备分为五大类，分别为数字诊疗装备、急救与生命支持类设备、腔镜类设备、手术室设备、实验室设备。

在五大类设备中细分了二十一类，分别是 CT 类、磁共振 MRI 类、血管造影机 DSA 类、X 射线类、超声影像类、直线加速器类、核医学类、监护类、呼吸类、输注泵类、血液净化类、软式内窥镜类、硬式内窥镜类、麻醉类、电刀/超声刀等医用刀类、灯床塔等手术室设备类、医用激光类、供应室及手术室消毒类、手术显微镜类、检验设备类、病理类。具体情况如表 7 所示。

表 7   中国医疗设备行业数据调研细分子类

大类	细分子类
数字诊疗装备	CT 类、磁共振 MRI 类、血管造影机 DSA 类、X 射线类、超声影像类、直线加速器类、核医学类
急救与生命支持类设备	监护类、呼吸类、输注泵类、血液净化类
腔镜类设备	软式内窥镜类、硬式内窥镜类
手术室设备	麻醉类、电刀/超声刀等医用刀类、灯床塔等手术室设备类、医用激光类、供应室及手术室消毒类、手术显微镜类
实验室设备	检验设备类、病理类

3. 数据调研的内容设计

"中国医疗设备行业数据调查"主要调研医疗设备的配置、售后服务、设备维护保养以及使用故障情况，分别从产品质量、维修质量、价格、效率、培训、服务态度六个维度进行调研。

调查问卷，从基本的安装、维修、备件的提供，到定期维护、系统升级，再到人员培训等，涉及指标达 20 多个，逐年进行了完善和调整。如 2015 年调查问卷在 2014 年的基础上减少了对返修次数的满意度及对维修价格清单的满意度两个问题，将报修后工程师到达现场速度的满意度问题及维修周期长度的满意度合并成对维修效率的整体满意度；2016 年调查问卷在 2015 年的基础上将对产品可靠性及适用性评价的指标拆分成两个问题，将维修效率相关问题全部进行了拆分，增加了对工程师服务态度满意度、企业提供维修培训计划完成效果的满意度。2017 年，调查问卷对产品适用性评价的指标改为对产品易用性满意度，将保修期以外提供的服务的满意度改为保修期内是否定期按医院实际需求提供维护保养；新增对开放维修诊断数据接口及故障代码的满意度；将保修期内是否定期按医院实际需求提供维护保养、维修付款方式以及周末节假日工程师是否提供上门维修服务改为了选择题。2018 年，将您是否推荐该品牌改为您对该品牌设备的推荐程度，新增您是否愿意再次购买使用该品牌设备的问题，共 28 项（见表 8）。

4. 数据的上报和统计分析

调查活动具有专有的问卷填写系统，问卷主要通过在好医工 App、好医工 PC 端完成填写，数据直接汇入服务器，由《中国医疗设备》杂志社行业数据部进行数据的双盲清洗、统计和分析。

（1）保有率

主要调研医院在用设备的配置情况，根据医院在用设备中各品牌设备数量所占比例计算得出。

（2）满意度

主要采用了专家权重及台件权重的方法。调研问卷设置了 15 ~ 25 个数

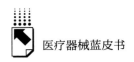

表8 2018年度调查问卷

指标	评价内容	品牌
设备基本信息	各品牌产品台数 单位：_____台	
	1. 产品型号_____（选填） （如有多个型号请尽可能多的填写）	
产品质量	2. 对产品可靠性的满意度	★★★★★
	3. 对产品易用性的满意度	★★★★★
	4. 对基本维修资料（维修手册、维修图纸、电路图、操作手册、技术参数、专用维修工具等）开放程度的满意度	★★★★★
	5. 开放维修诊断数据接口及故障代码的满意度	★★★★★
维修质量	6. 对工程师维修水平的满意度	★★★★★
	7. 对维修后返修情况的满意度	★★★★★
	8. 对维修/保养后，企业提供的维保记录和检测报告的满意度（是否详细准确）	★★★★★
	9. 对维修后厂家提供的设备检定或检测服务的满意度	★★★★★
	10. 保修期内是否定期按医院实际需求提供维护保养	是/否
价格	11. 对厂家工程师上门维修费用的满意度	★★★★★
	12. 对配件价格的满意度	★★★★★
	13. 对保修合同价格的满意度	★★★★★
	14. 维修付款方式	先修后付款/先付款后修
效率	15. 对厂家履行合同规定的设备到货速度的满意度	★★★★★
	16. 对安装速度的满意度	★★★★★
	17. 对配件到货速度的满意度	★★★★★
	18. 对厂家工程师维修响应、到达现场和修复速度的满意度	★★★★★
培训	19. 对设备科人员提供无附加条件的维修培训的满意度	★★★★★
	20. 对临床使用培训的满意度	★★★★★
	21. 对合同规定的培训条款履约情况的满意度	★★★★★
服务态度	22. 对厂家工程师服务态度的满意度（维修思路清晰，措施有效，沟通有效，态度和善）	★★★★★
	23. 周末节假日工程师是否提供上门维修服务？	是/否
其他	24. 该类设备是否对医院开放维修密码？	是/否
	25. 您对该品牌设备的推荐程度	★★★★★
	26. 您是否愿意再次购买使用该品牌设备？ 原因_____	是/否
	27. 1年内，该品牌设备的总故障次数（总故障次数是指报修的故障次数，与是否产生维修费用无关）	
	28. 该类设备是否根据约定（合同）按时支付维修费用	

量不等的打分题，设备使用者对这些问题的关注程度并非一样，故设置专家权重以平衡各指标的重要程度。专家权重是通过专家赋权法来确定的。从全国各地区选取多位医疗设备使用及管理专家对售后服务评价指标重要程度进行打分，以此来确定各指标重要程度的权重高低。

另外，由于医院等级、规模、服务对象的不同，所以不同医院在医疗设备的配置数量上也有很大差别，这对设备服务评估有较大影响。为体现装机量是影响满意度的重要因子，减轻由装机量差距引起的片面权重倾斜，采用装机量的平方根作为权重因子，设置了台件权重。

结合专家权重和台件权重，采用加权平均法得到设备售后服务满意度，加权平均值的计算方法如下。

利用指标权重得到每个评价者对设备的综合评价情况，计算方法如下：

$$\bar{x}_i = \omega_1 x_{1i} + \omega_2 x_{2i} + \cdots + \omega_n x_{ji}$$

其中 $\bar{x}_i$ 是指第 i 个评价者的评价得分，ω_n 为第 n 个指标的权重，x_{ji} 为第 i 个评价者在第 j 个指标上的评价打分。

然后结合台件权重，得到同一类型设备中所有评价者的综合分值，计算方法如下：

$$\bar{\bar{x}} = \mu_1 \bar{x}_1 + \mu_2 \bar{x}_2 + \cdots + \mu_n \bar{x}_n$$

其中 $\bar{\bar{x}}$ 为综合评价分值，μ_n 为第 n 个评价者台件权重。

（3）六维综合满意度

从产品质量、维修质量、价格、效率、培训、服务态度六个维度来综合评价各品牌的表现。根据六维综合满意度，可以看出各品牌在每个方面服务的优劣，好的方面维持，欠缺的方面着重提升，有的放矢，更加有效地提升整体售后服务质量。

（4）核心环节竞争力

医院专家对调研的全部问题进行重要度评价，得出各个问题的权重，将医院最关心的 4 个问题称为核心环节，各企业在这 4 个问题上得到的满意度

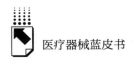

就是其核心环节竞争力。核心环节问题是医院最为看重的问题，也是对满意度影响最大的问题。这方面满意度越高，企业在这个核心环节上的竞争力越强。

（5）维保履行率

维保履行率展示了在保修期内厂家定期按医院需求提供维护保养的情况。维保履行率越高，企业在保修期内按照医院需求对医院设备提供维护保养的比例越高。

（6）维修付款方式

维修付款方式是指企业提供售后维修时，选择"先修后付款"的比例。这个指标越高，越能体现出企业更加注重客户需求，以客户满意为先。

（7）无间断服务

无间断服务是指企业在周末、节假日提供上门维系服务的比例。指标越高，说明企业无间断售后服务越好。

（8）净推荐率

主要为计量客户向其他人推荐某个品牌设备可能性的指数。计算方法为推荐者的比例减去贬低者的比例。计算方法为：净推荐率（NPS）=（推荐者数/总样本数）×100% –（贬损者数/总样本数）×100%

（9）意向复购率

客户愿意再次购买该品牌设备的比例，是在体验过该品牌设备之后做出的选择。

（10）满意度和重要度模型

主要通过调研列出设备服务相关的所有指标，对每个指标设重要度和满意度两个属性，根据客户对该指标的重要程度及满意程度的打分，将影响企业满意度的各因素归进四个象限内，可按归类结果对这些因素分别处理（见图2）。

第一象限为优势区，该区域指标均为高重要度高满意度。本区域内的指标是运营管理的主要关注点，该区域内指标越多说明企业的整体服务水平越高，客户满意程度越高。

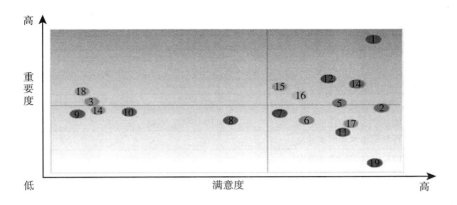

图2 满意度和重要度模型

第二象限为修补区，该区域指标为高重要度低满意度。本区域内指标均为重要指标，但是企业在这方面做得不够，客户满意度低。所以该区域内的指标是企业服务的短板，企业需重点关注，亟须改善提高。

第三象限为机会区，该区域内的指标均为低重要度低满意度。本区域内的指标是设备运营的次要关注点，本区域内的指标重要度较低，客户的满意度和关注度也较低，企业可根据实际条件适当调整本区域内的指标投入。

第四象限为维持区，该区域内指标为低重要度高满意度。本区域内指标是设备运营的次要关注点，客户虽然关注度低但是较为满意，所以该区域内指标需要企业继续保持。

满意度和重要度模型四分图内编号释义详见表9。其中第一部分七类产品线编号为①～⑲号，第二部分十四类产品线编号为①～⑰号。其中对开放维修诊断数据接口及故障代码的满意度、对安装速度的满意度两个问题仅适用于第一部分七类产品线（数字诊疗装备），故不在第二部分十四类产品线的问题中体现。

（11）箱型图

主要用来表示个体属性的分散情况，尤其在比较不同的母体数据时更可表现其差异（见图3）。

表9 2018年设备满意度和重要度四分图编号释义

编号	释义
①	对产品可靠性的满意度
②	对产品易用性的满意度
③	对基本维修资料(维修手册、维修图纸、操作手册、技术参数、专用维修工具等)开放程度的满意度
④	对工程师维修水平的满意度
⑤	对维修后返修情况的满意度
⑥	对维修/保养后,企业提供的维保记录和检测报告的满意度(是否详细准确)
⑦	维修后厂家提供的设备检定或检测服务的满意度
⑧	对厂家工程师上门维修费用的满意度
⑨	对配件价格的满意度
⑩	对保修合同价格的满意度
⑪	对厂家履行合同规定的设备到货速度的满意度
⑫	对配件到货速度的满意度
⑬	对厂家工程师维修响应、到达现场、修复速度的满意度
⑭	对设备科人员提供无附加条件的维修培训的满意度
⑮	对临床使用培训的满意度
⑯	对合同规定的培训条款履约情况的满意度
⑰	对厂家工程师服务态度的满意度(维修思路清晰、措施有效、沟通有效、态度和善)
⑱	对开放维修诊断数据接口及故障代码的满意度
⑲	对安装速度的满意度

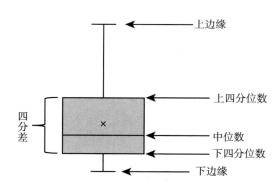

图3 箱型图模型

本报告对于设备的中标金额采用箱型图进行分析。箱型图中，上边缘表示在用设备的中标金额最大值，下边缘表示设备中标金额的最小值；上四分位数表示75%的中标金额在该数值以下，中位数表示50%的中标金额在该数值以下，下四分位数表示25%的中标金额在该数值以下，四分差间距越小表示中标金额分布越集中。

三　2018年数据调研的实施情况

2018年数据调研活动自2018年3月底开始至2018年11月底结束，经过积极号召、科学组织，问卷覆盖全国32个省份的临床工程相关从业人员，从调研机构回收的问卷数量共计2233份，覆盖全国1761家医疗机构，其中三级医院636家，二级医院371家，其他医疗机构754家。

参与调研的二级以上医院共计1007家，分布在29个省（区、市）。由图4可以看出，2018年的行业数据调研存在两方面的问题。一是地域分布不均匀，参与调研医院主要集中在东部沿海省份，如江苏省、山东省、浙江

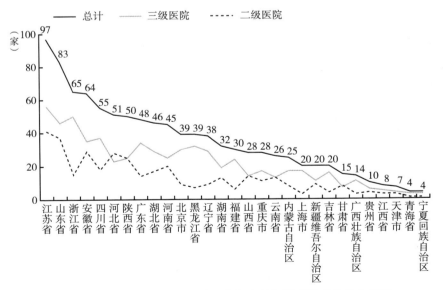

图4　二级以上医院参与医疗设备行业数据调研的省份分布情况

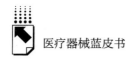

省等，西部地区参与医院相对较少。二是二级医院及基层医院参与较少。

具体调研数据情况，将在第二、第三部分详细介绍。未来项目组将调整各省份的医院问卷回收数量，增加二级医院及基层医院的问卷回收，使数据调研活动更科学、更具公信力。

四　我国医疗器械行业数据化发展的趋势

随着中国经济向更深层次发展，医疗器械产业发展空间巨大，迎来了从"中国制造"到"中国智造"转化的发展机遇期。信息化成为发展的依托。

我国的医疗器械产品将更加突出精确性和便利性，向小型化、专科化和智能化方向发展；将涌现出更多家庭自我监护与诊断及远程诊疗器械产品。随着互联网技术和信息技术的革命性发展，未来的人工智能将大量体现在医疗服务系统中，并发挥精准化、差异化和个性化的核心价值。

随着 5G 技术的普及和推广，大数据物联网方式的时代已经到来，医疗器械和设备的数据价值将会越来越大的体现出来，更需要进行专业化的管理和应用；"移动互联网 + 云服务 + 大数据"模式下，全生命周期的管理所有设备，会大大提升整体运行效率，更能通过科学分析手段，优化资源配置，降低设备故障停机时间，在保障医疗安全与质量的同时，提高设备使用效率及效益。

笔者认为，以下几个方面将成为未来医疗器械大数据发展的方向。

一是完善数据共享制度。随着未来医疗器械行业大数据的发展壮大，越来越多的数据被纳入其中。不管是病人自身生理数据，还是器械相关参数、记录，无可避免地都会涉及隐私问题。为了规范医疗行业大数据应用，安全开放数据共享，须加快此方面制度的修订和完善，做到有法可依。

二是加快设备硬件建设。面对众多病人群体和医院设备，医疗器械行业大数据涵盖数据体量较大，对于设备硬件要求相对也较高。医疗机构对于医疗全过程的智能化有着强烈的需求，为了更加精准、即时、全面获取到这些大数据，要抓紧对设备进行升级换代，做到有器可用。

　　三是注重专业人才培养。数据收集的目的是应用。从庞大的数据量中寻找客观规律，解决现实存在的问题，这才是大数据的价值所在。收集到的纷杂数据，最后还是要人为地去发掘其中的价值。所以在医疗器械行业大数据时代，要更加注重专业人才的培养，做到有人可懂。

　　四是提高大众参与意识。不同于其他行业，医疗器械行业大数据涉及更多的个人隐私数据。如果大众对其不认可，不愿参与其中，那么就从数据根源上斩断了医疗器械行业大数据的前进道路。所以为了整个行业大数据的蓬勃发展，应对医疗器械行业大数据多做宣传，提高社会大众对于行业大数据的参与意识，做到有数可集。

注册审批篇

Topics in Registration and Approval

B.2

我国医疗器械行业审批申报与批准
数据分析报告

南京智械信息科技有限公司

摘　要：　按照《医疗器械监督管理条例》和《国务院关于改革药品医疗
　　　　　器械审评审批制度的意见》（国发〔2015〕44 号）相关文件要
　　　　　求，国家药品监督管理局坚持深入推进医疗器械审批制度改
　　　　　革，并不断提升医疗器械注册审批工作效率与质量。2016 ~
　　　　　2018 年，国家药品监督管理局受理医疗器械审批申报申请共计
　　　　　22362 项，受理总体数量呈现逐渐下降的趋势，但首次注册受
　　　　　理占比呈现逐年升高的趋势；其中，医疗器械约占总体申请数
　　　　　量的 2/3，体外诊断试剂约占总体申请数量的 1/3，三年内两者
　　　　　占比略有变动。国家药品监督管理局共计批准进口第一类医疗
　　　　　器械备案 6570 件，进口第二类医疗器械注册 7898 件，进口第
　　　　　三类医疗器械注册 7295 件，境内第三类医疗器械注册 7911 件。

各省市药品监督管理局依法批准境内第一类医疗器械备案41843件，境内第二类医疗器械注册45197件。境内第一类医疗器械备案审批数量呈现快速增长模式，境内第二类医疗器械历年审批数量波动明显，其余类别审批数量均呈现缓慢下降趋势。

关键词： 医疗器械审批　医疗器械注册　医疗器械备案

一　我国医疗器械审批申报概况

（一）医疗器械审批申报整体情况

根据国家药品监督管理局发布的年度医疗器械注册工作报告①，2016～2018年，国家药品监督管理局共计受理医疗器械审批申报申请22362项；按历年受理数量，2017年比2016年下降23.39%，2018年比2017年下降3.31%；就总体趋势而言，审批申请受理数量呈现逐年下降趋势。

按注册产品类型分，2016～2018年三年医疗器械申请15197项，占全部注册申请的67.96%；体外诊断试剂申请7165项，占全部注册申请的32.04%（见表1）。三年内两者所占比例较为平稳。

表1　2016～2018年不同产品类型医疗器械审批申请受理情况

单位：项，%

类别	2016年		2017年		2018年	
	数量	占比	数量	占比	数量	占比
医疗器械	5920	66.37	4748	69.48	4529	68.54
体外诊断试剂	3000	33.63	2086	30.52	2079	31.46

---

① 《2016年度医疗器械注册工作报告》，http://www.gov.cn/xinwen/2017－03/27/content_5181222.htm#1；《2017年度医疗器械注册工作报告》，http://www.nmpa.gov.cn/WS04/CL2197/227097.html；《2018年度医疗器械注册工作报告》，http://www.nmpa.gov.cn/WS04/CL2056/338093.html。

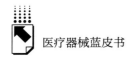

按申请注册形式分，2016～2018年三年首次注册4698项，占全部注册申请的21.01%；延续注册11514项，占全部注册申请的51.49%；许可事项变更6150项，占全部注册申请的27.50%（见表2）。

表2　2016～2018年不同注册形式医疗
器械审批申请受理情况

单位：项，%

类别	2016年		2017年		2018年	
	数量	占比	数量	占比	数量	占比
首次注册	1612	18.07	1429	20.91	1657	25.08
延续注册	5402	60.56	3306	48.38	2806	42.46
许可事项变更	1906	21.37	2099	30.71	2145	32.46
合　计	8920	—	6834	—	6608	—

其中，从受理数量来看，在2016～2018年首次注册受理项目中，体外诊断试剂仅为医疗器械的35.39%，远低于其他两种注册形式中体外诊断试剂占比水平（见图1）。

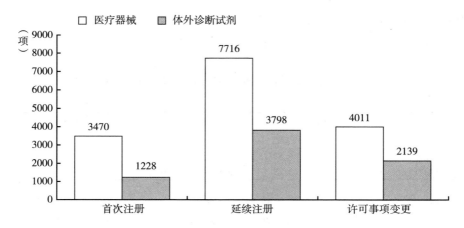

图1　2016～2018年医疗器械申请注册形式分布

（二）进口第三类医疗器械注册受理情况

2016～2018 年，进口第三类医疗器械注册申请共受理 7239 项，占总体受理数量的 32.37%。

按注册产品类型分，医疗器械 6004 项，占全部注册申请的 82.94%；体外诊断试剂 1235 项，占全部注册申请的 17.06%（见表3）。体外诊断试剂所占比重远低于整体平均水平。

表3　2016～2018 年进口第三类医疗器械不同产品类型审批申请受理情况

单位：项，%

类别	2016 年		2017 年		2018 年	
	数量	占比	数量	占比	数量	占比
医疗器械	2331	82.72	1853	79.87	1820	86.63
体外诊断试剂	487	17.28	467	20.13	281	13.37

按申请注册形式分，首次注册 895 项，占全部注册申请的 11.87%；延续注册 3935 项，占全部注册申请的 54.36%；许可事项变更 2409 项，占全部注册申请的 33.28%（见表4）。

表4　2016～2018 年进口第三类医疗器械不同注册形式审批申请受理情况

单位：项，%

类别	2016 年		2017 年		2018 年	
	数量	占比	数量	占比	数量	占比
首次注册	299	10.61	302	13.02	294	13.99
延续注册	1759	62.42	1170	50.43	1006	47.88
许可事项变更	760	26.97	848	36.55	801	38.13
合　计	2818	—	2320	—	2101	—

从不同注册形式受理数量分析，在首次注册受理中，体外诊断试剂仅为医疗器械的 15.19%，不足整体平均水平的 1/2，在所有注册类别中占比最低（见图2）。

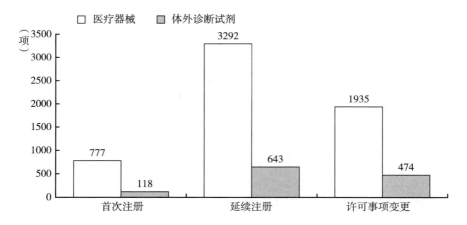

图2　2016～2018年进口第三类医疗器械申请注册形式分布

（三）进口第二类医疗器械注册受理情况

2016～2018年，进口第二类医疗器械注册申请共受理7277项，占总体受理数量的32.54%。

按注册产品类型分，医疗器械4117项占全部注册申请的56.58%，体外诊断试剂3160项占全部注册申请的43.42%（见表5）。

表5　2016～2018年进口第二类医疗器械不同产品类型审批申请受理情况

单位：项，%

类别	2016年		2017年		2018年	
	数量	占比	数量	占比	数量	占比
医疗器械	1690	54.60	1283	62.37	1144	53.84
体外诊断试剂	1405	45.40	774	37.63	981	46.16

按申请注册形式分，首次注册1168项，占全部注册申请的16.05%；延续注册4007项，占全部注册申请的55.06%，许可事项变更2102项，占全部注册申请的28.89%。其中首次注册所占比重逐年缓慢上升（见表6）。

表6 2016～2018年进口第二类医疗器械不同注册形式审批申请受理情况

单位：项，%

类别	2016 年		2017 年		2018 年	
	数量	占比	数量	占比	数量	占比
首次注册	449	14.51	331	16.09	388	18.26
延续注册	2021	65.30	985	47.89	1001	47.11
许可事项变更	625	20.19	741	36.02	736	34.63
合　计	3095	—	2057	—	2125	—

从不同注册形式受理数量分析，在首次注册受理中，体外诊断试剂为医疗器械的31.09%，其他两种注册形式，体外诊断试剂与医疗器械比重相对接近（见图3）。

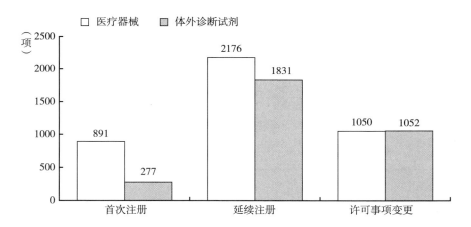

图3 2016～2018年进口第二类医疗器械申请注册形式分布

（四）境内第三类医疗器械注册受理情况

2016～2018年，境内第三类医疗器械注册申请共受理7846项，占总体受理数量的35.09%。

按注册产品类型分，医疗器械5076项，占全部注册申请的64.70%；体外诊断试剂2770项，占全部注册申请的35.30%（见表7）。

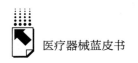

表7　2016～2018年境内第三类医疗器械不同产品类型审批申请受理情况

单位：项，%

类别	2016年		2017年		2018年	
	数量	占比	数量	占比	数量	占比
医疗器械	1899	63.15	1612	65.61	1565	65.70
体外诊断试剂	1108	36.85	845	34.39	817	34.30

按申请注册形式分，首次注册2635项，占全部注册申请的33.58%；延续注册3572项，占全部注册申请的45.53%；许可事项变更1639项，占全部注册申请的20.89%。总体受理数量呈下降趋势；其中，首次注册申请所占比重远高于总体平均水平，且持续显著提升；而延续注册数量大幅下降，2018年受理数量已不足2016年的50%（见表8）。

表8　2016～2018年境内第三类医疗器械不同注册形式审批申请受理数量分布

单位：项，%

类别	2016		2017		2018	
	数量	占比	数量	占比	数量	占比
首次注册	864	28.73	796	32.40	975	40.93
延续注册	1622	53.94	1151	46.85	799	33.54
许可事项变更	521	17.33	510	20.75	608	25.53
合　计	3007	—	2457	—	2382	—

其中，从受理数量来看，在首次注册受理项目中，体外诊断试剂为医疗器械的46.23%，显著高于整体平均水平（见图4）。

二　我国医疗器械注册批准情况

（一）医疗器械审批批准整体情况

2014年修订的《医疗器械监督管理条例》和《国务院关于改革药品医疗器械审评审批制度的意见》（国发〔2015〕44号）深入持续的推进，尤

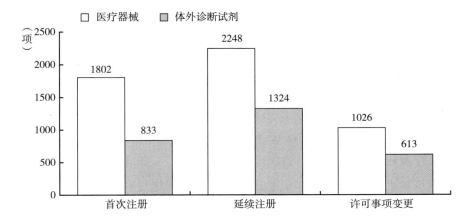

图4 2016～2018年境内第三类医疗器械申请注册形式分布

其是2017年《关于深化审评审批制度改革鼓励药品医疗器械创新的意见》（厅字〔2017〕42号）的发布，对我国医疗器械的审批工作有着深远而长足的影响。

根据国家药品监督管理局发布的年度医疗器械注册工作报告，2016～2018年，国家及各省市级药品监督管理局共计批准境内第一类医疗器械备案41843件，进口第一类医疗器械备案6570件；境内第二类医疗器械注册45197件，首次注册17505件、延续注册16510件、许可事项变更11182件；境内第三类医疗器械注册7911件，首次注册2341件、延续注册3994件、许可事项变更1576件；进口第二类医疗器械注册7898件，首次注册1144件、延续注册4664件、许可事项变更2090件；进口第三类医疗器械注册7295件，首次注册988件、延续注册4327件、许可事项变更1980件。

从首次注册角度分析，各省市级药品监督管理局境内第一类医疗器械备案审批呈现明显的逐年快速增长的趋势，而境内第二类医疗器械注册审批在2017年到达注册高峰后，2018年出现大幅下降态势。由国家药品监督管理局受理和批准的进口医疗器械与境内第三类医疗器械总体均呈现缓慢下降的趋势。

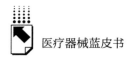

按管理类别对首次注册数据进行分析，第一类医疗器械48413项占全部首次注册的68.78%，第二类医疗器械18649项占全部首次注册的26.49%，第三类医疗器械3329项占全部首次注册的4.73%。其中，境内第一类医疗器械41843项占境内首次注册的67.83%，境内第二类医疗器械17505项占境内首次注册的28.38%，境内第三类医疗器械2341项占境内首次注册的3.79%；进口第一类医疗器械6570项占进口首次注册的75.50%，进口第二类医疗器械1144项占进口首次注册的13.15%，进口第三类医疗器械988项占进口首次注册的11.35%。从医疗器械管理类别角度看，境内与进口首次注册占比数据有较大化差异，境内第三类医疗器械占比远低于进口第三类医疗器械（见图5）。

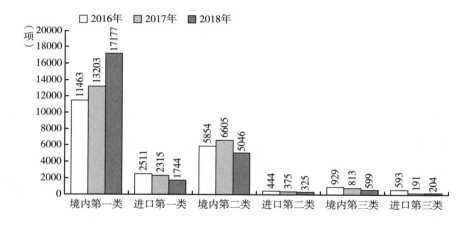

图5　2016～2018年医疗器械首次注册批准情况

（二）进口第三类医疗器械注册批准情况

1. 进口第三类医疗器械注册整体情况

根据国家药品监督管理局发布的年度医疗器械注册工作报告，进口第三类医疗器械注册7295项。其中，医疗器械注册5949项，体外诊断试剂注册1346项（见表9）。

表9 2016～2018 年进口第三类医疗器械不同产品类型审批情况

单位：项，%

类别	2016 年		2017 年		2018 年	
	数量	占比	数量	占比	数量	占比
医疗器械	2255	84.52	2242	80.07	1452	79.47
体外诊断试剂	413	15.48	558	19.93	375	20.53

从注册形式看，首次注册988 项，占全部进口第三类医疗器械注册数量的 13.54%；延续注册4327 项，占全部进口第三类医疗器械注册数量的59.31%；许可事项变更1980 项，占全部进口第三类医疗器械注册数量的27.14%（见表10）。

表10 2016～2018 年进口第三类医疗器械不同注册形式审批数量分布

单位：项，%

注册形式	2016 年		2017 年		2018 年	
	数量	占比	数量	占比	数量	占比
首次注册	593	22.23	191	6.82	204	11.17
延续注册	1634	61.24	1904	68.00	789	43.19
许可变更	441	16.53	705	25.18	834	45.65
总　计	2668	—	2800	—	1827	—

2. 进口第三类医疗器械首次注册情况

对进口第三类医疗器械首次注册情况进行分析时，采用国家药品监督管理局批准注册医疗器械产品公告（2016～2018 年）所公布的注册产品目录为依据，且不包含港澳台数据。

（1）首次注册呈放缓平稳趋势

2016～2018 年国家药品监督管理局共批准首次注册产品946 项。其中，2016 年批准564 项，2017 年批准177 项，2018 年批准205 项，具体月度分布如图6所示。2016 年批准的项目数量超过2017 年与2018 年批准数量的总和。另外，从2016 年9月开始，国家药品监督管理局对进口第三类医疗器械首次注册项目的批准数量逐渐放缓，并保持相对平稳的趋势。

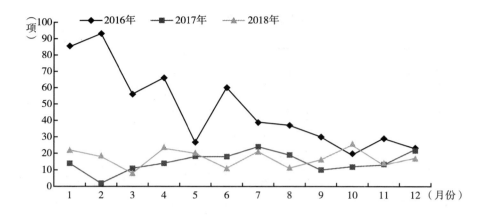

图6　2016～2018年进口第三类首次注册医疗器械月度分布

（2）品类分布分析

注册产品类别。根据医疗器械产品结构特征的特点，将所有产品划分为有源医疗器械、无源医疗器械、医用独立软件和体外诊断试剂四大类。按照结构特征的不同，2016～2018年进口第三类首次注册的946款产品中，有源医疗器械276项，占全部产品数量的29.18%；无源医疗器械530项，占全部产品数量的56.03%；医用独立软件3项，占全部产品数量的0.32%；体外诊断试剂137项，占全部产品数量的14.48%，无源医疗器械依然是第三类首次注册医疗器械产品的最大的组成部分，有源医疗器械约占1/3，医用独立软件屈指可数。

通过对图7时间轴上的注册数量的分析，有源医疗器械和体外诊断试剂每个月首次注册产品数量保持了相对稳定的态势，而无源医疗器械则在2016年上半年经历了单边大幅下跌的趋势，至2017年前后恢复至一个相对平稳的状态。

分类目录。根据新版《医疗器械分类目录》，医疗器械被划分为22个不同类型的子目录，形成一整套分类体系，其中医用独立软件为第21个子目录；体外诊断试剂则按照《体外诊断试剂分类目录》单独进行管理。

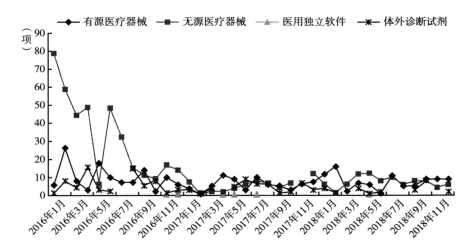

图 7 2016～2018 年进口第三类首次注册医疗器械不同注册类别月度分布

通过对批准注册的 946 项产品进行分类处理，按照新版《医疗器械分类目录》要求对每一项产品的分类编码进行逐一分析，除个别产品未能明确 6 位分类编码之外，绝大多数产品被归入了相应的分类子目录（见表 11）。

表 11 2016～2018 年进口第三类首次注册医疗器械分类目录

单位：项，%

分类目录	2016 年		2017 年		2018 年		总计	
	数量	比例	数量	比例	数量	比例	数量	比例
01 有源手术	35	6.21	9	5.08	19	9.27	63	6.66
02 无源手术	8	1.42	1	0.57	1	0.49	10	1.06
03 神经血管手术	35	6.21	10	5.65	19	9.27	64	6.77
04 骨科手术	4	0.71	0	0.00	2	0.98	6	0.63
05 放射治疗	6	1.06	2	1.13	3	1.46	11	1.16
06 医用成像	15	2.66	35	19.77	45	21.95	95	10.04
07 诊察监护	9	1.60	3	1.69	4	1.95	16	1.69
08 呼吸麻醉急救	18	3.19	4	2.26	4	1.95	26	2.75
09 物理治疗	14	2.48	5	2.82	2	0.98	21	2.22
10 输血透析	26	4.61	0	0.00	6	2.93	32	3.38

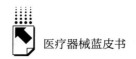
续表

分类目录	2016 年		2017 年		2018 年		总计	
	数量	比例	数量	比例	数量	比例	数量	比例
11 消毒灭菌	0	0.00	0	0.00	0	0.00	0	0.00
12 有源植入	39	6.91	2	1.13	9	4.39	50	5.29
13 无源植入	119	21.10	15	8.48	23	11.22	157	16.60
14 注输护理	42	7.45	15	8.48	16	7.80	73	7.72
15 承载转运	0	0.00	0	0.00	0	0.00	0	0.00
16 眼科专科	33	5.85	3	1.69	7	3.41	43	4.55
17 口腔专科	72	12.77	5	2.82	8	3.90	85	8.99
18 妇产生殖	4	0.71	7	3.95	1	0.49	12	1.27
19 康复矫形	0	0.00	0	0.00	0	0.00	0	0.00
20 中医诊疗	0	0.00	0	0.00	0	0.00	0	0.00
21 独立软件	1	0.18	1	0.58	1	0.49	3	0.32
22 临床检验	3	0.53	8	4.52	9	4.39	20	2.11
体外诊断试剂	65	11.52	47	26.55	25	12.20	137	14.47
未知	16	2.83	5	2.83	1	0.48	22	2.32

从总体情况看，进口第三类首次注册医疗器械产品中，占据前 3 位的分类目录是无源植入器械（16.60%）、体外诊断试剂（14.47%）、医用成像器械（10.04%），超过总量的 40%；口腔专科器械、注输护理器械、神经血管手术器械、有源手术器械、有源植入器械均超过总体数量的 5%，属于进口相对较多的医疗器械产品；眼科专科器械、输血透析器械、呼吸麻醉急救器械、临床检验设备、物理治疗器械等类别也有涉及，但数量不多；此外，诊察监护器械、放射治疗器械、妇产生殖器械、无源手术器械、骨科手术器械等类别涉及较少；康复矫形器械、中医诊疗器械这两个类别对于进口第三类医疗器械而言仍属空白；消毒灭菌器械分类中不包含第三类医疗器械，不做分析。

按逐年情况分析，2016 年占据前三位的分类目录是无源植入器械（21.10%）、口腔专科器械（12.77%）、体外诊断试剂（11.52%）；2017 年占据前三位的分类目录是体外诊断试剂（26.55%）、医用成像器械（19.77%）、无源植入器械（8.48%）、注输护理器械（8.48%）；2018 年占据前三位的分类目录是医用成像器械（21.95%）、体外诊断试剂（12.20%）、无源植入器械（11.22%）。

无源植入器械一直位于进口第三类首次注册医疗器械分类目录排名的前三位，但是其所占份额呈快速下降趋势。2016年的数据显示，无源植入器械占据了进口第三类首次注册医疗器械的1/5以上的份额；2017年和2018年两年，虽然仍然居于前三位，但在总体数量上，只占当年首次注册总数的10%左右；2017年产品数量更是同比下降超过80%。

口腔专科器械在2016年时，是仅次于无源植入器械的第二大分类目录，2017年、2018年两年却出现了断崖式的下降，不仅被挤出分类目录排名的前三位，更是仅剩4%左右的占有率，2017年产品数量同比下降超过90%。

2016～2018年体外诊断试剂，首次注册数量呈现出逐年下降的趋势，相对于其他产品的大幅断崖式下降，体外诊断试剂下降趋势较为平缓。

医用成像器械在2018年跃居分类目录第一名，与绝大部分首次注册产品数量大幅下降不同的是，2017年较2016年同比增长133.33%、2018年较2017年同比增长28.57%，成为进口第三类首次注册医疗器械的主力军。

（3）国家地区分析

2016～2018年注册的946款首次注册进口第三类医疗器械产品，共来自31个国家和地区，如表12所示。

表12 2016～2018年进口第三类首次注册医疗器械国家分布

单位：项，%

国家/地区	2016年		2017年		2018年		总计	
	数量	占比	数量	占比	数量	占比	数量	占比
美国	194	34.40	45	25.42	82	40.00	321	33.93
德国	95	16.84	43	24.29	28	13.66	166	17.55
日本	48	8.51	15	8.47	32	15.61	95	10.04
韩国	55	9.75	12	6.78	10	4.88	77	8.14
意大利	24	4.26	10	5.65	7	3.41	41	4.33
英国	24	4.26	5	2.82	5	2.43	34	3.59

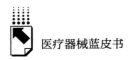

续表

分类目录	2016 年		2017 年		2018 年		总计	
	数量	比例	数量	比例	数量	比例	数量	比例
以色列	13	2.30	10	5.65	5	2.43	28	2.96
爱尔兰	21	3.72	4	2.26	1	0.49	26	2.75
瑞士	21	3.72	1	0.56	4	1.95	26	2.75
法国	12	2.13	5	2.82	8	3.90	25	2.64
瑞典	8	1.42	4	2.26	4	1.95	16	1.69
芬兰	5	0.89	4	2.26	5	2.43	14	1.48
西班牙	10	1.77	4	2.26	0	0.00	14	1.48
荷兰	5	0.89	4	2.26	2	0.98	11	1.16
澳大利亚	2	0.35	6	3.39	2	0.98	10	1.06
马来西亚	7	1.24	0	0.00	1	0.49	8	0.84
加拿大	4	0.71	0	0.00	1	0.49	5	0.52
奥地利	1	0.18	2	1.14	0	0.00	3	0.32
丹麦	1	0.18	0	0.00	2	0.98	3	0.32
俄罗斯	3	0.54	0	0.00	0	0.00	3	0.32
挪威	0	0.00	2	1.14	1	0.49	3	0.32
新加坡	2	0.35	0	0.00	1	0.49	3	0.32
比利时	0	0.00	0	0.00	2	0.98	2	0.21
墨西哥	2	0.35	0	0.00	0	0.00	2	0.21
斯洛文尼亚	2	0.35	0	0.00	0	0.00	2	0.21
匈牙利	2	0.35	0	0.00	0	0.00	2	0.21
印度	0	0.00	0	0.00	2	0.98	2	0.21
波兰	0	0.00	1	0.57	0	0.00	1	0.11
捷克	1	0.18	0	0.00	0	0.00	1	0.11
列支敦士登	1	0.18	0	0.00	0	0.00	1	0.11
土耳其	1	0.18	0	0.00	0	0.00	1	0.11

从三年总体情况看，进口首次注册产品数量位于前十位的国家和地区依次是美国、德国、日本、韩国、意大利、英国、以色列、瑞士、爱尔兰和法国，均为发达国家。从 2016 年到 2018 年，排名前四位的国家（美、德、日、韩）保持稳定，作为进口第三类医疗器械的主要来源，其产品数量之和约占到全部产品数量的 70%，处于一个基本持平的状态。其中，美国进

口产品数量占全部产品数量的 1/3 以上，德国进口产品数量约占 1/6，日本和韩国的产品数量总和约占总数量的 1/6。

从 2016 年到 2018 年，进口首次注册产品数量出现了巨幅的下跌，主要集中总体排名前十位的国家/地区，大部分出现了超过 50% 下降幅度。尤其是德国、韩国、意大利、以色列、爱尔兰等国家，呈现出逐年快速下降的状态。作为进口第三类医疗器械最大的来源国的美国，在经历了 2017 年超过 70% 注册数量同比下降之后，2018 出现了巨大的回升，同比增长 82.22%。同样，日本在经历了 2017 年的大幅下降之后，2018 年也有了迅速地回升。

（4）企业领域分析

从 2016 年到 2018 年，946 项进口第三类首次注册医疗器械产品注册证由 446 家进口企业取得，平均每家企业获得 2.1 张。

美国

从 2016 年到 2018 年，来源于美国的进口第三类首次注册医疗器械产品注册证共计 321 张。

从时间维度看，在我们申请的进口第三类首次注册医疗器械的批准数量中，美国企业从 2016 年第二季度开始出现大规模的降低趋势，尤其在 2017 年降至最低，进入 2018 年后开始进入回升，并保持相对稳定的状态（见表 13）。

表 13　2016～2018 年进口第三类首次注册医疗器械（美国）注册数量分布

单位：项

年份	第一季度	第二季度	第三季度	第四季度	小计
2016	82	46	41	25	194
2017	8	15	15	7	45
2018	21	20	16	25	82

从注册产品类别维度看，来源于美国企业的进口第三类首次注册医疗器械，以无源医疗器械和有源医疗器械为主。体外诊断试剂数量相对较少，批准数量上也相对稳定（见表 14）。

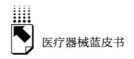

表14 2016～2018年进口第三类首次注册医疗器械（美国）注册类别分布

单位：项，%

产品类别	2016年		2017年		2018年	
	数量	占比	数量	占比	数量	占比
有源	54	27.84	19	42.22	32	39.02
无源	130	67.01	21	46.67	41	50.00
医用独立软件	0	0.00	0	0.00	1	1.22
体外诊断试剂	10	5.15	5	11.11	8	9.76

从产品分类维度看，覆盖了进口第三类首次注册医疗器械所涉及的所有分类子目录领域，其中批准注册数量最多的3个分类子目录依次是13无源植入器械、03神经血管手术器械和12有源植入器械（见表15）。

表15 2016～2018年进口第三类首次注册医疗器械（美国）分类目录分布情况

单位：个

分类子目录	2016年	2017年	2018年	小计
01 有源手术	15	3	11	29
02 无源手术	4	1	1	6
03 神经血管手术	22	9	8	39
04 骨科手术	1	0	1	2
05 放射治疗	6	1	3	10
06 医用成像	5	11	15	31
07 诊察监护	6	1	3	10
08 呼吸麻醉急救	6	0	2	8
09 物理治疗	5	1	0	6
10 输血透析	2	0	0	2
12 有源植入	31	0	3	34
13 无源植入	48	4	16	68
14 注输护理	9	2	5	16
15 承载转运	0	0	0	0
16 眼科专科	6	0	3	9
17 口腔专科	6	2	1	9
18 妇产生殖	1	0	0	1
21 独立软件	0	0	1	1
22 临床检验	1	2	2	5
体外诊断试剂	10	5	8	23
未知	10	3	0	13

其中，在无源植入器械（68 个）中，产品数量最多的产品类别依次是骨科关节植入物（20 个）、骨科脊柱植入物（11 个）和心血管植入物（11 个）；神经血管手术器械产品（39 个）绝大多数为血管介入类器械（36 个），占该类别下所有产品数量的 92.30%；有源植入器械产品（34 个）则由心脏节律管理设备（26 个）和神经调控设备（8 个）组成，两者的比例大约为 3:1。

从单个企业获批产品注册证数量维度上看，321 张产品注册证由 138 家美国企业获得，平均每家企业 2.3 张。按照注册证获批数量排序，如表 16 所示。超过 60% 的美国企业仅获批 1 张注册证，其获批的注册证数量，仅占总数的 26.17%。

表 16　2016～2018 年进口第三类首次注册医疗器械（美国）企业获批情况

获批注册证的数量（张）	企业数量（家）	占比（%）
21	1	0.72
16	1	0.72
13	1	0.72
9	1	0.72
8	2	1.45
7	1	0.72
6	6	4.35
5	7	5.07
4	5	3.62
3	6	4.35
2	23	16.68
1	84	60.88
合　计	138	—

对注册人按照产品数量进行排序，获证超过 5 张的美国企业共计 13 家，其获批的注册证数量超过总数的 1/3，涉及的领域见表 17。

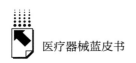
表17　2016～2018 年进口第三类首次注册医疗器械（美国）部分企业获批领域

单位：张

注册人	获证数量	获批项目分类	说明
Boston Scientific Corporation	21	血管介入类器械、心血管植入物、有源手术设备与附件等多个产品类别	波士顿科学
Cardiac Pacemakers Incorporated	16	均为心脏节律管理设备与附件	盖腾公司子公司,波士顿科学孙公司
Medtronic，Inc.	13	血管介入类器械、心血管植入物、心脏节律管理设备	美敦力
Ventana Medical Systems，Inc.	9	均为免疫组织化学类体外诊断试剂	文塔纳医疗系统公司,被罗氏收购
Boston Scientific Neuromodulation Corporation	8	均为神经调控植入物	波士顿科学神经调控
Encore Medical，L. P.	8	均为骨科关节植入物	—
Covidien llc	7	电外科手术设备等多种不同类型产品	柯惠,被雅培收购
Biomet Orthopedics	6	骨科关节植入物	邦美矫形,捷迈邦美
Edwards Lifesciences LLC	6	医用传感器及监护设备	爱德华生命
Gyrus ACMI,Inc.	6	均为输尿管支架	
Siemens Medical Solutions USA，Inc.	6	超声诊断设备、融合成像设备	西门子
St. Jude Medical CRMD	6	均为植入式除颤电极导线	圣犹达心脏节律管理部门
Stryker Endoscopy	6	光学内窥镜、电外科手术设备	史赛克内镜

德国

从 2016 年到 2018 年，来源于德国的进口第三类首次注册医疗器械产品注册证共计 166 张。

从时间维度看，在我们申请的进口第三类首次注册医疗器械的批准数量中，德国企业从 2016 年第二季度开始出现显著下降趋势，2017 年较 2016 年同比下降 54.74%，2018 年首次注册总数已不足 2016 年的 1/3（见表18）。

表 18 2016～2018 年进口第三类首次注册医疗器械（德国）注册数量分布

单位：张

年份	第一季度	第二季度	第三季度	第四季度	小计
2016	51	26	10	8	95
2017	3	12	13	15	43
2018	6	6	7	9	28

从注册产品类别维度看，2016 年到 2018 年波动明显，2016 年以无源产品为主；2017 年无源产品注册批准锐减，而体外诊断试剂批准数量大幅上升，一跃成为 2017 年主要获批来源；2018 年体外诊断试剂注册批准数量暴跌，有源产品获批相对稳定，成为主要进口获批医疗器械来源（见表19）。

表 19 2016～2018 年进口第三类首次注册医疗器械（德国）注册类别分布

单位：项，%

产品类别	2016 年		2017 年		2018 年	
	数量	占比	数量	占比	数量	占比
有源	24	25.26	12	27.91	15	53.57
无源	61	64.21	8	18.60	7	25.00
医用独立软件	1	1.06	0	0.00	0	0.00
体外诊断试剂	9	9.47	23	53.49	6	21.43

从产品分类维度看，数量最多的 3 个分类子目录依次是体外诊断试剂、13 无源植入器械和 06 医用成像器械（见表20）。

其中，体外诊断试剂类产品主要由罗氏诊断和雅培德国两家企业注册；无源植入器械产品最多的两个产品类别分别是骨科关节植入物和骨科脊柱植入物，排在其后的是骨科创伤植入物和骨科修复填充材料；医用成像器械产品最多的两个产品类别则分别是 X 射线诊断设备和内窥镜装置。

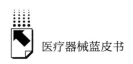

表20 2016～2018年进口第三类首次注册医疗器械（德国）
分类目录分布情况

单位：张

分类子目录	2016年	2017年	2018年	小计
01 有源手术	11	2	2	15
02 无源手术	2	0	0	2
03 神经血管手术	3	0	2	5
05 放射治疗	0	1	0	1
06 医用成像	7	7	8	22
07 诊察监护	1	0	0	1
08 呼吸麻醉急救	2	0	1	3
09 物理治疗	1	0	0	1
10 输血透析	6	0	2	8
12 有源植入	4	0	2	6
13 无源植入	22	1	0	23
14 注输护理	10	4	0	14
16 眼科专科	1	0	1	2
17 口腔专科	13	1	1	15
18 妇产生殖	1	0	0	1
21 独立软件	1	0	0	1
22 临床检验	1	3	3	7
体外诊断试剂	9	23	6	38
未知	0	1	0	1

从单个企业获批产品注册证数量维度上看，166张产品注册证由73家德国企业获得，平均每家企业2.3张（与美国此项数据相同）。按照注册证获批数量排序，如表21所示。近60%的德国企业仅获批1张注册证，其获批的注册证数量，仅占总数的24.70%。

表 21　2016～2018 年进口第三类首次注册医疗器械（德国）企业获批情况

获批注册证的数量(张)	企业数量(家)	占比(%)
17	1	1.37
15	1	1.37
8	1	1.37
6	2	2.74
5	1	1.37
4	5	6.85
3	6	8.22
2	15	20.55
1	41	56.16
合　计	73	—

　　对注册人按照产品数量进行排序，获证超过 5 张的德国企业仅 5 家，获批的注册证数量不到总数的 1/3，其涉及的领域相对集中，主要以体外诊断试剂及其相关设备为主（见表 22）。

表 22　2016～2018 年进口第三类首次注册医疗器械（德国）部分企业获批领域

单位：张

注册人	产品数量	获批项目分类	说明
Roche Diagnostics GmbH	17	临床检验设备、体外诊断试剂	罗氏诊断
Abbott GmbH & Co. KG	15	临床检验设备、体外诊断试剂	德国雅培
Siemens Healthcare GmbH	8	医学成像设备（X 光、CT、MR）	西门子
BIOTRONIK SE & Co. KG	6	心脏节律管理 CMR 植入设备	百多力
BSN medical GmbH	6	护理用敷料	

日本

从 2016 年到 2018 年，来源于日本的进口第三类首次注册医疗器械产品注册证共计 95 张。

从时间维度看，在我们申请的进口第三类首次注册医疗器械的批准数量中，2017 年日本企业较为特殊，明显低于同期水平，2017 年比 2016 年下降 68.75%（见表 23）。

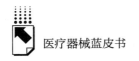

表 23　2016～2018 年进口第三类首次注册医疗器械（日本）注册数量分布

单位：张

年份	第一季度	第二季度	第三季度	第四季度	小计
2016	8	18	14	8	48
2017	4	3	6	2	15
2018	4	7	12	9	32

从注册产品类别维度看，无独立医用软件被批准注册。无源医疗器械在2016 年是其主要注册产品，但 2017 年出现注册空白；有源医疗器械在此过程中稳步上升，逐渐成为日本进口第三类首次注册医疗器械的主力军；体外诊断试剂则呈现大幅下降后趋于平稳走低（见表 24）。

表 24　2016～2018 年进口第三类首次注册医疗器械（日本）注册类别分布

单位：项，%

产品类别	2016		2017		2018	
	数量	占比	数量	占比	数量	占比
有源	9	18.75	10	66.67	18	56.25
无源	23	47.92	0	0.00	11	34.37
体外诊断试剂	16	33.33	5	33.33	3	9.38

从产品分类维度看，数量最多的 3 个分类子目录依次是 06 医用成像器械、体外诊断试剂和 17 口腔专科器械（见表 25）。

其中，医用成像器械产品最多的产品类别是电子内镜、超声诊断设备以及超声电子内窥体外诊断试剂类产品，主要由希森美康、和光纯药和美艾利尔三家企业注册；口腔专科器械则主要是口腔充填修复材料和义齿制作材料。

表 25　2016～2018 年进口第三类首次注册医疗器械（日本）分类目录分布情况

单位：张

分类子目录	2016 年	2017 年	2018 年	小计
01 有源手术	3	0	1	4
03 神经血管手术	2	0	6	8
06 医用成像	3	7	15	25

分类子目录	2016 年	2017 年	2018 年	小计
07 诊察监护	0	1	0	1
08 呼吸麻醉急救	3	2	0	5
09 物理治疗	0	0	1	1
10 输血透析	3	0	0	3
13 无源植入	2	0	1	3
14 注输护理	2	0	0	2
16 眼科专科	4	0	1	5
17 口腔专科	8	0	2	10
18 妇产生殖	2	0	0	2
22 临床检验	0	0	2	2
体外诊断试剂	16	5	3	24

从单个企业获批产品注册证数量维度上看，95 张产品注册证由 33 家日本企业获得，平均每家企业 2.9 张，高于美国、德国平均水平，日本企业集中性更高。按照注册证获批数量排序，如表 26 所示。近 50% 的日本企业仅获批 1 张注册证，其获批的注册证数量，仅占总数的 16.84%。

表 26 2016~2018 年进口第三类首次注册医疗器械（日本）企业获批情况

获批注册证的数量（张）	企业数量（家）	占比（%）
13	1	3.03
9	1	3.03
8	2	6.06
6	1	3.03
5	3	9.09
3	2	6.06
2	7	21.21
1	16	48.49
合 计	33	—

对注册人按照产品数量进行排序，获证超过 5 张的日本企业仅 5 家，但获批的注册证数量超过总数的 1/3，其涉及的领域相对集中，主要以电子内窥镜与体外诊断试剂为主。

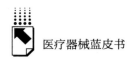

表27 2016～2018年进口第三类首次注册医疗器械（日本）部分企业获批领域

单位：张

注册人	获证数量	获批项目数量	说明
富士フイルム株式会社	13	电子内镜、超声诊断及超声电子内窥镜	富士胶片
HOYA株式会社	9	电子内镜、超声电子内窥镜及其他	豪雅
KAINOS LABORATORIES, INC	8	体外诊断试剂	
Wako Pure Chemical Industries, Ltd.	8	体外诊断试剂	和光纯药
日本光電工業株式会社	6	体外除颤器、除颤监护仪	日本光电

韩国

从2016年到2018年，来源于韩国的进口第三类首次注册医疗器械产品注册证共计77张。

在我们申请的进口第三类首次注册医疗器械的批准数量中，韩国企业从2016年第三季度开始出现显著下降趋势，2017年较2016年下降78.18%，2018年首次注册总数已不足2016年的1/5（见表28）。

表28 2016～2018年进口第三类首次注册医疗器械（韩国）注册数量分布

单位：张

年份	第一季度	第二季度	第三季度	第四季度	小计
2016	23	19	9	4	55
2017	2	3	5	2	12
2018	1	5	1	3	10

从注册产品类别维度看，无独立医用软件被批准注册。无源医疗器械为主要首次注册产品，但该类别在2017年时较2016年下降84.78%（见表29）。

表29 2016～2018年进口第三类首次注册医疗器械（韩国）注册类别分布

单位：张，%

产品类别	2016		2017		2018	
	数量	占比	数量	占比	数量	占比
有源	7	12.73	5	41.67	3	30.00
无源	46	83.64	7	58.33	7	70.00
体外诊断试剂	2	3.63	0	0.00	0	0.00

从产品分类维度看，数量最多的 4 个分类子目录依次是 17 口腔专科器械、13 无源植入器械、06 医用成像器械和 14 注输护理器械，后两者的产品数量相同（见表 30）。

表 30　2016～2018 年进口第三类首次注册医疗器械（韩国）分类目录分布情况

单位：张

分类子目录	2016	2017	2018	小计
01 有源手术	2	2	0	4
02 无源手术	3	0	0	3
03 神经血管	3	0	0	3
06 医用成像	0	5	2	7
08 呼吸麻醉	3	0	1	4
09 物理治疗	3	0	0	3
10 输血透析	2	0	0	2
13 无源植入	12	1	0	13
14 注输护理	2	1	4	7
16 眼科专科	2	1	1	4
17 口腔专科	21	2	2	25
体外诊断试剂	2	0	0	2

其中，口腔专科器械的绝大多数产品是口腔植入物，以基台和种植体为代表；无源植入器械中整形与普通外科植入物占据了该产品类别的一半左右，主要以整形用注射填充物（面部填充物与乳房植入物）和非血管支架为代表；医用成像器械则主要是口腔 CBCT 设备；注输护理器械则主要为无菌注射针和创面敷料。

从单个企业获批产品注册证数量维度上看，77 张产品注册证由 54 家韩国企业获得，平均每家企业 1.4 张，远低于美、德、日平均水平，首次注册医疗器械韩国企业分散性较高。按照注册证获批数量排序，如表 31 所示。

表 31　2016～2018 年进口第三类首次注册医疗器械（韩国）企业获批情况

获批注册证的数量(张)	企业数量(家)	占比(%)
5	1	1.85
3	7	12.96
2	5	9.26
1	41	75.93

2016～2018 年韩国企业中未有获批超过 5 个产品注册证，获批注册证数量最多的为 5 张，该韩国企业为奥齿泰种植体有限责任公司。

（三）进口第二类医疗器械注册批准情况

1. 进口第二类医疗器械注册整体情况

根据国家药品监督管理局发布的年度医疗器械注册工作报告，进口第二类医疗器械注册 7898 项。其中，医疗器械 4216 项、体外诊断试剂 3682 项（见表 32）。

表 32　2016～2018 年进口第二类医疗器械不同产品类型审批数量分布

单位：项，%

类别	2016 年		2017 年		2018 年	
	数量	占比	数量	占比	数量	占比
医疗器械	1535	49.79	1593	56.43	1088	54.62
体外诊断试剂	1548	50.21	1230	43.57	904	45.38

从注册形式看，首次注册 1144 项，占全部进口第二类医疗器械注册数量的 14.48%；延续注册 4664 项，占全部进口第二类医疗器械注册数量的 59.06%；许可事项变更 2090 项，占全部进口第二类医疗器械注册数量的 26.46%（见表 33）。

表 33　2016～2018 年进口第二类医疗器械不同注册形式审批数量分布

单位：项，%

注册形式	2016 年		2017 年		2018 年	
	数量	占比	数量	占比	数量	占比
首次注册	444	14.40	375	13.28	325	16.32
延续注册	2077	67.37	1769	62.66	818	41.06
许可变更	562	18.23	679	24.05	849	42.62
总　计	3083	—	2823	—	1992	—

2. 首次注册医疗器械批准情况分析

进口第二类医疗器械首次注册分析时，采用国家药品监督管理局批准注册医疗器械产品公告（2016～2018 年）所公布的注册产品目录为依据，且不包含港澳台数据。

（1）首次注册呈现逐年降低趋势

2016～2018 年国家药品监督管理局共批准首次注册产品 1071 项。其中，2016 年批准 410 项、2017 年批准 368 项、2018 年批准 293 项，呈现出逐年递减的趋势。相较于进口第三类首次注册医疗器械，月度批准数量波动更大，具体月度分布如图 8 所示。

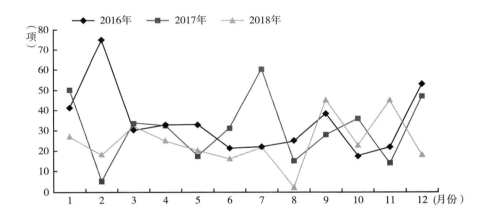

图 8　2016～2018 年进口第二类首次注册医疗器械月度分布

（2）品类分布分析

根据医疗器械产品结构特征的特点，将所有产品划分为有源医疗器械、无源医疗器械、医用独立软件和体外诊断试剂四大类。按照结构特征的不同，2016～2018 年境外第三类首次注册的 1071 项产品中，有源医疗器械 466 项，占全部产品数量的 43.5%；无源医疗器械 330 项，占全部产品数量的 30.8%；医用独立软件 20 项，占全部产品数量的 1.9%；体外诊断试剂 256 项，占全部产品数量的 23.9%。

图 9 显示时间轴上的每次注册数量：有源医疗器械、无源医疗器械、体外诊断试剂都呈现出月度波动幅度较大的情况。

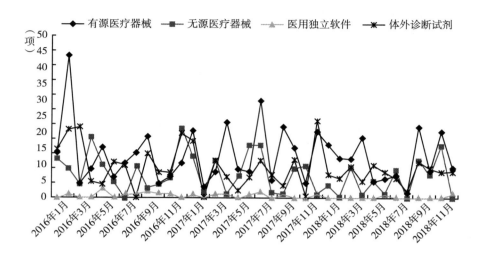

图9　2016～2018年进口第二类首次注册医疗器械
不同注册类别月度分布

　　从总体情况看，进口第二类首次注册医疗器械产品中，占据前3位的分类目录是体外诊断试剂、医用成像器械、口腔专科器械，三者之和接近总量的50%；诊察监护器械、注输护理器械、临床检验设备均超过总体数量的5%，属于进口相对较多的医疗器械产品；中医诊疗器械是进口第二类医疗器械，属于空白领域；其余分类涉及相对较少。

　　体外诊断试剂一直位于进口第二类首次注册医疗器械分类目录排名的第一位，占据了进口第二类首次注册医疗器械的1/5以上的份额。医用成像器械在2017年批准数量有小幅上升（见表34）。

表34　2016～2018年进口第二类首次注册医疗器械分类目录历年分布

单位：项，%

分类目录	2016 年		2017 年		2018 年		总计	
	数量	占比	数量	占比	数量	占比	数量	占比
01 有源手术	10	2.44	7	1.90	1	0.34	18	1.68
02 无源手术	11	2.68	3	0.82	4	1.37	18	1.68
03 神经血管手术	6	1.46	1	0.27	1	0.34	8	0.75

分类目录	2016 年		2017 年		2018 年		总计	
	数量	占比	数量	占比	数量	占比	数量	占比
04 骨科手术	12	2.93	12	3.26	18	6.14	42	3.92
05 放射治疗	1	0.24	0	0.00	0	0.00	1	0.09
06 医用成像	43	10.49	45	12.23	38	12.97	126	11.76
07 诊察监护	28	6.83	35	9.51	16	5.46	79	7.38
08 呼吸麻醉急救	16	3.90	14	3.80	7	2.39	37	3.45
09 物理治疗	15	3.66	9	2.45	8	2.73	32	2.99
10 输血透析	1	0.24	0	0.00	3	1.02	4	0.37
11 消毒灭菌	6	1.46	4	1.09	5	1.71	15	1.40
12 有源植入	6	1.46	2	0.54	2	0.68	10	0.93
13 无源植入	1	0.24	0	0.00	0	0.00	1	0.09
14 注输护理	27	6.59	21	5.71	16	5.46	64	5.98
15 承载转运	2	0.49	5	1.36	5	1.71	12	1.12
16 眼科专科	7	1.71	9	2.45	10	3.41	26	2.43
17 口腔专科	52	12.68	38	10.33	33	11.26	123	11.48
18 妇产生殖	7	1.71	4	1.09	5	1.71	16	1.49
19 康复矫形	12	2.93	2	0.54	7	2.39	21	1.96
20 中医诊疗	0	0.00	0	0.00	0	0.00	0	0.00
21 独立软件	10	2.44	7	1.90	3	1.02	20	1.87
22 临床检验	20	4.88	51	13.86	41	13.99	112	10.46
体外诊断试剂	103	25.12	88	23.91	65	22.18	256	23.90
未知	14	3.42	11	2.98	5	1.72	30	2.82

（3）国家地区分析

2016～2018 年 1071 款进口第二类首次注册医疗器械产品，共来自 32 个国家和地区，如表 35 所示。

从 2016 年到 2018 年，排名前四位的国家（美、德、日、韩）保持稳定，除 2018 年外进口第三类首次注册医疗器械的前四名相同，且次序一致。作为进口第二类医疗器械的主要来源，其产品数量之和超过全部产品数量的 70%。

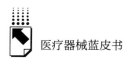

表35　2016～2018年进口第二类首次注册医疗器械国家分布

单位：项，%

国家/地区	2016 年		2017 年		2018 年		总计	
	数量	占比	数量	占比	数量	占比	数量	占比
美　　国	111	27.07	121	32.88	85	29.01	317	29.60
德　　国	81	19.76	45	12.23	59	20.14	185	17.27
日　　本	51	12.44	61	16.58	35	11.95	147	13.73
韩　　国	39	9.51	40	10.87	38	12.97	117	10.92
法　　国	22	5.37	19	5.16	16	5.46	57	5.32
英　　国	30	7.32	11	2.99	5	1.71	46	4.30
瑞　　士	9	2.20	11	2.99	7	2.39	27	2.52
意 大 利	6	1.46	10	2.72	9	3.07	25	2.33
加 拿 大	11	2.68	8	2.17	4	1.37	23	2.15
丹　　麦	9	2.20	7	1.90	3	1.02	19	1.77
爱 尔 兰	3	0.73	7	1.90	7	2.39	17	1.59
瑞　　典	7	1.71	5	1.36	2	0.68	14	1.31
以 色 列	4	0.98	3	0.82	4	1.37	11	1.03
澳 大 利 亚	4	0.98	4	1.09	1	0.34	9	0.84
芬　　兰	7	1.71	0	0.00	1	0.34	8	0.75
奥 地 利	3	0.73	3	0.82	0	0.00	6	0.56
比 利 时	3	0.73	1	0.27	1	0.34	5	0.47
柬 埔 寨	0	0.00	0	0.00	4	1.37	4	0.37
西 班 牙	1	0.24	3	0.82	0	0.00	4	0.37
匈 牙 利	3	0.73	1	0.27	0	0.00	4	0.37
捷　　克	2	0.49	2	0.54	0	0.00	4	0.37
波　　兰	0	0.00	0	0.00	3	1.02	3	0.28
马 来 西 亚	0	0.00	3	0.82	0	0.00	3	0.28
荷　　兰	1	0.24	2	0.54	0	0.00	3	0.28
哥斯达黎加	0	0.00	0	0.00	2	0.68	2	0.19
列支敦士登	0	0.00	0	0.00	2	0.68	2	0.19
俄 罗 斯	1	0.24	0	0.00	1	0.34	2	0.19
立 陶 宛	0	0.00	0	0.00	2	0.68	2	0.19
新 加 坡	0	0.00	1	0.26	1	0.34	2	0.19
冰　　岛	1	0.24	0	0.00	0	0.00	1	0.09
越　　南	0	0.00	0	0.00	1	0.34	1	0.09
土 耳 其	1	0.24	0	0.00	0	0.00	1	0.09

从 2016 年到 2018 年，美、德、日、英首次注册医疗器械数量都出现了较大规模的下降，尤其是英国的首次注册数量 2018 年仅为 2016 年的 1/6。

（4）企业领域分析

美国

从 2016 年到 2018 年，来源于美国的进口第二类首次注册医疗器械产品注册证共计 317 张。

从时间维度看，对于美国企业申请的进口第二类首次注册医疗器械的批准数量，2016 年、2017 年处于一个相对平稳略有上升的状态，2018 年则出现了明显的下降（见表 36）。

表 36　2016～2018 年进口第二类首次注册医疗器械（美国）注册数量分布

单位：张

年份	第一季度	第二季度	第三季度	第四季度	小计
2016	41	26	23	21	111
2017	38	26	31	26	121
2018	17	20	16	32	85

从注册产品类别维度看，来源于美国企业的进口第二类首次注册医疗器械，主要以无源医疗器械、有源医疗器械、体外诊断试剂为主，医用独立软件相对较少，无源医疗器械批准数量持续减少，体外诊断试剂在 2018 年时出现较大降幅（见表 37）。

表 37　2016～2018 年进口第二类首次注册医疗器械（美国）注册类别分布

单位：项，%

产品类别	2016		2017		2018	
	数量	占比	数量	占比	数量	占比
有源	39	35.14	47	38.84	38	44.71
无源	41	36.94	37	30.58	27	31.76
医用独立软件	2	1.80	3	2.48	2	2.35
体外诊断试剂	29	26.13	34	28.10	18	21.18

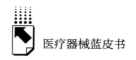

从产品分类维度看，数量最多的 3 个分类子目录依次是体外诊断试剂、06 医用成像器械和 22 临床检验器械。

其中，在体外诊断试剂（82 个）中，有较多数量的质控品（25 个）和校准品（20 个），总数量占全部产品类别的 54.9%；医用设备成像产品（32 个）比较分散，分布于 X 射线成像、超声诊断设备和内窥镜功能辅助器械等类别；临床检验设备产品（26 个）同样比较分散，以凝血分析仪器为最多。

表38　2016～2018 年进口第二类首次注册医疗器械（美国）产品分类目录分布情况

单位：个

分类子目录	2016 年	2017 年	2018 年	小计
01 有源手术	5	3	0	8
02 无源手术	3	1	2	6
03 神经血管手术	3	1	0	4
04 骨科手术	4	9	12	25
06 医用成像	11	12	9	32
07 诊察监护	6	10	6	22
08 呼吸麻醉急救	2	10	1	13
09 物理治疗	4	3	3	10
10 输血透析	0	0	1	1
11 消毒灭菌	2	1	3	6
12 有源植入	3	0	1	4
14 注输护理	8	5	2	15
15 承载转运	1	2	1	4
16 眼科专科	3	2	1	6
17 口腔专科	14	4	5	23
18 妇产生殖	2	0	2	4
19 康复矫形	4	1	0	5
21 独立软件	2	3	2	7
22 临床检验	2	12	12	26
体外诊断试剂	29	35	18	82
未知	3	7	4	14

从单个企业获批产品注册证数量维度上看，317 张产品注册证由 149 家美国企业获得，平均每家企业 2.1 张，略低于进口第三类首次注册医疗器械美国企业平均获批水平。按照注册证获批数量排序，如表 39 所示。

表39　2016～2018年进口第二类首次注册医疗器械（美国）企业获批情况

获批注册证的数量（张）	企业数量（家）	占比（%）
31	1	0.67
20	1	0.67
10	1	0.67
9	1	0.67
8	1	0.67
7	2	1.34
6	1	0.67
5	7	4.70
4	3	2.01
3	9	6.04
2	23	15.44
1	99	66.45
合　计	149	—

　　对注册人按照产品数量进行排序，获证超过5张的美国企业共计8家，涉及的领域见表40。

表40　2016～2018年进口第二类首次注册医疗器械（美国）部分企业获批领域

单位：张

注册人	获证数量	获批项目分类	说明
Siemens Healthcare Diagnostics Inc.	31	临床检验设备、体外诊断试剂	美国西门子医学诊断股份有限公司
INOVA Diagnostics，Inc.	20	均为体外诊断试剂	—
Boston Scientific Corporation	10	有源手术附件、无源手术器械等多个产品类别	波士顿科学
Bio-Rad Laboratories，Inc.	9	液相色谱分析仪器及相应体外诊断试剂	—
Carestream Health，Inc.	8	X射线成像设备及影像处理软件	—
ConMed Corporation	7	关节镜配套工具及内窥镜辅助用品	—
GE Medical Systems，LLC	7	X射线管组件及影像处理软件	GE
Becton，Dickinson and Company，BD Biosciences	6	主要为临床检验设备	BD

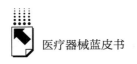

德国

从 2016 年到 2018 年，来源于德国的进口第二类首次注册医疗器械产品注册证共计 185 张。

从时间维度看，在我们申请的进口第二类首次注册医疗器械的批准数量中，德国企业从 2016 年第二季度开始出现显著下降，2017 年较 2016 年同比下降 44.44%，2018 年维持稳定略有回升（见表 41）。

表 41　2016～2018 年进口第二类首次注册医疗器械（德国）注册数量分布

单位：项

年份	第一季度	第二季度	第三季度	第四季度	小计
2016	32	17	14	18	81
2017	6	9	13	17	45
2018	20	15	11	13	59

从注册产品类别维度看，2016 年以无源产品为主；2017 年无源产品注册批准数量大幅下跌；有源产品历年获批数量相对稳定，2017 年起成为德国主要进口获批医疗器械，与德国第三类进口首次注册医疗器械趋势相似（见表 42）。

表 42　2016～2018 年进口第二类首次注册医疗器械（德国）注册类别分布

单位：项，%

产品类别	2016		2017		2018	
	数量	占比	数量	占比	数量	占比
有源	31	38.27	23	51.11	30	50.85
无源	34	41.98	14	31.11	19	32.20
医用独立软件	2	2.47	0	0.00	0	0.00
体外诊断试剂	14	17.28	8	17.78	10	16.95

从产品分类维度看，数量最多的 3 个分类子目录依次是体外诊断试剂、17 口腔专科器械和 06 医用成像器械（见表 43）。

其中，体外诊断试剂类产品主要由罗氏诊断和碧迪两家企业注册；口腔专科器械产品最多的产品类别是口腔治疗设备（10 个）、口腔治疗辅助材料（8 个）和义齿制作材料（10 个）；医用成像器械产品最多的产品类别是内窥镜功能供给装置（11 个），占该产品类别所有产品的一半以上。

表 43　2016～2018 年进口第二类首次注册医疗器械（德国）分类目录分布情况

单位：个

分类子目录	2016	2017	2018	小计
01 有源手术	4	2	0	6
02 无源手术	2	0	2	4
03 神经血管手术	1	0	0	1
04 骨科手术	3	1	1	5
06 医用成像	10	2	8	20
07 诊察监护	6	3	3	12
08 呼吸麻醉急救	1	1	3	5
09 物理治疗	2	0	2	4
10 输血透析	0	0	1	1
13 无源植入	1	0	0	1
14 注输护理	8	4	5	17
15 承载转运	1	1	1	3
16 眼科专科	1	1	3	5
17 口腔专科	11	10	11	32
18 妇产生殖	2	2	1	5
19 康复矫形	1	0	5	6
21 独立软件	2	0	0	2
22 临床检验	6	7	3	16
体外诊断试剂	14	8	10	32
未知	5	3	0	8

从单个企业获批产品注册证数量维度上看，185 张产品注册证由 94 家德国企业获得，平均每家企业 2.0 张。按照注册证获批数量排序，如表 44 所示。

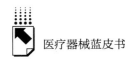

表44　2016～2018年进口第二类首次注册医疗器械（德国）企业获批情况

取得注册证的数量（张）	企业数量（家）	占比（%）
31	1	1.06
7	1	1.06
6	1	1.06
5	2	2.13
4	3	3.19
3	5	5.32
2	23	24.47
1	58	61.71
合　计	94	—

对注册人按照产品数量进行排序，获证超过5张的德国企业仅3家，其获批的注册证数量超过总数的20%（见表45）。

表45　2016～2018年进口第二类首次注册医疗器械（德国）部分企业获批领域

单位：张

注册人	获证数量	获批项目分类	说明
Roche Diagnostics GmbH	31	均为临床检验设备及体外诊断试剂	罗氏诊断
Kaltenbach & Voigt GmbH	7	均为牙科治疗设备	
Aesculap AG	6	有源手术设备、骨科手术器械等	贝朗蛇牌

日本

从2016年到2018年，来源于日本的进口第二类首次注册医疗器械产品注册证共计147张。

从时间维度看，在我们申请的进口第二类首次注册医疗器械的批准数量中，2018年日本企业明显低于同期水平，较2017年同比下降42.62%，大幅度减少（见表46）。

表46　2016～2018年进口第二类首次注册医疗器械（日本）注册数量分布

单位：项

年份	第一季度	第二季度	第三季度	第四季度	小计
2016	21	6	8	16	51
2017	18	14	17	12	61
2018	8	3	13	11	35

从注册产品类别维度看，无独立医用软件被批准注册。有源医疗器械一直是日本进口第二类器械主力军，尤其2017年出现爆发式增长，2018年又回归至原有水平；体外诊断试剂则呈现逐年下降趋势（见表47）。

表47　2016～2018年进口第二类首次注册医疗器械（日本）注册类别分布

单位：项，%

产品类别	2016年		2017年		2018年	
	数量	占比	数量	占比	数量	占比
有源	19	37.25	35	57.38	18	51.43
无源	13	25.50	15	24.59	8	22.86
体外诊断试剂	19	37.25	11	18.03	9	25.71

从产品分类维度看，数量最多的3个分类子目录依次是体外诊断试剂、22临床检验器械和06医用成像器械（见表48）。

其中，体外诊断试剂（39个）中，有较多数量的质控品（15个）和校准品（8个）；临床检验设备产品（34个）比较分散；医用成像设备（23个）以各类X射线成像器械居多。

表48　2016～2018年进口第二类首次注册医疗器械（日本）分类目录分布情况

单位：个

分类子目录	2016年	2017年	2018年	小计
02 无源手术	1	1	0	2
04 骨科手术	0	0	1	1
06 医用成像	8	10	5	23

分类子目录	2016 年	2017 年	2018 年	小计
07 诊察监护	3	10	1	14
08 呼吸麻醉急救	1	0	0	1
09 物理治疗	1	0	2	3
11 消毒灭菌	2	1	0	3
14 注输护理	2	3	0	5
15 承载转运	0	0	2	2
16 眼科专科	2	3	3	8
17 口腔专科	3	4	0	7
18 妇产生殖	1	0	2	3
21 独立软件	0	0	1	1
22 临床检验	7	18	9	34
体外诊断试剂	19	11	9	39
未知	1	0	0	1

从单个企业获批产品注册证数量维度上看，147 张产品注册证由 58 家日本企业获得，平均每家企业 2.5 张，高于美国、德国平均水平，日本企业集中性更高。按照注册证获批数量排序，如表 49 所示。

表 49　2016～2018 年进口第二类首次注册医疗器械（日本）企业获批情况

取得注册证的数量（张）	企业数量（家）	占比（%）
20	1	1.72
11	1	1.72
9	1	1.72
8	1	1.72
6	1	1.72
5	2	3.45
4	1	1.73
3	8	13.79
2	13	22.43
1	29	50.00
合　计	58	—

对注册人按照产品数量进行排序，获证超过 5 张的日本企业仅 5 家，其获批的注册证数量超过总数的 1/3，涉及的领域相对集中，主要以电子内窥镜与体外诊断试剂及相关设备为主（见表 50）。

表 50　2016～2018 年进口第二类首次注册医疗器械（日本）部分企业获批领域

单位：张

注册人	获证数量	获批项目数量	说明
Sysmex Corp. （シスメックス株式会社）	20	临床检验设备、体外诊断试剂	希森美康株式会社
Tosoh Corp. （東ソー株式会社）	11	液相色谱分析仪及色谱柱	东曹株式会社
FujiFilm Corp. （富士フイルム株式会社）	9	内窥镜及附件	富士胶片株式会社
Sekisui Medical Co.，Ltd. （積水メディカル株式会社）	8	体外诊断试剂	积水医疗株式会社
Omron Healthcare Co.，Ltd. （オムロンヘルスケア株式会社）	6	无创血压测量	欧姆龙健康医疗株式会社

韩国

从 2016 年到 2018 年，来源于韩国的进口第二类首次注册医疗器械产品注册证共计 117 张。

对于韩国企业在我们申请的进口第二类首次注册医疗器械的批准数量，不同于其他国家获批数量大幅下降的趋势，2016～2018 年获批数量一直保持相对平稳状态（见表 51）。

表 51　2016～2018 年进口第二类首次注册医疗器械（韩国）注册数量分布

单位：项

年份	第一季度	第二季度	第三季度	第四季度	小计
2016	8	13	8	10	39
2017	5	12	10	13	40
2018	14	7	10	7	38

从注册产品类别维度看，无源医疗器械、体外诊断试剂都呈现明显的下降趋势，有源医疗器械增长后并保持稳定，2017 年起成为韩国第二类医疗器械获批的主力军，远超于其他类别医疗器械获批水平（见表 52）。

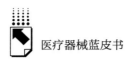

表 52 2016～2018 年进口第二类首次注册医疗器械（韩国）注册类别分布

单位：项，%

产品类别	2016 年		2017 年		2018 年	
	数量	占比	数量	占比	数量	占比
有源	11	28.21	26	65.00	24	63.16
无源	17	43.59	11	27.50	8	21.05
医用独立软件	1	2.56	0	0.00	0	0.00
体外诊断试剂	10	25.64	3	7.50	6	15.79

从产品分类维度看，数量最多的 3 个分类子目录依次是 17 口腔专科器械、06 医用成像器械和体外诊断试剂（见表 53）。

其中，口腔专科器械覆盖了口腔治疗设备、治疗器具、治疗辅助材料、义齿制作材料和正畸材料等；医用成像器械则主要是 X 射线影像接收处理装置，占该产品类别的一半；体外诊断试剂则主要来自 Infopia 和 Boditech Med 两家公司。

表 53 2016～2018 年进口第二类首次注册医疗器械（韩国）分类目录分布情况

单位：项

分类子目录	2016 年	2017 年	2018 年	小计
01 有源手术	1	0	0	1
03 神经血管手术	2	0	1	3
04 骨科手术	2	0	0	2
06 医用成像	3	13	12	28
07 诊察监护	1	5	1	7
08 呼吸麻醉急救	1	0	0	1
09 物理治疗	2	2	1	5
11 消毒灭菌	1	0	0	1
14 注输护理	2	1	1	4
16 眼科专科	0	1	1	2
17 口腔专科	10	11	9	30
18 妇产生殖	0	1	0	1
19 康复矫形	1	0	0	1
21 独立软件	1	0	0	1
22 临床检验	1	3	5	9
体外诊断试剂	10	3	6	19
未知	1	0	1	2

从单个企业获批产品注册证数量维度上看，117 张产品注册证由 61 家韩国企业获得，平均每家企业 1.9 张。按照注册证获批数量排序，如表 54 所示。

表 54　2016～2018 年进口第二类首次注册医疗器械（韩国）企业获批情况

取得注册证的数量（张）	企业数量（家）	占比（%）
11	1	1.64
10	1	1.64
5	2	3.28
4	3	4.92
3	5	8.20
2	10	16.39
1	39	63.93
合　计	61	—

其注册人按照产品数量进行排序，获证超过 5 张的企业仅有 2 家，均为体外诊断试剂及其相关设备领域（见表 55）。

表 55　2016～2018 年进口第二类首次注册医疗器械（韩国）部分企业获批领域

单位：张

注册人	获证数量	获批项目数量
Boditech Med Inc.	11	临床检验设备及体外诊断试剂
Infopia Co., Ltd.	10	临床检验设备及体外诊断试剂

（四）境内第三类医疗器械注册批准情况

1. 境内第三类医疗器械注册概况

根据国家药品监督管理局发布的年度医疗器械注册工作报告，境内第三类医疗器械注册 7911 项。其中，医疗器械 4765 项、体外诊断试剂 3146 项（见表 56）。

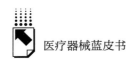

表56 2016～2018年境内第三类医疗器械不同产品类型审批数量分布

单位：项，%

类别	2016年		2017年		2018年	
	数量	占比	数量	占比	数量	占比
医疗器械	1661	57.24	1910	57.88	1194	69.87
体外诊断试剂	1241	42.76	1390	42.12	515	30.13

从注册形式看，首次注册2341项，占全部境内第三类医疗器械注册数量的29.59%；延续注册3994项，占全部境内第三类医疗器械注册数量的50.49%；许可事项变更1576项，占全部境内第三类医疗器械注册数量的19.92%（见表57）。

表57 2016～2018年境内第三类医疗器械不同注册形式审批数量分布

单位：项，%

注册形式	2016年		2017年		2018年	
	数量	占比	数量	占比	数量	占比
首次注册	929	32.02	813	24.63	599	35.05
延续注册	1510	52.03	1941	58.82	543	31.77
许可变更	463	15.95	546	16.55	567	33.18
总　计	2902	—	3300	—	1709	—

2. 首次注册医疗器械批准情况分析

境内第三类医疗器械首次注册分析时，采用国家药品监督管理局批准注册医疗器械产品公告（2016～2018年）所公布的注册产品目录为依据。

（1）首次注册显著下降

2016～2018年国家药品监督管理局共批准境内第三类医疗器械首次注册产品2363项。其中，2016年批准926项、2017年批准808项、2018

年批准 629 项，2016 年、2017 年单月注册批准数量波动较大，2018 年相对平缓，总体获批数量显著下降，2017 年较 2016 年下降 12.74%，2018 年较 2017 年下降 22.15%，下降趋势逐渐拉大，具体月度分布如图 10 所示。

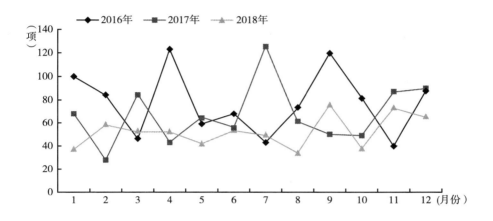

图 10　2016～2018 年境内第三类首次注册医疗器械月度分布

（2）品类分布分析

注册产品类别

按照医疗器械产品结构特征的不同，2016～2018 年境内第三类首次注册的 2363 款产品中，有源医疗器械 310 项，占全部产品数量的 13.12%；无源医疗器械 1032 项，占全部产品数量的 43.67%；医用独立软件 6 项，占全部产品数量的 0.26%；体外诊断试剂 1015 项，占全部产品数量的 42.95%。无源医疗器械是境内第三类首次注册医疗器械产品的最大组成部分，体外诊断试剂紧随其后，两者占据总量的 86.6%，无源产品相对较少，医用独立软件寥寥无几。

从月度数据来看，有源医疗器械批准数量相对稳定，体外诊断试剂月度波动较大，2016 年处于相对高峰位置，但 2018 年后批准数据显著减少（见图 11）。

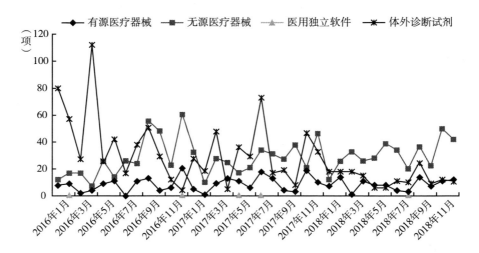

图 11 2016～2018 年境内第三类首次注册医疗器械不同注册类别月度分布

分类目录

从总体情况看，境内第三类首次注册医疗器械产品中，占据前 3 位的分类目录是体外诊断试剂（43.00％）、注输护理器械（15.74％）、无源植入器械（14.22％），超过总量的 70％；医用成像器械超过总体数量的 5％，属于相对较多的医疗器械产品；承载转运器械、中医诊疗器械、康复矫形器械在境内第三类首次注册医疗器械属于空白领域；其余分类涉及相对较少。消毒灭菌器械分类中不包含第三类医疗器械，不做分析（见表 58）。

表 58 2016～2018 年境内第三类首次注册医疗器械分类目录历年分布

单位：项，％

分类目录	2016 年		2017 年		2018 年		总计	
	数量	占比	数量	占比	数量	占比	数量	占比
01 有源手术	25	2.70	26	3.22	25	3.97	76	3.22
02 无源手术	5	0.54	7	0.87	4	0.64	16	0.68
03 神经血管手术	27	2.92	27	3.34	51	8.11	105	4.44
04 骨科手术	2	0.22	0	0.00	1	0.16	3	0.13
05 放射治疗	1	0.11	1	0.12	3	0.48	5	0.21
06 医用成像	33	3.56	45	5.57	59	9.38	137	5.80

分类目录	2016 年		2017 年		2018 年		总计	
	数量	占比	数量	占比	数量	占比	数量	占比
07 诊察监护	11	1.19	14	1.73	8	1.27	33	1.40
08 呼吸麻醉急救	15	1.62	9	1.11	9	1.43	33	1.40
09 物理治疗	16	1.73	8	0.99	3	0.48	27	1.14
10 输血透析	15	1.62	27	3.34	20	3.18	62	2.62
11 消毒灭菌	0	0.00	0	0.00	0	0.00	0	0.00
12 有源植入	5	0.54	2	0.25	2	0.32	9	0.38
13 无源植入	99	10.69	103	12.75	134	21.30	336	14.22
14 注输护理	134	14.47	122	15.10	116	18.44	372	15.74
15 承载转运	0	0.00	0	0.00	0	0.00	0	0.00
16 眼科专科	7	0.76	19	2.35	12	1.91	38	1.61
17 口腔专科	6	0.65	3	0.37	3	0.48	12	0.51
18 妇产生殖	1	0.11	1	0.12	0	0.00	2	0.08
19 康复矫形	0	0.00	0	0.00	0	0.00	0	0.00
20 中医诊疗	0	0.00	0	0.00	0	0.00	0	0.00
21 独立软件	3	0.32	2	0.25	1	0.16	6	0.25
22 临床检验	21	2.27	28	3.47	16	2.54	65	2.75
体外诊断试剂	495	53.46	361	44.68	160	25.44	1016	43.00
未知	5	0.52	3	0.37	2	0.31	10	0.42

2016～2018 年每年占据前三位的分类目录均为体外诊断试剂、注输护理器械、无源植入器械，保持了良好的一致性。

体外诊断试剂一直位于境内第三类首次注册医疗器械分类目录排名的第一位，但三年间占比呈现明显的下降趋势；2018 年注册数量不足 2016 年的 1/3。

注输护理器械注册数量上，一直呈现缓慢下降趋势，但由于总体注册数量的减少幅度更为巨大，其所占份额在逐年缓慢提升。

无源植入器械无论从注册数量上，还是总体所占份额上，均有明显升高，排名也从第三位跃至第二位。2018 年，获批数量与第一位的体外诊断试剂的差距显著缩小。

此外，神经和心血管手术器械、医用成像器械在总体获批数量显著下降

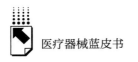

的情况下，依然保持着良好增长的趋势。

（3）省份分析

2016～2018 年获批的 2363 款首次注册境内第三类医疗器械产品，共来自 26 个省份，如表 59 所示。

表 59　2016～2018 年境内第三类首次注册医疗器械省份分布

单位：项，%

省份	2016 年		2017 年		2018 年		总计	
	数量	占比	数量	占比	数量	占比	数量	占比
江苏	175	18.898	150	18.564	140	22.258	465	19.678
北京	212	22.894	111	13.738	109	17.329	432	18.282
广东	100	10.799	151	18.688	80	12.719	331	14.008
上海	83	8.963	76	9.406	60	9.539	219	9.268
浙江	71	7.667	97	12.005	46	7.313	214	9.056
山东	60	6.479	26	3.218	49	7.790	135	5.713
福建	83	8.963	32	3.960	17	2.703	132	5.586
天津	36	3.888	18	2.228	24	3.816	78	3.301
河南	28	3.024	21	2.599	9	1.431	58	2.455
四川	15	1.620	28	3.465	15	2.385	58	2.455
湖北	11	1.188	23	2.847	19	3.021	53	2.243
吉林	7	0.756	15	1.856	11	1.749	33	1.397
江西	10	1.080	9	1.114	13	2.067	32	1.354
湖南	13	1.404	7	0.866	8	1.272	28	1.185
辽宁	8	0.864	13	1.609	3	0.477	24	1.016
安徽	5	0.540	5	0.619	4	0.636	14	0.592
陕西	3	0.324	4	0.495	7	1.113	14	0.592
河北	3	0.324	4	0.495	3	0.477	10	0.423
重庆	2	0.216	6	0.743	2	0.318	10	0.423
甘肃	0	0.000	4	0.494	5	0.795	9	0.381
山西	0	0.000	1	0.124	3	0.476	4	0.169
云南	0	0.000	3	0.371	0	0.000	3	0.127
广西	1	0.109	1	0.124	0	0.000	2	0.085
贵州	0	0.000	1	0.124	1	0.158	2	0.085
海南	0	0.000	1	0.124	1	0.158	2	0.085
内蒙古	0	0.000	1	0.124	0	0.000	1	0.041

从总体趋势分析，北京第三类首次注册医疗器械数量下滑最为明显，2018 年首批注册数量约为 2016 年的 50%；江苏、上海首次注册数量均呈现缓慢下降趋势；广东、浙江三年来第三类首次注册数量波动明显，2017 年呈现高速增长，2018 年却同比下降约 50%。2016～2018 年，黑龙江、青海、新疆、西藏、宁夏五省份无境内第三类首次注册医疗器械。

（4）品类区域分布情况

2363 款境内第三类首次注册医疗器械由 847 家企业取得，平均每家企业 2.8 张。

有源手术器械

2016～2018 年境内第三类首次注册的有源手术器械产品注册证共计 76 张。

从注册人所属的省份来看，共覆盖 14 个省份。其中，北京、上海、广东、江苏、浙江 5 个传统产业较强地区的首次注册数量总和，超过了总数的 70%。尤其是北京、上海两地的产业优势明显，其数量之和接近总数量的 50%，江苏、浙江两省则是有源手术器械产业的第二梯队（见表 60）。

表 60　2016～2018 年有源手术器械首次注册省份分布

单位：项，%

省份	数量	占比
北京市	19	25.0
上海市	17	22.4
浙江省	11	14.5
江苏省	10	13.2
广东省	5	6.6
山东省	4	5.3
天津市	2	2.6
重庆市	2	2.6
河北省	1	1.3
湖北省	1	1.3
广西壮族自治区	1	1.3
吉林省	1	1.3
湖南省	1	1.3
辽宁省	1	1.3

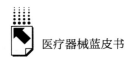

从注册人所在的城市来看，共涉及 19 个城市，排名前三的分别是北京、上海和杭州，其获批的注册证数量超过总数的 60%，占据绝对优势（见表61）。

表61　2016～2018 年有源手术器械首次注册城市分布

单位：项，%

城市	数量	占比
北京市	19	25.1
上海市	17	22.4
杭州市	11	14.5
常州市	4	5.3
深圳市	4	5.3
南京市	4	5.3
济南市	3	3.9
天津市	2	2.6
重庆市	2	2.6
淄博市	1	1.3
廊坊市	1	1.3
武汉市	1	1.3
江门市	1	1.3
桂林市	1	1.3
泰州市	1	1.3
苏州市	1	1.3
长春市	1	1.3
长沙市	1	1.3
沈阳市	1	1.3

从注册人来看，76 张注册证分属于 67 个不同的注册人，平均每个注册人获证 1.1 张，获证数量最多的也仅有 2 张注册证，行业集中度较低。

无源手术器械

2016～2018 年境内第三类首次注册的无源手术器械产品注册证共计 16 张。

从注册人所属的省份来看，共覆盖 6 个省份，其中浙江省在此产品类别中优势相对明显（见表62）。

表 62　2016～2018 年无源手术器械首次注册省份分布

单位：项，%

省份	数量	占比
浙江省	6	37.5
广东省	3	18.8
江苏省	3	18.8
北京市	2	12.5
四川省	1	6.2
安徽省	1	6.2

从注册人所在的城市来看，共涉及 10 个城市。杭州市的注册产品数量领先优势明显（见表63）。

表 63　2016～2018 年无源手术器械首次注册城市分布

单位：项，%

城市	数量	占比
杭州市	6	37.5
北京市	2	12.5
成都市	1	6.3
珠海市	1	6.3
常州市	1	6.3
泰州市	1	6.3
深圳市	1	6.3
东莞市	1	6.3
南通市	1	6.3
滁州市	1	6.3

从注册人来看，16 张注册证分属于 14 个不同的注册人，平均每个注册人获证1.1 张，获证数量最多的同样仅有 2 张注册证，行业集中度较低。

神经血管手术器械

2016～2018 年境内第三类首次注册的神经血管手术器械产品注册证共计 105 张。

从注册人所属的省份来看，共覆盖 14 个省份，其中，北京、上海、广东、江苏、浙江 5 个产业较强地区的产品数量之和所占比例接近 75% 。值得一提的是湖南省在神经血管手术器械产品类别中跻身前列，并且 9 款产品均来自湖南埃普特医疗器械有限公司一家企业（见表 64）。

表 64　2016～2018 年神经血管手术器械首次注册省份分布

单位：项，%

省份	数量	占比
广东省	19	18.1
北京市	16	15.2
上海市	16	15.2
江苏省	14	13.3
浙江省	13	12.3
湖南省	9	8.6
河南省	4	3.8
天津市	4	3.8
湖北省	3	2.9
山东省	2	1.9
辽宁省	2	1.9
福建省	1	1.0
河北省	1	1.0
吉林省	1	1.0

从注册人所在的城市来看，共涉及 21 个城市，除北京和上海产品数量并列第一以外，杭州和深圳在地级行政区中处于领先位置（见表 65）。

表 65　2016～2018 年神经血管手术器械首次注册城市分布

单位：项，%

城市	数量	占比
北京市	16	15.2
上海市	16	15.2
杭州市	12	11.4
深圳市	12	11.4
湘潭市	9	8.6
苏州市	8	7.6

续表

城市	数量	占比
广州市	5	4.8
天津市	4	3.8
武汉市	3	2.8
新乡市	3	2.8
常州市	3	2.8
盐城市	2	1.9
威海市	2	1.9
大连市	2	1.9
东莞市	2	1.9
南京市	1	1.0
厦门市	1	1.0
廊坊市	1	1.0
郑州市	1	1.0
绍兴市	1	1.0
吉林市	1	1.0

从注册人来看，105张注册证分属于59个不同的注册人，平均每个注册人获证1.8张，获证数量最多的是湖南埃普特医疗器械有限公司（9张），其次是北京迪玛克医药科技有限公司（6张）和上海微创医疗器械（集团）有限公司（5张）（见表66）。

表66　2016～2018年境内第三类首次注册医疗器械神经血管手术器械部分企业

单位：张

注册人	获证数量	说明
湖南埃普特医疗器械有限公司	9	均为神经血管介入产品，包括造影导管、球囊扩张导管、血栓抽吸导管、导丝及导管鞘等
北京迪玛克医药科技有限公司	6	均为神经血管介入产品，包括球囊扩张导管、血栓抽吸导管及连接阀等
上海微创医疗器械(集团)有限公司	5	均为神经血管介入产品，包括球囊扩张导管、导管鞘及导丝等

骨科手术器械

2016～2018年境内第三类首次注册的骨科手术器械产品注册证仅3张，

在所有产品目录中，获批数量排名倒数第二，仅高于妇产生殖器械，并且获批的所有产品均为椎体成形器械，上海、山东、广东各有 1 家企业涉及（见表 67）。

表 67　2016～2018 年境内第三类首次注册医疗器械骨科手术器械企业

产品名称	注册人	所在地	产品类别
椎体扩张球囊	上海朗迈医疗器械科技有限公司	上海	椎体成形器械
椎体成形手术工具包	青岛九远医疗科技有限公司	山东青岛	椎体成形器械
椎体扩张球囊导管	普霖医疗科技（广州）有限公司	广东广州	椎体成形器械

放射治疗器械

2016～2018 年境内第三类首次注册的放射治疗器械产品注册证仅 5 张，5 款产品中除了一款放疗准直限束装置外，均为直线加速器，分别来自上海联影医疗科技有限公司、广东中能加速器科技有限公司、瓦里安医疗设备（中国）有限公司和医科达（北京）医疗器械有限公司 4 家企业，其中，北京 2 家企业，上海、广东、江苏各 1 家（见表 68）。

表 68　2016～2018 年境内第三类首次注册医疗器械放射治疗器械企业

产品名称	注册人	所在地	产品类别
医用直线加速器系统	上海联影医疗科技有限公司	上海	直线加速器
医用电子直线加速器	广东中能加速器科技有限公司	广东东莞	直线加速器
医用直线加速器	瓦里安医疗设备（中国）有限公司	北京	直线加速器
医用直线加速器	医科达（北京）医疗器械有限公司	北京	直线加速器
多叶准直器	苏州雷泰医疗科技有限公司	江苏苏州	放疗准直限束装置

医用成像器械

2016～2018 年境内第三类首次注册的医用成像器械产品注册证共计 137 张。

从注册人所属的省份来看，共覆盖 13 个省份，其中北京、上海、广东、江苏、浙江传统产业较强地区依然包揽了前五名，产品数量之和所占比例超过 80%，数量优势极为明显，产业区域化集中程度较高（见表 69）。

表 69 2016～2018 年医用成像器械首次注册省份分布

单位：张，%

省份	数量	占比
上海市	31	22.6
广东省	29	21.2
江苏省	20	14.6
北京市	18	13.1
浙江省	14	10.2
天津市	7	5.1
辽宁省	6	4.4
河北省	3	2.2
安徽省	3	2.2
山东省	2	1.5
湖北省	2	1.5
重庆市	1	0.7
贵州省	1	0.7

从注册人所在的城市来看，共涉及 27 个城市。上海在本获批产品数量占所有产品总数比例超过 20%，深圳和北京紧随其后，获批数量占比均超过 10%。其他各城市数量相对较少（见表 70）。

表 70 2016～2018 年医用成像器械首次注册城市分布

单位：张，%

城市	数量	占比
上海市	31	22.6
深圳市	23	16.8
北京市	18	13.1
天津市	7	5.1
苏州市	6	4.4
宁波市	6	4.4
沈阳市	5	3.6
南京市	4	2.9
广州市	4	2.9
绍兴市	4	2.9
杭州市	4	2.9
常州市	4	2.9
无锡市	3	2.2

续表

城市	数量	占比
合肥市	3	2.2
武汉市	2	1.5
保定市	2	1.5
淄博市	1	0.7
中山市	1	0.7
泰州市	1	0.7
盐城市	1	0.7
珠海市	1	0.7
青岛市	1	0.7
重庆市	1	0.7
贵阳市	1	0.7
廊坊市	1	0.7
本溪市	1	0.7
扬州市	1	0.7

从注册人来看，137 张注册证分属于 76 个不同的注册人，平均每个注册人获证 1.8 张，获证数量最多的是上海联影医疗科技有限公司（12 张），其次是通用电气医疗系统（天津）有限公司（6 张），然后是上海西门子医疗器械有限公司和北京华科创智健康科技股份有限公司并列第三位（5 张）（见表71）。

表71　2016～2018 年境内第三类首次注册医疗器械医用成像器械部分企业

单位：张

注册人	获证数量	备注
上海联影医疗科技有限公司	12	均为大型影像类设备,包括 CT、MR 以及与核素成像融合成像的 PET/CT 和 PET/MR
通用电气医疗系统(天津)有限公司	6	均为超导型磁共振设备
上海西门子医疗器械有限公司	5	均为影像类设备,包括 C 形臂 X 射线机与 CT
北京华科创智健康科技股份有限公司	5	均为电子内窥镜

诊察监护器械

2016～2018 年境内第三类首次注册的诊察监护器械产品注册证共计 33 张。

从注册人所属的省份来看，共覆盖 8 个省份，在这个领域中，排名第一的是广东省，之后依次是上海市、江苏省和浙江省，北京市在该分类中排名靠后（见表72）。

表72　2016～2018 年医用诊察和监护器械首次注册省份分布

单位：张，%

省份	数量	占比
广东省	13	39.4
上海市	8	24.2
江苏省	4	12.1
浙江省	3	9.1
山东省	2	6.1
四川省	1	3.0
河南省	1	3.0
北京市	1	3.0

从注册人所在的城市来看，共涉及 13 个城市。其中深圳市优势明显，上海市紧随其后。其他各城市获批数量均呈现较少状态（见表73）。

表73　2016～2018 年医用诊察和监护器械首次注册城市分布

单位：张，%

城市	数量	占比
深圳市	12	36.4
上海市	8	24.2
湖州市	2	6.1
无锡市	2	6.1
成都市	1	3.0
日照市	1	3.0
珠海市	1	3.0
嘉兴市	1	3.0
苏州市	1	3.0
漯河市	1	3.0
扬州市	1	3.0
威海市	1	3.0
北京市	1	3.0

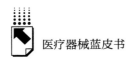

从注册人来看，33 张注册证分属于 19 个不同的注册人，平均每个注册人获证 1.7 张，获证数量最多的是深圳迈瑞生物医疗电子股份有限公司（8张），上海微创电生理医疗科技股份有限公司和飞利浦金科威（深圳）实业有限公司并列第二位（3 张）（见表 74）。

表 74　2016～2018 年境内第三类首次注册医疗器械医用诊察和监护器械部分企业

单位：张

注册人	获证数量	备注
深圳迈瑞生物医疗电子股份有限公司	8	均为监护仪,包括床边监护和遥测监护
上海微创电生理医疗科技股份有限公司	3	心脏电生理标测设备及导管
飞利浦金科威(深圳)实业有限公司	3	均为监护仪

呼吸麻醉急救器械

2016～2018 年境内第三类首次注册的呼吸麻醉急救器械产品注册证共计 33 张。

从注册人所属的省份来看，共覆盖 7 个省份，江苏和广东排名前列，两省获批数量之和超过总数的 1/2（见表 75）。

表 75　2016～2018 年呼吸麻醉急救器械首次注册省份分布

单位：张，%

省份	数量	占比
江苏省	9	27.3
广东省	8	24.2
北京市	5	15.2
河南省	4	12.1
浙江省	4	12.1
上海市	2	6.1
湖南省	1	3.0

从注册人所在的城市来看，共涉及 11 个城市。其中深圳市依然排在首位，该分类广东省所有获批医疗器械均来源于深圳（见表 76）。

表 76　2016～2018 年呼吸麻醉急救器械首次注册城市分布

单位：张，%

城市	数量	占比
深圳市	8	24.2
北京市	5	15.2
新乡市	4	12.1
苏州市	4	12.1
无锡市	3	9.1
嘉兴市	3	9.1
上海市	2	6.1
南京市	1	3.0
扬州市	1	3.0
宁波市	1	3.0
常德市	1	3.0

从注册人来看，33 张注册证分属于 21 个不同的注册人，平均每个注册人获证 1.6 张，获证数量最多的是 3 张，5 家企业并列，如表 77 所示。

表 77　2016～2018 年境内第三类首次注册医疗器械呼吸麻醉急救器械部分企业

单位：张

注册人	获证数量	备注
河南驼人医疗器械集团有限公司	3	均为麻醉穿刺器械
深圳迈瑞生物医疗电子股份有限公司	3	包括生命维持呼吸机与麻醉机
通用电气医疗系统(中国)有限公司	3	均为麻醉机
北京思瑞德医疗器械有限公司	3	包括生命维持呼吸机与麻醉机
浙江润强医疗器械股份有限公司	3	均为麻醉穿刺器械

物理治疗器械

2016～2018 年境内第三类首次注册的物理治疗器械产品注册证共计 27 张。

从注册人所属的省份来看，共覆盖 8 个省份，其中北京、湖北、广东、上海覆盖了近 3/4 的获批份额。从注册人所在的城市来看，共涉及 12 个城市（见表 78、表 79）。

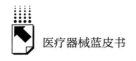

表 78　2016～2018 年物理治疗器械首次注册省份分布

单位：张，%

省份	数量	占比
北京市	7	25.9
湖北省	5	18.5
广东省	4	14.8
上海市	4	14.8
吉林省	2	7.4
山东省	2	7.4
江苏省	2	7.4
安徽省	1	3.7

表 79　2016～2018 年物理治疗器械首次注册城市分布

单位：张，%

城市	数量	占比
北京市	7	25.9
武汉市	5	18.5
上海市	4	14.8
广州市	2	7.4
深圳市	2	7.4
吉林市	1	3.7
烟台市	1	3.7
长春市	1	3.7
苏州市	1	3.7
徐州市	1	3.7
合肥市	1	3.7
威海市	1	3.7

　　从注册人来看，27 张注册证分属于 25 个不同的注册人，平均每个注册人获证 1.1 张，获证数量最多的是 3 张，仅有北京宏强富瑞技术有限公司一家企业，均为激光治疗类设备。

　　输血透析器械

　　2016～2018 年境内第三类首次注册的输血透析器械产品注册证共计 62 张。

从注册人所属的省份来看，共覆盖 17 个省份。从注册人所在的城市来看，共涉及 27 个城市，地域性差异不明显（见表 80、表 81）。

表 80　2016～2018 年输血透析器械首次注册省份分布

单位：张，%

省份	数量	占比
山东省	11	17.7
四川省	8	12.9
江苏省	8	12.9
河南省	7	11.3
上海市	5	8.1
天津市	4	6.5
广东省	3	4.8
陕西省	3	4.8
江西省	3	4.8
北京市	2	3.3
安徽省	2	3.3
辽宁省	1	1.6
海南省	1	1.6
福建省	1	1.6
云南省	1	1.6
浙江省	1	1.6
重庆市	1	1.6

表 81　2016～2018 年输血透析器械首次注册城市分布

单位：张，%

城市	数量	占比
成都市	8	12.9
新乡市	6	9.7
青岛市	6	9.7
上海市	5	8.1
天津市	4	6.5
广州市	3	4.8
西安市	3	4.8
苏州市	3	4.8

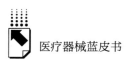

续表

城市	数量	占比
南昌市	3	4.8
淄博市	2	3.3
威海市	2	3.3
北京市	2	3.3
盐城市	1	1.6
大连市	1	1.6
海口市	1	1.6
福州市	1	1.6
昆明市	1	1.6
漯河市	1	1.6
台州市	1	1.6
芜湖市	1	1.6
重庆市	1	1.6
合肥市	1	1.6
泰州市	1	1.6
德州市	1	1.6
连云港市	1	1.6
常州市	1	1.6
无锡市	1	1.6

从注册人来看，62 张注册证分属于 45 个不同的注册人，平均每个注册人获证 1.4 张，获证数量最多的是河南省驼人血滤医疗器械有限公司，青岛普瑞森医药科技有限公司、西安西京医疗用品有限公司和成都欧赛医疗器械有限公司 3 家企业并列第二位（见表82）。

表82　2016～2018 年境内第三类首次注册医疗器械输血透析器械部分企业

单位：张

注册人	获证数量	备注
河南省驼人血滤医疗器械有限公司	5	血液透析器械及动静脉穿刺器
青岛普瑞森医药科技有限公司	3	血透浓缩物及血透管路
西安西京医疗用品有限公司	3	血液回收机及附件和血液浓缩器
成都欧赛医疗器械有限公司	3	血液透析器及血透管路

有源植入器械

2016～2018 年境内第三类首次注册的有源植入器械产品注册证共计 9 张。

从表 83 可见，9 款产品包括 5 款心脏节律管理类产品和 4 款神经调控类产品。其中神经调控类产品均来自北京品驰医疗设备有限公司，而心脏节律管理类产品分别由乐普医学电子仪器股份有限公司、先健科技（深圳）有限公司和创领心律管理医疗器械（上海）有限公司取得。

表 83　2016～2018 年境内第三类首次注册医疗器械有源植入器械企业

产品名称	注册人	所在地	产品类别
植入式骶神经刺激电极导线套件	北京品驰医疗设备有限公司	北京	骶神经刺激电极
植入式骶神经刺激器套件	北京品驰医疗设备有限公司	北京	骶神经刺激器
植入式心脏起搏器	先健科技（深圳）有限公司	深圳	植入式心脏起搏器
植入式心脏起搏器	创领心律管理医疗器械（上海）有限公司	上海	植入式心脏起搏器
植入式心脏起搏器	乐普医学电子仪器股份有限公司	陕西宝鸡	植入式心脏起搏器
植入式心脏起搏器电极导线	乐普医学电子仪器股份有限公司	陕西宝鸡	植入式心脏起搏电极
植入式心脏起搏器电极导线	乐普医学电子仪器股份有限公司	陕西宝鸡	植入式心脏起搏电极
植入式迷走神经刺激脉冲发生器套件	北京品驰医疗设备有限公司	北京	迷走神经刺激器
植入式迷走神经刺激电极导线套件	北京品驰医疗设备有限公司	北京	迷走神经刺激电极

无源植入器械

2016～2018 年境内第三类首次注册的无源植入器械产品注册证共计 336 张，在所有品类中，获批数量排名第三位。

从注册人所属的省份来看，共覆盖 13 个省份。江苏省以巨大优势占据首位，获批数量超过总数的 1/3；北京也以超过 1/4 的占比，排在第二位。其他各省获批数量相对较少（见表 84）。

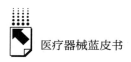

表84 2016～2018年无源植入器械首次注册省份分布

单位：张，%

省份	数量	占比
江苏省	118	35.1
北京市	87	25.9
上海市	28	8.3
山东省	28	8.3
福建省	24	7.1
天津市	18	5.4
广东省	11	3.3
浙江省	8	2.4
河北省	4	1.2
四川省	4	1.2
湖北省	3	0.9
陕西省	2	0.6
重庆市	1	0.3

从注册人所在的城市来看，共涉及29个城市。除北京占比排名第一外，苏州、常州两市以明显的优势分列第二、第三位，两市获批数量远高于其他省份整体获批（见表85）。

表85 2016～2018年无源植入器械首次注册城市分布

单位：张，%

城市	数量	占比
北京市	87	25.9
苏州市	61	18.2
常州市	45	13.4
上海市	28	8.3
厦门市	24	7.1
威海市	20	6.0

城市	数量	占比
天津市	18	5.4
深圳市	8	2.4
南京市	4	1.2
德阳市	4	1.2
武汉市	3	0.9
泰安市	3	0.9
金华市	3	0.9
廊坊市	3	0.9
济南市	3	0.9
无锡市	3	0.9
泰州市	3	0.9
嘉兴市	2	0.6
南通市	2	0.6
佛山市	2	0.6
西安市	2	0.6
重庆市	1	0.3
宁波市	1	0.3
绍兴市	1	0.3
潍坊市	1	0.3
青岛市	1	0.3
杭州市	1	0.3
石家庄市	1	0.3
东莞市	1	0.3

从注册人来看，336 张注册证分属于 136 个不同的注册人，平均每个注册人获证 2.5 张，获证数量最多的是北京中安泰华科技有限公司，北京科仪邦恩医疗器械科技有限公司和博益宁（厦门）医疗器械有限公司两家企业并列第二位（见表 86）。

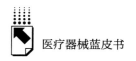

表86　2016～2018年境内第三类首次注册医疗器械无源植入器械部分企业

单位：张

注册人	获证数量	备注
北京中安泰华科技有限公司	11	绝大多数为骨科创伤植入物,还包括软组织修复和骨科关节植入物
北京科仪邦恩医疗器械科技有限公司	10	均为骨科创伤植入物和脊柱植入物
博益宁(厦门)医疗器械有限公司	10	均为骨科创伤植入物和脊柱植入物
威海海星医疗器械有限公司	9	均为骨科关节植入物
山东威高骨科材料股份有限公司	8	均为骨科创伤植入物和脊柱植入物
上海康定医疗器械有限公司	8	均为骨科创伤植入物
北京蒙太因医疗器械有限公司	7	主要为骨科关节植入物,还包括创伤植入物
大博医疗科技股份有限公司	7	主要为骨科创伤植入物,还包括脊柱植入物
天津妙娅生物科技有限公司	7	骨科创伤植入物和关节植入物
常州鼎健医疗器械有限公司	7	骨科创伤植入物和关节植入物
苏州微创脊柱创伤医疗科技有限公司	6	骨科创伤植入物和脊柱植入物
上海凯利泰医疗科技股份有限公司	6	骨科创伤植入物、软组织修复及脊柱植入物
江苏澳康德力医疗科技有限公司	6	骨科创伤植入物
苏州奥特斯医疗器械科技有限公司	6	骨科创伤植入物
江苏百易得医疗科技有限公司	6	骨科创伤植入物

从表86可见，排名靠前的企业，其产品均为骨科创伤、脊柱和关节植入类产品，而骨科产品也是无源植入器械中占比很大的部分。其他细分品类，包括神经、血管、耳鼻喉、整形外科、普通外科植入类产品，则占有很小的比例。

注输护理器械

2016～2018年境内第三类首次注册的注输护理器械产品注册证共计372张，在所有品类中，获批数量排名第二位。

从注册人所属的省份来看，共覆盖22个省份，是所有品类中覆盖省份最多的分类（见表87）。

表87　2016～2018年注输护理器械首次注册省份分布

单位：张，%

省份	数量	占比
江苏省	76	20.4
山东省	54	14.5
浙江省	37	9.9
上海市	31	8.3
北京市	29	7.8
河南省	29	7.8
江西省	28	7.5
广东省	28	7.5
湖北省	11	3.0
四川省	10	2.7
湖南省	8	2.2
辽宁省	7	1.9
天津市	7	1.9
安徽省	4	1.1
山西省	3	0.8
云南省	2	0.5
重庆市	2	0.5
吉林省	2	0.5
贵州省	1	0.3
福建省	1	0.3
内蒙古	1	0.3
广西	1	0.3

从注册人所在的城市来看，共涉及69个城市，取证数量排在前列的城市依次是上海、北京、淄博、苏州、常州、宜春、威海、台州、新乡、南昌和嘉兴。其中，山东、江苏、浙江、江西均有两个城市上榜（见表88）。

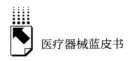
表88 2016～2018 年注输护理器械首次注册城市分布

单位：张，%

城市	数量	占比
上海市	31	8.3
北京市	29	7.8
淄博市	26	7.0
苏州市	23	6.2
常州市	21	5.6
宜春市	12	3.2
威海市	12	3.2
台州市	12	3.2
新乡市	11	3.0
南昌市	10	2.7
嘉兴市	10	2.7
佛山市	9	2.4
深圳市	9	2.4
连云港市	9	2.4
漯河市	8	2.2
扬州市	7	1.9
成都市	7	1.9
天津市	7	1.9
武汉市	6	1.6
抚州市	5	1.3
泰州市	5	1.3
青岛市	5	1.3
铁岭市	5	1.3
杭州市	5	1.3
绍兴市	4	1.1
广州市	4	1.1
常德市	4	1.1
珠海市	4	1.1
信阳市	4	1.1
菏泽市	3	0.8
安庆市	3	0.8
温州市	3	0.8
滨州市	3	0.8
潍坊市	3	0.8
无锡市	3	0.8

续表

城市	数量	占比
平顶山市	3	0.8
岳阳市	3	0.8
湖州市	2	0.5
太原市	2	0.5
淮安市	2	0.5
南阳市	2	0.5
昆明市	2	0.5
徐州市	2	0.5
宜宾市	2	0.5
随州市	2	0.5
南通市	2	0.5
重庆市	2	0.5
德州市	2	0.5
长春市	2	0.5
荆州市	1	0.3
贵阳市	1	0.3
厦门市	1	0.3
宜昌市	1	0.3
南京市	1	0.3
郴州市	1	0.3
沈阳市	1	0.3
郑州市	1	0.3
赤峰市	1	0.3
乐山市	1	0.3
长治市	1	0.3
汕头市	1	0.3
赣州市	1	0.3
衢州市	1	0.3
合肥市	1	0.3
揭阳市	1	0.3
防城港市	1	0.3
阜新市	1	0.3
荆门市	1	0.3
宿迁市	1	0.3

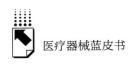
从注册人来看，372 张注册证分属于 174 个不同的注册人，平均每个注册人获证 2.1 张，获证数量最多的是山东新华安得医疗用品有限公司，其次是北京伏尔特技术有限公司，江苏苏云医疗器材有限公司排在第三位（见表 89）。

表 89　2016～2018 年境内第三类首次注册医疗器械注输护理部分企业

单位：张

注册人	获证数量	备注
山东新华安得医疗用品有限公司	17	绝大部分为输液器,还包括敷料类产品
北京伏尔特技术有限公司	11	输液器及留置针
江苏苏云医疗器材有限公司	9	均为输液器
苏州碧迪医疗器械有限公司	8	均为留置针
山东威高集团医用高分子制品股份有限公司	8	输液器、输液管路、胰岛素泵等多个品类
上海正邦医疗科技有限公司	7	输液器及留置针
上海宝舜医疗器械有限公司	7	输液器、留置针及输液连接件
江西科伦医疗器械制造有限公司	7	均为输液器
河南曙光健士医疗器械集团股份有限公司	7	输液器及留置针
成都市新津事丰医疗器械有限公司	6	均为输液器
上海金塔医用器材有限公司	6	输液针、留置针及输液器

眼科专科器械

2016～2018 年境内第三类首次注册的眼科专科器械产品注册证共计 38 张。

从注册人所属的省份来看，共覆盖 8 个省份，江苏省以超过获批总量 1/2 的份额占据第一位。从注册人所在的城市来看，共涉及 12 个城市，镇江市以绝对优势占据该品类的第一位（见表 90、表 91）。

表90 2016～2018 年眼科专用器械首次注册省份分布

单位：张，%

省份	数量	占比
江苏省	20	52.6
北京市	4	10.5
广东省	4	10.5
吉林省	3	7.9
四川省	2	5.3
浙江省	2	5.3
上海市	2	5.3
重庆市	1	2.6

表91 2016～2018 年眼科专科器械首次注册城市分布

单位：张，%

城市	数量	占比
镇江市	17	44.8
北京市	4	10.5
吉林市	3	7.9
广州市	3	7.9
成都市	2	5.3
上海市	2	5.3
徐州市	2	5.3
嘉兴市	1	2.6
重庆市	1	2.6
无锡市	1	2.6
杭州市	1	2.6
珠海市	1	2.6

从注册人来看，38 张注册证分属于 19 个不同的注册人，平均每个注册人获证 2.0 张，获证数量最多的是江苏海伦隐形眼镜有限公司和海昌隐形眼镜有限公司 2 家企业，吉林瑞尔康隐形眼镜有限公司排在第三位（见表92）。

表92 2016～2018 年境内第三类首次注册医疗器械眼科专科器械部分企业

单位：张

注册人	获证数量	备注
江苏海伦隐形眼镜有限公司	8	均为软性接触镜
海昌隐形眼镜有限公司	8	均为软性接触镜
吉林瑞尔康隐形眼镜有限公司	3	均为软性接触镜

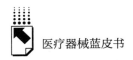

口腔专科器械

2016~2018年境内第三类首次注册的口腔专科器械产品注册证仅12张。

从注册人所属的省份来看，共覆盖9个省份，各省获批数量差异较小。从注册人所在的城市来看，共涉及11个城市（见表93、表94）。

表93　2016～2018年口腔专科器械首次注册省份分布

单位：张，%

省份	数量	占比
山东省	3	25.0
江苏省	2	16.7
山西省	1	8.3
上海市	1	8.3
江西省	1	8.3
辽宁省	1	8.3
吉林省	1	8.3
天津市	1	8.3
北京市	1	8.3

表94　2016～2018年口腔专科器械首次注册城市分布

单位：张，%

城市	数量	占比
日照市	2	16.7
长治市	1	8.3
上海市	1	8.3
南昌市	1	8.3
葫芦岛市	1	8.3
长春市	1	8.3
常州市	1	8.3
天津市	1	8.3
苏州市	1	8.3
泰安市	1	8.3
北京市	1	8.3

从注册人来看，12 张注册证分属于 11 个不同的注册人，平均每个注册人获证 1.1 张，除山东沪鸽口腔材料股份有限公司获证 2 张外，其他所有公司均仅获证 1 张。

妇产生殖器械

2016～2018 年境内第三类首次注册的妇产生殖器械产品注册证仅有 2 张，是所有品类中获批数量最少的分类。

从表 95 可见，2 款产品均为妇科植入物，均来自常州市康蒂娜医疗科技有限公司。

表 95　2016～2018 年境内第三类首次注册医疗器械妇产生殖器械企业

产品名称	注册人	所在地	产品类别
盆底修复系统	常州市康蒂娜医疗科技有限公司	江苏常州	妇科假体
尿失禁修复系统	常州市康蒂娜医疗科技有限公司	江苏常州	妇科假体

独立软件

2016～2018 年境内第三类首次注册的医用独立软件产品注册证仅有 6 张（见表 96）。

表 96　2016～2018 年境内第三类首次注册医疗器械独立软件企业

产品名称	注册人	所在地	产品类别
人 EGFR、KRAS、BRAF、PIK3CA、ALK、ROS1 基因突变检测试剂盒分析软件	天津诺禾致源生物信息科技有限公司	天津	筛查分析软件
麻醉信息管理软件	苏州麦迪斯顿医疗科技股份有限公司	江苏苏州	监护软件
放射治疗轮廓勾画软件	上海大图医疗科技有限公司	上海	放疗计划软件
放射治疗计划系统	苏州雷泰医疗科技有限公司	江苏苏州	放疗计划软件
放射性粒籽植入治疗计划软件	大连现代高技术集团有限公司	辽宁大连	放疗计划软件
核医学图像处理软件	北京天科信达软件有限公司	北京	影像处理软件

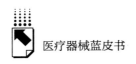

临床检验器械

2016～2018年境内第三类首次注册的临床检验器械产品注册证共计65张。

从注册人所属的省份来看，共覆盖15个省份。江苏、上海、山东占据获批数量的前三位，获批数量超过获批总量的1/2。从注册人所在的城市来看，共涉及26个城市，苏州市获批数量超过其他省份总体获批数量，以绝对优势占据第一位（见表97、表98）。

表97　2016～2018年临床检验器械首次注册省份分布

单位：张，%

省份	数量	占比
江苏省	17	26.2
上海市	10	15.4
山东省	10	15.4
北京市	5	7.7
浙江省	4	6.2
广东省	4	6.2
湖北省	3	4.6
安徽省	2	3.1
湖南省	2	3.1
重庆市	2	3.1
四川省	2	3.1
福建省	1	1.5
天津市	1	1.5
陕西省	1	1.5
河北省	1	1.5

表98　2016～2018年临床检验器械首次注册城市分布

单位：张，%

城市	数量	占比
苏州市	14	21.5
上海市	10	15.4
北京市	5	7.7
菏泽市	5	7.7
杭州市	4	6.2
武汉市	3	4.6

城市	数量	占比
威海市	2	3.1
重庆市	2	3.1
成都市	2	3.1
深圳市	2	3.1
厦门市	1	1.5
天津市	1	1.5
六安市	1	1.5
盐城市	1	1.5
珠海市	1	1.5
常德市	1	1.5
西安市	1	1.5
淄博市	1	1.5
安庆市	1	1.5
烟台市	1	1.5
永州市	1	1.5
济宁市	1	1.5
石家庄市	1	1.5
中山市	1	1.5
扬州市	1	1.5
泰州市	1	1.5

从注册人来看，65 张注册证分属于 53 个不同的注册人，平均每个注册人获证 1.2 张，获证数量最多的是上海上净净化设备有限公司（4 张），其次是武汉华大智造科技有限公司（3 张）。

体外诊断试剂

2016～2018 年境内第三类首次注册的体外诊断试剂注册证共计 1016 张。

从注册人所属的省份来看，共覆盖 18 个省份，其中北京、广东、江苏、浙江、福建排在前五位（见表99）。

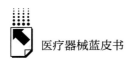

表99　2016～2018年体外诊断试剂器械首次注册省份分布

单位：张，%

省份	数量	占比
北京市	228	22.4
广东省	197	19.4
江苏省	155	15.3
浙江省	109	10.7
福建省	104	10.2
上海市	58	5.7
天津市	33	3.2
四川省	30	3.0
湖北省	25	2.5
吉林省	23	2.3
山东省	15	1.5
河南省	11	1.1
甘肃省	9	0.9
湖南省	7	0.7
辽宁省	5	0.5
陕西省	5	0.5
海南省	1	0.1
安徽省	1	0.1

从注册人所在的城市来看，共涉及39个城市，排名前10位的城市获批数量超过获批总量的80%（见表100）。

表100　2016～2018年体外诊断试剂器械首次注册城市分布

单位：张，%

城市	数量	占比
北京市	228	22.4
深圳市	95	9.4
厦门市	93	9.2
杭州市	90	8.9
苏州市	89	8.8
广州市	83	8.2
上海市	58	5.7

续表

城市	数量	占比
无锡市	35	3.4
天津市	33	3.2
成都市	30	3.0
武汉市	25	2.5
长春市	23	2.3
南通市	12	1.2
泰州市	12	1.2
珠海市	12	1.2
潍坊市	9	0.9
兰州市	9	0.9
宁波市	8	0.8
三明市	8	0.8
长沙市	7	0.7
郑州市	6	0.6
嘉兴市	5	0.5
洛阳市	5	0.5
中山市	5	0.5
西安市	5	0.5
烟台市	4	0.4
常州市	4	0.4
湖州市	3	0.3
葫芦岛市	3	0.3
福州市	3	0.3
青岛市	2	0.2
本溪市	2	0.2
绍兴市	2	0.2
佛山市	2	0.2
南京市	2	0.2
海口市	1	0.1
六安市	1	0.1
镇江市	1	0.1
温州市	1	0.1

从注册人来看，1016 张注册证分属于 197 个不同的注册人，平均每个注册人获证 5.2 张，是所有品类中平均获批数量最高的分类。获证数量最

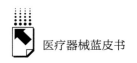
多的是厦门万泰凯瑞生物技术有限公司，其次是深圳市亚辉龙生物科技股份有限公司，排在第三位的是碧迪快速诊断产品（苏州）有限公司（见表101）。

表101　2016～2018年境内第三类首次注册医疗器械体外诊断试剂部分企业

单位：张

注册人	获证数量	备注
厦门万泰凯瑞生物技术有限公司	55	肝炎等病原体诊断为主，以及肿瘤标志物检测，包括多个校准品
深圳市亚辉龙生物科技股份有限公司	47	肿瘤标志物检测为主，以及病原体诊断
碧迪快速诊断产品（苏州）有限公司	38	均为肿瘤标志物检测，绝大多数采用流式细胞法
深圳迈瑞生物医疗电子股份有限公司	31	肿瘤标志物检测为主，多采用化学发光法；另包括多个校准品
广州市达瑞生物技术股份有限公司	28	包括肿瘤标志物检测、病原体诊断，采用方法主要为化学发光法和免疫荧光法
苏州浩欧博生物医药有限公司	25	均为过敏原检测试剂
北京万泰生物药业股份有限公司	24	病原体检测为主
杭州博拓生物科技股份有限公司	21	麻醉药品检测为主，包括病原体诊断
江苏福隆生物技术有限公司	20	肝炎检测为主，多采用化学发光法
博奥赛斯（天津）生物科技有限公司	17	肿瘤标志物检测为主，多采用化学发光法
广州万孚生物技术股份有限公司	17	病原体检测为主，多采用免疫层析法
艾森生物（杭州）有限公司	17	肿瘤标志物检测为主，多采用流式细胞法
迈克生物股份有限公司	16	含多个校准品和质控品，主要通过化学发光法检测致病病原体
北京新兴四寰生物技术有限公司	16	致病病原体检测为主，采用方法包括酶联免疫法和胶体金法

（五）境内第二类医疗器械注册批准情况

2016～2018年，各省级药品监管部门共计批准境内第二类医疗器械注册45197项。其中首次注册17505项，占38.73%，延续注册16510项，占36.53%，许可事项变更注册11182项，占24.74%（见表102）。

表 102　2016～2018 年境内第二类医疗器械注册批准情况

单位：项

年份	首次注册	延续注册	许可事项变更	小计
2016	5854	5885	3814	15553
2017	6605	7436	4541	18582
2018	5046	3189	2827	11062

从历年情况来看，2017 年是境内第二类医疗器械注册批准的顶峰年，各项审批批准数量均有大幅上升，较 2016 年总体同比增长 19.48%，首次注册数量同比增长 12.83%。在历经 2 年连续增长后，2018 年出现了注册批准大幅下降的情况，较 2017 年总体同比下降 40.47%，首次注册数量同比下降 23.60%。

表 103　2016～2018 年境内第二类医疗器械注册批准情况省份分布

单位：项

地区	2016 年				2017 年				2018 年			
	首次注册	延续注册	许可事项变更	总计	首次注册	延续注册	许可事项变更	总计	首次注册	延续注册	许可事项变更	总计
北　京	522	899	864	2285	482	707	630	1819	189	193	186	568
天　津	113	91	142	346	158	170	185	513	77	49	92	218
河　北	236	159	78	473	283	93	94	470	179	83	79	341
山　西	40	43	6	89	45	78	15	138	46	24	1	71
内蒙古	6	15	0	21	17	12	1	30	2	13	2	17
辽　宁	111	111	41	263	84	153	58	295	75	56	96	227
吉　林	131	107	95	333	191	170	39	400	89	65	61	215
黑龙江	46	43	18	107	39	55	18	112	61	22	19	102
上　海	375	487	138	1000	211	586	92	889	169	215	166	550
江　苏	610	925	362	1897	1301	1270	675	3246	1148	582	375	2105
浙　江	388	765	378	1531	619	700	636	1955	269	201	235	705
安　徽	218	150	64	432	59	139	157	355	112	41	25	178
福　建	135	62	17	214	52	182	61	295	67	82	36	185
江　西	209	133	18	360	87	195	28	310	131	92	27	250
山　东	199	392	455	1046	636	361	203	1200	365	185	67	617
河　南	522	277	142	941	365	757	222	1344	393	530	400	1323
湖　北	122	128	67	317	102	201	141	444	155	63	84	302
湖　南	294	50	100	444	245	117	119	481	110	63	49	222
广　东	872	744	518	2134	1146	919	719	2784	744	376	487	1607
广　西	79	24	36	139	112	114	38	264	151	15	64	230

续表

地区	2016 年				2017 年				2018 年			
	首次注册	延续注册	许可事项变更	总计	首次注册	延续注册	许可事项变更	总计	首次注册	延续注册	许可事项变更	总计
海 南	12	16	2	30	3	7	1	11	17	8	1	26
重 庆	104	58	30	192	104	109	48	261	134	63	95	292
四 川	173	112	201	486	82	200	323	605	155	34	101	290
贵 州	99	32	7	138	48	15	4	67	73	23	30	126
云 南	128	16	5	149	24	24	6	54	20	47	19	86
西 藏	0	0	0	0	3	0	0	3	4	0	0	4
陕 西	80	20	21	121	65	66	11	142	54	25	15	94
甘 肃	11	19	4	34	20	17	16	53	43	28	10	81
青 海	3	0	0	3	5	0	0	5	6	0	0	6
宁 夏	2	4	4	10	1	3	1	5	4	7	2	13
新 疆	14	3	1	18	16	16	0	32	4	4	3	11
合 计	5854	5885	3814	15553	6605	7436	4541	18582	5046	3189	2827	11062

从总体情况来看，江苏、广东、北京、浙江、山东、上海、河南七省份境内第二类医疗器械注册批准数量，排名在全国的前 7 位，约占全国境内第二类医疗器械注册总量的 70%，是境内第二类医疗器械的主力军。

从首次注册情况来看，北京、上海两市境内第二类医疗器械注册批准的数量在逐年下降，相较于其他 5 省的变化，下降趋势明显，下降幅度巨大，2018 年相较于 2016 年降比均超过 50%（见图 12）。

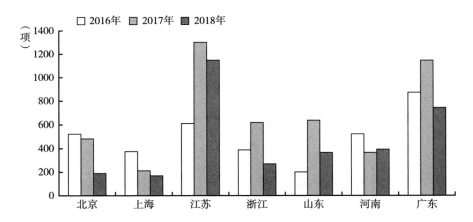

图 12 2016～2018 年境内第二类医疗器械首次注册部分省份分布

此外，江苏省境内第二类医疗器械注册批准数量，无论从总体还是首次注册情况，均有显著增长，2017年总体排名从第三位跃居第一位，并持续保持领先位置。

（六）第一类医疗器械备案审批情况

根据《医疗器械监督管理条例》中规定，第一类医疗器械实行产品备案管理。2016～2018年境内第一类医疗器械备案呈现快速增长的势头，2018年备案量比2016年提高了49.85%。但进口第一类医疗器械备案呈现明显下降的趋势，2017年较2016年降低了7.81%，2018年较2017年降低了24.67%，下降幅度快速增长（见图13）。

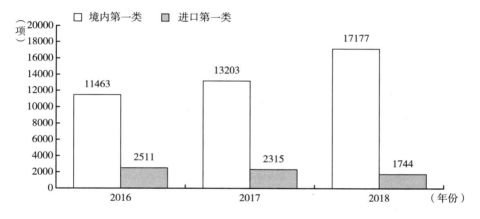

图13 2016～2018年第一类医疗器械备案批准数量时间分布

（七）第三类医疗器械首次注册审批情况对比

1. 注册产品类别

2016～2018年三年内进口第三类和境内第三类医疗器械首次注册按产品类别进行对比，无源医疗器械均是第三类医疗器械首次注册的最大份额；从占比排名第二位来看，境内与进口存在巨大的差异，境内企业更青睐于注册体外诊断试剂产品，进口有源医疗器械所占比例是该类别境内比例的2倍；

医用独立软件在第三类医疗器械首次注册的比例均极低，境内与进口所占比例相当（见表104）。

表104 2016~2018年首次注册第三类医疗器械产品类别对比

单位：项，%

进口第三类医疗器械		产品类别	境内第三类医疗器械	
数量	占比		占比	数量
276	29.18	有源	13.12	310
530	56.03	无源	43.67	1032
3	0.31	医用独立软件	0.26	6
137	14.48	体外诊断试剂	42.95	1015

2. 分类目录

进口第三类和境内第三类医疗器械首次注册按分类目录所占比例进行对比，境内第三类首次注册医疗器械中，仅有14注输护理、22临床检验和体外诊断试剂3个类别，相比于进口医疗器械为正偏离（见表105）。

表105 2016~2018年首次注册第三类医疗器械分类目录占比

单位：项，%

进口第三类医疗器械		分类目录	境内第三类医疗器械		偏离
数量	占比		占比	数量	
63	6.7	01 有源手术	3.2	76	-3.50
10	1.1	02 无源手术	0.7	16	-0.40
64	6.8	03 神经血管手术	4.4	105	-2.40
6	0.6	04 骨科手术	0.1	3	-0.50
11	1.2	05 放射治疗	0.2	5	-1.00
95	10.0	06 医用成像	5.8	137	-4.20
16	1.7	07 诊察监护	1.4	33	-0.30
26	2.7	08 呼吸麻醉急救	1.4	33	-1.30
21	2.2	09 物理治疗	1.1	27	-1.10
32	3.4	10 输血透析	2.6	62	-0.80
0	0.0	11 消毒灭菌	0.0	0	0.00
50	5.3	12 有源植入	0.4	9	-4.90

续表

进口第三类医疗器械		分类目录	境内第三类医疗器械		偏离
数量	占比		占比	数量	
157	16.6	13 无源植入	14.2	336	-2.40
73	7.7	14 注输护理	15.7	372	8.00
0	0.0	15 承载转运	0.0	0	0.00
43	4.5	16 眼科专科	1.6	38	-2.90
85	9.0	17 口腔专科	0.5	12	-8.50
12	1.3	18 妇产生殖	0.1	2	-1.20
0	0.0	19 康复矫形	0.0	0	0.00
0	0.0	20 中医诊疗	0.0	0	0.00
3	0.3	21 独立软件	0.3	6	0.00
20	2.1	22 临床检验	2.8	65	0.70
137	14.5	体外诊断试剂	43.0	1016	28.50
22	2.3	未知	0.5	10	-1.80

注输护理可能更多代表着低值耗材领域，而临床检验和体外诊断试剂则可能由药品行业的溢出所致。

从现有数据中看出，负偏离中偏离最大的是17口腔专科器械，负偏离多达8.5%；其次为12有源植入器械，负偏离为4.9%；而06医学成像器械、01有源手术器械和16眼科专科器械三个分类的负偏离度均大于2.5%，分别为 -4.2%、-3.5%和 -2.9%（见图14）。

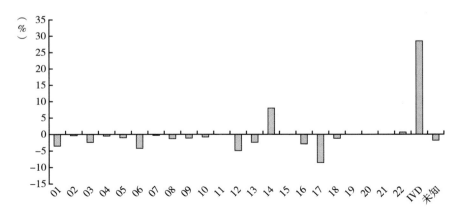

图14　2016～2018年第三类医疗器械分类目录占比偏离情况

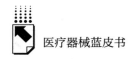

（1）注输护理医疗器械对比

进口第三类注输护理医疗器械涉及 7 个一级产品类别，以创面敷料为第一位，主要包含泡沫敷料与银敷料（见表 106）。

表 106   2016～2018 年进口第三类注输护理医疗器械一级产品类别分布

单位：项，%

一级产品类别	数量	比例	备注
10 创面敷料	26	35.6	多为泡沫敷料和银敷料
02 血管内输液	16	21.9	包括输液器、输液泵和植入式输液装置
01 注射穿刺	12	16.4	注射针
05 非血管插管	10	13.7	包括输尿管支架和引流导管
06 非血管体外器械	6	8.2	引流装置
09 不可吸收外科敷料	2	2.7	—
08 可吸收外科敷料	1	1.5	—

境内第三类注输护理医疗器械同样涉及 7 个一级产品类别，血管内输液以超过 2/3 的绝对优势占据该品类第一的位置，且多为输液器和留置针（见表 107）。

表 107   2016～2018 年境内第三类注输护理医疗器械一级产品类别分布

单位：项，%

一级产品类别	数量	比例	备注
02 血管内输液	265	71.2	多为输液器和留置针
01 注射穿刺	49	13.2	多为注射器和注射针
10 创面敷料	37	9.9	多为隔离敷料和水胶体敷料
03 非血管输液	8	2.2	胰岛素泵及附件（输注器/储药器）
06 非血管体外器械	5	1.3	负压引流海绵
08 可吸收外科敷料	4	1.1	—
05 不可吸收外科敷料	4	1.1	—

境内注输护理医疗器械绝大部分产品为血管内输液器械，多为输液器和留置针等产品，占比高达 71.2%。此外，在进口第三类注输护理医疗器械

中相对较多的不可吸收外科敷料，在境内医疗器械中占比非常少，存在巨大的差异（见表108）。

表108　2016～2018年第三类注输护理医疗器械一级产品类别占比对比

单位：项，%

进口第三类医疗器械		一级产品类别	境内第三类医疗器械	
数量	占比		占比	数量
12	16.4	01 注射穿刺	13.2	49
16	21.9	02 血管内输液	71.2	265
—	—	03 非血管输液	2.2	8
10	13.7	05 不可吸收外科敷料	1.1	4
6	8.2	06 非血管体外器械	1.3	5
1	1.5	08 可吸收外科敷料	1.1	4
2	2.7	09 不可吸收外科敷料	—	—
26	35.6	10 创面敷料	9.9	37

（2）临床检验医疗器械对比

进口第三类临床检验医疗器械涉及5个一级产品类别，免疫诊断设备排名第一位，以化学发光分析仪为主（见表109）。

表109　2016～2018年进口第三类临床检验医疗器械一级产品类别分布

单位：项，%

一级产品类别	数量	比例	备注
04 免疫诊断设备	9	45.0	绝大多数为化学发光分析仪
05 分子诊断设备	7	35.0	多数为核酸扩增分析仪，以及基因测序仪
01 血液分析设备	2	10.0	均为血型分析仪
02 生化分析设备	1	5.0	血糖测量仪器
11 采样设备和器具	1	5.0	血管采血器

境内第三类临床检验医疗器械同样涉及5个一级产品类别，采样设备和器具占比最高，全部为血管采血针（见表110）。

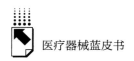

表110　2016～2018年境内第三类临床检验医疗器械一级产品类别分布

单位：项，%

一级产品类别	数量	比例	备注
11 采样设备和器具	22	33.8	均为血管采血针
05 分子诊断设备	18	27.7	多为核酸扩增分析仪器，以及基因测序仪
16 生物防护设备	12	18.5	均为生物安全柜
04 免疫诊断设备	11	16.9	绝大多数为化学发光分析仪
01 血液分析设备	2	3.1	均为血型分析仪

从产品类型来看，进口产品中分子诊断和免疫诊断设备占到了全部数量的80%，其中作为临床检验器械中最具代表性的高端品类——分子诊断设备，占有1/3以上的比例。境内产品中占比最大的部分是采样设备和器具，这部分医疗器械相对附加值较低，而分子诊断设备和免疫诊断设备两者之和约占45%，与进口产品相比尚有距离。但值得注意的是，分子诊断设备单一品类的占比，与进口产品相比，两者间的差异相对较小（见表111）。

表111　2016～2018年第三类临床检验医疗器械一级产品类别占比

单位：项，%

进口第三类医疗器械		一级产品类别	境内第三类医疗器械	
比例	数量		比例	数量
2	10.0	01 血液分析设备	3.1	2
1	5.0	02 生化分析设备	—	—
9	45.0	04 免疫诊断设备	16.9	11
7	35.0	05 分子诊断设备	27.7	18
1	5.0	11 采样设备和器具	33.8	22
—	—	16 生物防护设备	18.5	12

（执笔人：范文乾、曹悦）

设备市场篇

Topics in Equipment Market

B.3
我国医疗设备市场数据分析报告

《中国医疗设备》杂志社

摘　要： 本文从二十一类医疗设备品牌配置情况、设备的售后服务情况、维修保养服务情况、采购推荐情况多个维度阐述了我国医用设备的配置及使用现状，通过对八类医疗设备招投标数据情况进行解读，阐述了2018年部分医疗设备中标分布情况。

关键词： 医疗设备　医院配置　售后服务

医疗设备在医院诊疗活动中有着非常重要的作用，保障医疗设备的正常使用、满足临床需求、满足患者需要，是医疗设备配置与管理的基本要求。医疗设备的使用安全是设备运行的重中之重，而医疗设备的售后服务与维修保养更是决定设备使用安全最重要的环节。目前在医疗设备的配置过程中，设备的配置评估标准还不成熟，传统的医疗设备配置以临床诉求和经验为主

导，以当前的经济预测为辅助，缺乏数据依托。本文从多个维度分析了我国医疗机构医疗设备的配置与使用现状。

一 2014～2018年七类医疗设备市场数据分析

（一）CT类设备市场数据分析

1. CT类设备整体市场及分级市场数据

（1）2014～2018年全国CT类设备主要品牌保有率

我国CT类设备市场以进口品牌为主，2014～2018年，在全国CT类设备品类中，平均保有率大于1%的品牌如表1所示。其他品牌包括日立、万东、安科等，市场保有率较低。

表1 2014～2018年全国CT类设备主要品牌保有率

单位：%

序号	品牌名称	保有率				
		2014年	2015年	2016年	2017年	2018年
1	GE	31.5	35.1	30.5	32.0	29.8
2	西门子	29.7	29.1	28.8	26.2	26.8
3	飞利浦	22.1	22.6	20.4	22.0	26.8
4	佳能（东芝）	8.4	10.1	9.8	10.7	7.6
5	东软医疗	1.5	1.6	8.8	7.4	6.2
6	联影	0.1	0.5	0.7	1.1	1.9
7	其他	6.7	1.0	1.0	0.6	0.9

（2）2014～2018年全国CT类设备三级医院主要品牌保有率

2014～2018年三级医院平均保有率大于1%的品牌如表2所示。

（3）2014～2018年全国CT类设备二级医院主要品牌保有率

二级医院的平均保有率大于1%的品牌如表3所示。2014～2018年，在二级医院CT类设备市场中，GE保有率自2016年起均低于30%，西门子、飞利浦、联影自2016年起保有率呈逐渐上升状态。其他品牌波动较大。

表2 2014～2018年全国CT类设备三级医院主要品牌保有率

单位：%

序号	品牌名称	三级医院保有率				
		2014年	2015年	2016年	2017年	2018年
1	GE	30.7	34.5	32.4	33.2	31.7
2	西门子	30.0	29.7	30.9	27.9	27.7
3	飞利浦	22.5	22.7	20.3	22.3	26.3
4	佳能（东芝）	8.2	11.1	11.6	12.3	9.0
5	东软医疗	2.3	0.8	3.9	2.9	3.5
6	联影	0.1	0.5	0.5	1.0	1.4
7	其他	6.2	0.7	0.4	0.4	0.4

表3 2014～2018年全国CT类设备二级医院主要品牌保有率

单位：%

序号	品牌名称	二级医院保有率				
		2014年	2015年	2016年	2017年	2018年
1	GE	34.4	37.3	28.7	29.7	26.7
2	西门子	28.6	26.9	23.4	23.7	24.3
3	飞利浦	20.5	22.5	20.7	22.8	28.6
4	佳能（东芝）	9.1	7.1	5.0	7.2	4.6
5	东软医疗	2.5	4.3	17.6	14.4	10.4
6	联影	—	0.3	1.1	1.5	2.9
7	其他	4.9	1.6	3.5	0.7	2.5

2. CT类设备售后服务现状分析

（1）2014～2018年全国CT类设备主要品牌售后服务满意度

2014～2018年，CT类设备主要品牌售后服务满意度整体呈增高趋势。GE的满意度波动较大；西门子和飞利浦的满意度在近4年呈逐年递增趋势，尤其是飞利浦，满意度增幅较为明显。佳能（东芝）满意度较低，但一直保持增长趋势；东软医疗满意度较高，近两年有所下降（见表4）。

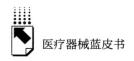

表 4 2014～2018 年全国 CT 类设备主要品牌售后服务满意度

序号	品牌名称	售后服务满意度				
		2014 年	2015 年	2016 年	2017 年	2018 年
1	GE	3.72	3.69	4.02	4.12	3.99
2	西门子	3.64	3.60	3.94	4.07	4.08
3	飞利浦	3.70	3.55	3.97	3.97	4.25
4	佳能（东芝）	3.30	3.55	3.86	3.89	3.95
5	东软医疗	3.65	3.46	4.58	4.53	4.39
6	联影	—	4.18	4.14	4.05	4.05

（2）2014～2018 年全国 CT 类设备三级医院主要品牌售后服务满意度

2014～2018 年，在三级医院 CT 类设备主要品牌售后服务满意度中，品牌之间竞争较激烈。2016～2018 年东软医疗满意度排名均为第一（见表 5）。

表 5 2014～2018 年全国 CT 类设备三级医院主要品牌售后服务满意度

序号	品牌名称	三级医院售后服务满意度				
		2014 年	2015 年	2016 年	2017 年	2018 年
1	GE	3.72	3.68	4.06	4.12	4.07
2	西门子	3.69	3.65	3.94	4.07	4.12
3	飞利浦	3.72	3.60	4.00	3.97	4.33
4	佳能（东芝）	3.46	3.56	3.89	3.90	4.00
5	东软医疗	3.48	3.54	4.56	4.48	4.41
6	联影	—	4.16	4.22	3.85	4.02

（3）2014～2018 年全国 CT 类设备二级医院主要品牌售后服务满意度

2014～2018 年，二级医院 CT 类设备东软医疗、联影满意度排名靠前（见表 6）。

表6　2014～2018年全国CT类设备二级医院主要品牌售后服务满意度

序号	品牌名称	二级医院售后服务满意度				
		2014 年	2015 年	2016 年	2017 年	2018 年
1	GE	3.71	3.68	3.92	4.09	3.82
2	西门子	3.48	3.40	3.93	4.01	4.03
3	飞利浦	3.64	3.40	3.80	3.91	4.04
4	佳能（东芝）	3.30	3.48	3.60	3.82	3.69
5	东软医疗	3.65	3.38	4.56	4.51	4.24
6	联影	—	4.04	4.05	4.41	4.01

（4）2014～2018年全国CT类设备主要品牌核心环节竞争力

2014～2018年，在全国CT类设备品类中，设备使用及管理人员最关注的四个售后服务问题的情况如图1所示。

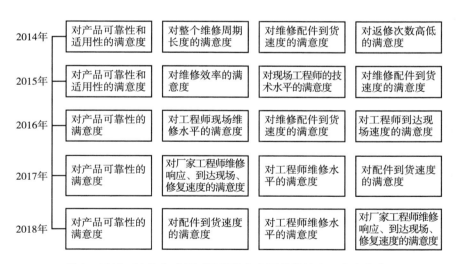

图1　2014～2018年全国CT类设备主要品牌核心环节竞争力

从整体来看，每年医院对CT类设备售后服务最为关注的方面均是产品质量、维修质量和效率。其中，对产品质量（即产品可靠性）最为看重；维修周期长度、返修次数、工程师现场维修水平这些指标均反映了维修质量；配件到货速度、维修效率、工程师到达现场速度这些指标均反映

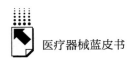

了效率。

（5）2014～2018年全国CT类设备六维综合满意度

从表7可以看出，效率为满意度分值最高的维度，说明在CT类设备中，医院对CT设备维修效率比较满意。价格及培训在这六个维度中满意度分值最低，尤其是价格维度，连续五年低于4分。

表7　2014～2018年全国CT类设备六维综合满意度

年份	产品质量	维修质量	价格	效率	培训	服务态度
2014	3.79	4.02	3.34	4.04	3.11	3.95
2015	3.44	3.76	3.08	3.80	2.79	3.70
2016	4.08	4.22	3.58	4.34	3.53	4.36
2017	4.01	4.28	3.62	4.35	3.85	4.48
2018	4.04	4.37	3.72	4.48	4.01	4.48

3. CT类设备维修保养服务情况分析

在2018年全国CT类设备品类中，维修保养服务情况如表8所示（按照保有率顺序展示，不包含其他类品牌，以下同）。

表8　2018年全国CT类设备主要品牌维修保养服务情况

单位：%

品牌名称	维保履行率	先修后付款所占比例	无间断服务情况
GE	96.4	77.2	94.2
西门子	94.8	73.2	96.2
飞利浦	95.2	73.2	96.7
佳能（东芝）	92.5	83.3	90.0
东软医疗	97.9	78.4	99.0
联影	96.7	80.0	93.3

4. CT类设备采购推荐情况

在2018年全国CT类设备品类中，采购推荐情况如表9所示。

表 9　2018 年全国 CT 类设备主要品牌设备采购推荐情况

单位：%

品牌名称	净推荐率	意向复购率
GE	29.0	77.2
西门子	39.8	73.2
飞利浦	50.8	73.2
佳能（东芝）	12.1	64.4
东软医疗	54.2	82.1
联影	22.6	75.8

5. CT 类设备满意度和重要度分析

在 2018 年全国 CT 类设备品类中，满意度和重要度四分如图 2 所示。

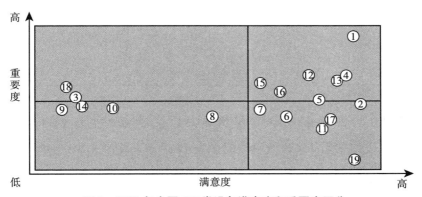

图 2　2018 年全国 CT 类设备满意度和重要度四分

注：①～⑲指代见本书《我国医疗器械行业拥抱大数据新时代——医疗器械行业数据调研项目的进展及未来趋势》中的表 7。

通过上述分析，可见企业需要提高客户对基本维修资料（维修手册、维修图纸、操作手册、技术参数、专用维修工具等）开放程度、开放维修诊断数据接口及故障代码的满意度。

（二）磁共振 MRI 类设备市场数据分析

1. 磁共振 MRI 类设备整体市场及分级市场数据

（1）2014～2018 年全国磁共振 MRI 类设备主要品牌保有率

中国的磁共振 MRI 类设备市场以进口品牌为主，2014～2018 年，在全国磁共振 MRI 类设备品类中，主要品牌保有率情况如表 10 所示。其他品牌包括安科、朗润医疗、贝斯达、万东、美时医疗、稀宝博为、开普医疗、鑫高益等品牌。

表 10　2014～2018 年全国磁共振 MRI 类设备主要品牌保有率

单位：%

序号	品牌名称	2014 年	2015 年	2016 年	2017 年	2018 年
1	西门子	34.2	38.0	32.1	35.1	37.2
2	GE	33.8	38.2	32.3	30.4	31.6
3	飞利浦	17.7	15.8	23.5	19.6	18.5
4	东软医疗	0.9	0.6	3.4	4.9	2.9
5	联影	0.1	0.5	1.1	2.4	2.5
6	奥泰	0.4	1.1	1.1	2.1	1.5
7	佳能（东芝）	2.5	1.5	1.4	1.8	1.3
8	日立	4.4	1.7	0.8	0.8	1.2
9	其他	6.0	2.6	4.3	2.9	3.3

（2）2014～2018 年全国磁共振 MRI 类设备三级医院主要品牌保有率

三级医院的主要品牌保有率情况如表 11 所示，2014～2018 年，在三级医院市场中，西门子、GE、飞利浦排名同整体磁共振 MRI 市场略有区别，其他品牌近几年波动较小。

表 11　2014～2018 年全国磁共振 MRI 类设备三级医院主要品牌保有率

单位：%

序号	品牌名称	2014 年	2015 年	2016 年	2017 年	2018 年
1	西门子	33.8	38.4	33.4	38.3	39.7
2	GE	34.1	38.4	36.0	32.9	33.6
3	飞利浦	18.3	16.4	24.5	20.4	19.5
4	东软医疗	0.6	0.4	1.0	1.9	1.1
5	联影	0.1	0.2	0.6	2.3	1.8
6	奥泰	0.4	1.1	0.6	1.2	1.8
7	佳能（东芝）	2.5	1.5	1.2	1.5	1.1
8	日立	4.7	1.5	0.2	0.2	0.5
9	其他	5.5	2.1	2.5	1.3	0.9

（3）2014～2018 年全国磁共振 MRI 类设备二级医院主要品牌保有率

二级医院的主要品牌保有率情况如表 12 所示，2014～2018 年，在二级医院磁共振 MRI 类设备市场中，西门子保有率维持在 25% 以上；GE 保有率在 20% 至 40% 区间波动，变化较大。国产品牌如东软医疗、联影等近几年保有率有所增长。

表 12 2014～2018 年全国磁共振 MRI 类设备二级医院主要品牌保有率

单位：%

序号	品牌名称	2014 年	2015 年	2016 年	2017 年	2018 年
1	西门子	36.1	35.5	29.4	26.1	32.5
2	GE	32.3	38.0	20.6	25.5	26.4
3	飞利浦	14.3	13.2	19.8	17.9	14.2
4	东软医疗	2.3	1.7	9.5	11.4	6.6
5	联影	—	1.7	2.4	2.7	4.7
6	奥泰	—	0.8	3.2	4.3	0.9
7	佳能（东芝）	2.3	1.7	1.6	2.7	1.9
8	日立	3.0	2.5	3.2	2.7	2.8
9	其他	9.7	4.9	10.3	6.7	10.0

2. 磁共振 MRI 类设备售后服务现状分析

（1）2014～2018 年全国磁共振 MRI 类设备主要品牌售后服务满意度

2014～2018 年，磁共振 MRI 类设备主要品牌售后服务满意度整体呈上升趋势。其中东软医疗及联影的满意度自 2016 年起均保持领先水平；飞利浦、西门子、佳能的满意度在近 4 年呈逐年递增趋势（见表 13）。

表 13 2014～2018 年全国磁共振 MRI 类设备主要品牌售后服务满意度

序号	品牌名称	2014 年	2015 年	2016 年	2017 年	2018 年
1	西门子	3.49	3.57	4.02	4.04	4.11
2	GE	3.83	3.70	3.92	4.10	4.07
3	飞利浦	3.20	3.55	4.16	4.14	4.17
4	东软医疗	3.55	3.51	4.49	4.50	4.37
5	联影	—	4.17	4.20	4.46	4.37
6	奥泰	—	3.89	3.94	4.17	4.07
7	佳能	2.31	3.52	3.93	3.42	3.45
8	日立	3.49	3.45	4.16	4.07	3.67

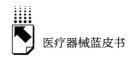

（2）2014～2018 年全国磁共振 MRI 类设备三级医院主要品牌售后服务满意度

2014～2018 年，在三级医院磁共振 MRI 类设备主要品牌售后服务满意度中，除佳能及奥泰外，各主要品牌均呈增长趋势（见表14）。

表 14　2014～2018 年全国磁共振 MRI 类设备三级医院主要品牌售后服务满意度

序号	品牌名称	2014 年	2015 年	2016 年	2017 年	2018 年
1	西门子	3.71	3.59	4.03	4.07	4.15
2	GE	3.65	3.71	3.96	4.08	4.17
3	飞利浦	3.77	3.62	4.20	4.15	4.24
4	东软医疗	—	3.79	4.42	4.55	4.55
5	联影	—	4.19	4.30	4.53	4.39
6	奥泰	—	3.96	4.40	4.56	3.98
7	佳能	3.49	3.68	3.68	3.37	3.07
8	日立	3.80	3.27	3.71	3.43	4.41

（3）2014～2018 年全国磁共振 MRI 类设备二级医院主要品牌售后服务满意度

2014～2018 年，在二级医院磁共振 MRI 类设备主要品牌售后服务满意度中，品牌之间竞争较激烈。西门子、奥泰的满意度整体呈增长趋势，GE、飞利浦、日立、东软医疗的满意度在 2018 年略有下滑（见表15）。

表 15　2014～2018 年全国磁共振 MRI 类设备二级医院主要品牌售后服务满意度

序号	品牌名称	2014 年	2015 年	2016 年	2017 年	2018 年
1	西门子	3.66	3.46	3.92	3.87	3.99
2	GE	3.68	3.68	3.74	4.16	3.77
3	飞利浦	3.69	3.15	3.96	4.09	3.88
4	东软医疗	3.30	3.23	4.43	4.42	4.27
5	联影	—	4.16	3.86	4.32	4.35
6	奥泰	—	3.48	3.59	3.97	4.53
7	佳能	3.65	2.94	4.77	3.51	3.98
8	日立	—	3.92	4.27	4.20	3.40

（4）2014～2018 年磁共振 MRI 类设备主要品牌核心环节竞争力

2014～2018 年，在全国磁共振 MRI 类设备品类中，设备使用及管理人员最关注的四个售后服务问题的情况如图 3 所示。

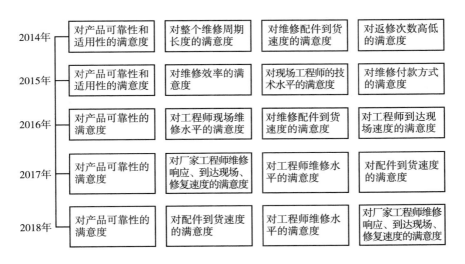

图 3　2014～2018 年全国磁共振 MRI 类设备主要品牌核心环节竞争力

从整体来看，每年医院对磁共振 MRI 类设备售后服务中最为关注的方面均是产品质量、维修质量和效率。其中，对产品质量（即产品可靠性）最为看重；维修周期长度、返修次数、工程师现场维修水平这些指标均反映了维修质量；配件到货速度、维修效率、工程师到达现场速度这些指标均反映了效率。

（5）2014～2018 年全国磁共振 MRI 类设备六维综合满意度

从表 16 可以看出，效率及服务态度为满意度分值较高的维度。价格及培训在这六个维度中满意度分值最低，尤其是价格维度，连续五年满意度均低于 4 分。培训维度满意度于 2015 年低于 3 分，为六个维度近五年的最低分，虽然近两年满意度得分有所提升，但仍需提高对培训维度的关注度（见表 16）。

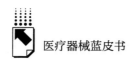

表16　2014～2018年全国磁共振MRI类设备六维综合满意度

年份	产品质量	维修质量	价格	效率	培训	服务态度
2014	3.77	4.01	3.45	4.01	3.09	3.93
2015	3.49	3.77	3.21	3.81	2.84	3.76
2016	4.05	4.15	3.63	4.32	3.57	4.34
2017	3.99	4.28	3.68	4.37	3.86	4.45
2018	3.55	3.88	3.34	3.93	3.57	3.98

3. 磁共振MRI类设备维修保养服务情况分析

在2018年全国磁共振MRI类设备品类中，维修保养服务情况如表17所示。

表17　2018年全国磁共振MRI类设备主要品牌维修保养服务情况

单位：%

品牌名称	维保履行率	先修后付款所占比例	无间断服务情况
西门子	94.2	74.8	93.9
GE	95.9	78.9	97.0
飞利浦	95.5	76.3	96.2
东软医疗	100.0	75.0	100.0
联影	95.2	85.7	95.2
奥泰	92.3	84.6	100.0
佳能	100.0	72.7	90.9
日立	100.0	70.0	80.0

4. 磁共振MRI类设备采购推荐情况

在2018年全国磁共振MRI类设备品类中，采购推荐情况如表18所示。

表18　2018年全国磁共振MRI类设备主要品牌设备采购推荐情况

单位：%

品牌名称	净推荐率	意向复购率
西门子	52.5	93.2
GE	33.9	86.2
飞利浦	43.3	89.4
东软医疗	53.6	77.4
联影	42.3	85.2

续表

品牌名称	净推荐率	意向复购率
奥泰	22.2	71.4
佳能	−12.5	44.4
日立	0.0	50.0

5. 磁共振 MRI 类设备满意度和重要度分析

在 2018 年全国磁共振 MRI 类设备品类中，满意度和重要度四分如图 4 所示。

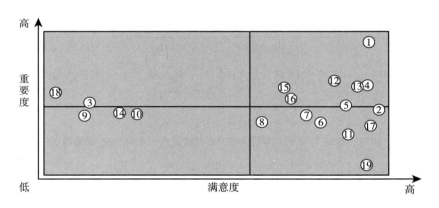

图 4　2018 年全国磁共振 MRI 类设备满意度和重要度四分

注：①～⑲指代见本书《我国医疗器械行业拥抱大数据新时代——医疗器械行业数据调研项目的进展及未来趋势》中的表 7。

通过分析，可见企业需要提高客户对基本维修资料（维修手册、维修图纸、操作手册、技术参数、专用维修工具等）开放程度、开放维修诊断数据接口及故障代码的满意度。

（三）血管造影机 DSA 类设备市场数据分析

1. 血管造影机 DSA 类设备整体市场及分级市场数据

（1）2014～2018 年全国血管造影机 DSA 类设备主要品牌保有率

我国血管造影机 DSA 类设备市场以进口品牌为主，2014～2018 年，在全国血管造影机 DSA 类设备品类中，主要品牌保有率情况如表 19 所示。其他品牌包括康达医疗、乐普医疗等。

表 19　2014～2018 年全国血管造影机 DSA 类设备主要品牌保有率

单位：%

序号	品牌名称	2014 年	2015 年	2016 年	2017 年	2018 年
1	飞利浦	33.2	29.6	36.9	37.5	35.4
2	西门子	30.2	34.7	28.0	30.8	31.4
3	GE	27.7	27.1	26.7	24.2	26.2
4	佳能（东芝）	3.4	3.2	4.1	4.4	3.7
5	岛津	2.8	3.5	1.7	1.2	1.8
6	万东	—	0.9	1.2	0.8	1.3
7	其他	2.7	1.0	1.4	1.1	0.2

（2）2014～2018 年全国血管造影机 DSA 类设备三级医院主要品牌保有率情况如表 20 所示。

表 20　2014～2018 年全国血管造影机 DSA 类设备三级医院主要品牌保有率

单位：%

序号	品牌名称	2014 年	2015 年	2016 年	2017 年	2018 年
1	飞利浦	33.5	30.1	38.1	38.3	35.8
2	西门子	29.8	35.8	28.1	32.3	32.2
3	GE	28.2	26.4	25.8	23.2	25.4
4	佳能（东芝）	3.5	3.0	4.5	4.1	4.2
5	岛津	2.7	2.8	1.4	1.4	1.8
6	万东	—	1.0	0.9	0.5	0.6
7	其他	2.3	0.9	1.2	0.2	0.0

（3）2014～2018 年全国血管造影机 DSA 类设备二级医院主要品牌保有率

二级医院的主要品牌保有率情况如表 21 所示。2014～2018 年，在二级医院血管造影机 DSA 类设备市场中，各品牌保有率变化较大，其中飞利浦自 2015 年开始呈逐年上升状态，GE、岛津保有率自 2015 年起呈逐渐下降的态势，西门子、佳能（东芝）保有率呈波动变化状态（见表 21）。

表21　2014～2018年全国血管造影机DSA类设备二级医院主要品牌保有率

单位：%

序号	品牌名称	2014年	2015年	2016年	2017年	2018年
1	飞利浦	30.9	26.2	28.1	30.6	31.0
2	西门子	33.3	23.0	28.1	22.2	30.2
3	GE	23.5	34.4	33.3	31.9	29.3
4	佳能（东芝）	2.5	4.9	1.8	6.9	1.7
5	岛津	3.7	9.8	3.5	—	1.7
6	万东	—	—	1.8	2.8	4.3
7	其他	6.1	1.7	3.4	5.6	1.8

2. 血管造影机DSA类设备售后服务现状分析

（1）2014～2018年全国血管造影机DSA类设备主要品牌售后服务满意度

2014～2018年，血管造影机DSA类设备主要品牌售后服务满意度整体呈上升趋势，但是2018年略有下降。自2015年起，飞利浦的满意度均保持第一（见表22）。

表22　2014～2018年全国血管造影机DSA类设备主要品牌售后服务满意度

序号	品牌名称	2014年	2015年	2016年	2017年	2018年
1	飞利浦	3.67	3.78	4.21	4.23	4.16
2	西门子	3.79	3.71	3.94	4.13	4.11
3	GE	3.63	3.64	3.94	4.06	3.94
4	佳能（东芝）	3.44	3.63	4.03	3.88	3.72
5	岛津	3.50	3.64	3.81	3.44	3.98
6	万东	—	3.16	3.29	3.74	3.16

（2）2014～2018年全国血管造影机DSA类设备三级医院主要品牌售后服务满意度

2014～2018年，在三级医院血管造影机DSA类设备主要品牌售后服务满意度中，品牌名次同血管造影机 DSA 类设备整体市场差异较小（见表23）。

（3）2014～2018 年全国血管造影机 DSA 类设备二级医院主要品牌售后服务满意度

2014～2018 年，在二级医院血管造影机 DSA 类设备主要品牌售后服务满意度中，品牌竞争较激烈，除万东外各品牌均获得过满意度第一名（见表24）。

表23　2014～2018 年全国血管造影机 DSA 类设备三级医院主要品牌售后服务满意度

序号	品牌名称	2014 年	2015 年	2016 年	2017 年	2018 年
1	飞利浦	3.73	3.79	4.19	4.23	4.20
2	西门子	3.80	3.70	3.97	4.11	4.11
3	GE	3.66	3.65	3.98	4.00	4.08
4	佳能（东芝）	3.51	3.59	4.12	3.76	3.87
5	岛津	3.33	3.77	4.00	3.44	4.16
6	万东	—	3.16	3.37	4.35	3.55

表24　2014～2018 年全国血管造影机 DSA 类设备二级医院主要品牌售后服务满意度

序号	品牌名称	2014 年	2015 年	2016 年	2017 年	2018 年
1	飞利浦	3.20	3.75	4.32	4.19	3.94
2	西门子	3.71	3.64	3.80	4.15	4.08
3	GE	3.44	3.58	3.83	4.27	3.54
4	佳能（东芝）	2.70	3.79	2.71	4.18	2.50
5	岛津	4.25	3.38	3.26	—	3.18
6	万东	—	—	3.69	3.14	2.92

（4）2014～2018 年全国血管造影机 DSA 类设备主要品牌核心环节竞争力

2014～2018 年，在全国血管造影机 DSA 类设备品类中，设备使用及管理人员最关注的四个售后服务问题的情况如图5所示。

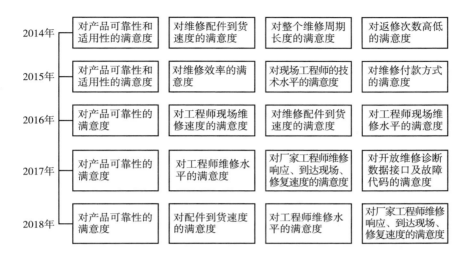

图5　2014~2018年全国血管造影机 DSA 类设备主要品牌核心环节竞争力

从整体来看，每年医院对血管造影机 DSA 类设备售后服务中最为关注的方面均是产品质量、维修质量和效率。其中，对产品质量（即产品可靠性）最为看重；维修周期长度、返修次数、工程师现场维修水平这些指标均反映了维修质量；配件到货速度、维修效率、工程师到达现场速度这些指标均反映了效率。

（5）2014~2018年全国血管造影机 DSA 类设备六维综合满意度

从表25可以看出，效率及服务态度为满意度分值较高的维度，培训在这六个维度中满意度分值最低（见表25）。

表25　2014~2018年全国血管造影机 DSA 类设备六维综合满意度

年份	产品质量	维修质量	价格	效率	培训	服务态度
2014	3.88	3.98	3.45	4.06	3.06	3.98
2015	3.83	4.04	3.46	4.13	3.09	4.06
2016	4.12	4.14	3.61	4.35	3.58	4.34
2017	4.07	4.29	3.66	4.39	3.92	4.47
2018	3.51	3.83	3.28	3.94	3.53	4.00

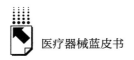

3. 血管造影机 DSA 类设备维修保养服务情况分析

在 2018 年全国血管造影机 DSA 类设备品类中，维修保养服务情况如表 26 所示。

表 26　2018 年全国血管造影机 DSA 类设备维修保养服务情况

单位：%

品牌名称	维保履行率	先修后付款所占比例	无间断服务情况
飞利浦	98.6	78.8	97.7
西门子	97.0	79.2	93.4
GE	90.9	81.1	92.1
佳能（东芝）	95.7	78.3	95.7
岛津	81.8	45.5	81.8
万东	87.5	62.5	100.0

4. 血管造影机 DSA 类设备采购推荐情况

在 2018 年全国血管造影机 DSA 类设备品类中，采购推荐情况如表 27 所示。

表 27　2018 年全国血管造影机 DSA 类设备主要品牌设备采购推荐情况

单位：%

品牌名称	净推荐率	意向复购率
飞利浦	49.1	94.5
西门子	42.7	90.9
GE	19.8	77.8
佳能（东芝）	21.4	55.6
岛津	12.5	72.7
万东	−66.7	25.0

5. 血管造影机 DSA 类设备满意度和重要度分析

在 2018 年全国血管造影机 DSA 类设备品类中，满意度和重要度四分如图 6 所示。

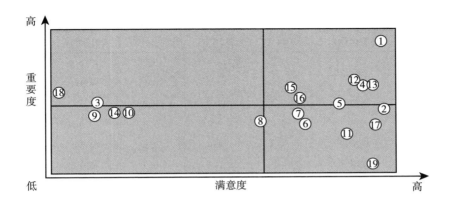

图 6　2018 年全国血管造影机 DSA 类设备满意度和重要度四分

注：①～⑲指代见本书《我国医疗器械行业拥抱大数据新时代——医疗器械行业数据调研项目的进展及未来趋势》中的表 7。

通过分析，可见企业需要提高客户对基本维修资料（维修手册、维修图纸、操作手册、技术参数、专用维修工具等）开放程度、开放维修诊断数据接口及故障代码的满意度。

（四）X 线机类设备市场数据分析

1. X 线机类设备整体市场及分级市场数据

（1）2014～2018 年全国 X 线机类设备主要品牌保有率

我国 X 线机类设备市场结构较为分散，涉及品牌较多，2014～2018 年，在全国 X 线机类设备品类中，主要品牌保有率情况如表 28 所示。其他品牌包括迈瑞、IDC、豪洛捷、爱克发、安健医疗、中科美伦、普朗医疗、和佳医疗等。

表 28　2014～2018 年全国 X 线机类设备主要品牌保有率

单位：%

序号	品牌名称	2014 年	2015 年	2016 年	2017 年	2018 年
1	西门子	18.6	18.5	22.2	19.4	21.2
2	飞利浦	19.6	19.1	24.5	17.9	17.4

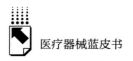

续表

序号	品牌名称	2014 年	2015 年	2016 年	2017 年	2018 年
3	GE	15.3	13.4	13.2	13.6	15.5
4	锐珂	12.6	13.5	10.5	14.1	10.3
5	岛津	9.8	11.7	9.2	9.5	8.4
6	万东	2.7	3.7	3.3	3.9	7.6
7	东软医疗	—	1.1	2.5	4.5	3.3
8	联影	—	0.1	0.9	0.9	3.1
9	佳能（东芝）	3.2	4.2	2.8	3.1	2.2
10	GMM	—	1.3	1.1	1.3	1.8
11	赛德科	—	0.4	0.5	1.0	1.3
12	日立	1.6	1.5	1.3	1.5	1.1
13	其他	16.6	11.5	8.0	9.3	6.8

（2）2014～2018 年全国 X 线机类设备三级医院主要品牌保有率

三级医院的主要品牌保有率情况如表 29 所示。

表 29　2014～2018 年全国 X 线机类设备三级医院主要品牌保有率

单位：%

序号	品牌名称	2014 年	2015 年	2016 年	2017 年	2018 年
1	西门子	19.3	19.6	24.8	21.4	22.9
2	飞利浦	20.3	21.1	25.5	20.2	17.6
3	GE	15.5	14.8	14.5	15.3	17.5
4	锐珂	13.5	14.8	11.1	15.5	10.8
5	岛津	9.9	11.9	9.1	9.8	9.3
6	万东	2.2	1.8	2.6	2.2	4.8
7	东软医疗	—	0.5	1.7	1.8	2.1
8	联影	—	—	0.8	1.0	3.3
9	佳能（东芝）	2.0	3.9	2.2	2.9	2.1
10	GMM	—	1.1	0.9	0.6	1.9
11	赛德科	—	0.5	0.4	1.4	1.5
12	日立	1.7	0.7	1.0	1.0	0.9
13	其他	15.6	9.3	5.4	6.9	5.3

（3）2014～2018 年全国 X 线机类设备二级医院主要品牌保有率

二级医院的主要品牌保有率情况如表 30 所示，2014～2018 年，二级医院 X 线机类设备市场中各品牌保有率变化较大。西门子保有率变化较平稳，飞利浦波动幅度最明显（见表 30）。

表 30　2014～2018 年全国 X 线机类设备二级医院主要品牌保有率

单位：%

序号	品牌名称	2014 年	2015 年	2016 年	2017 年	2018 年
1	西门子	15.1	14.1	15.2	15.9	16.1
2	飞利浦	16.6	13.0	21.8	12.5	18.4
3	GE	14.3	9.5	10.1	9.7	9.7
4	锐珂	8.7	9.9	9.3	11.9	8.7
5	岛津	9.4	11.6	8.9	9.7	6.5
6	万东	4.9	8.8	4.7	6.8	13.5
7	东软医疗	—	3.2	4.3	9.7	6.8
8	联影	—	0.4	1.6	0.6	2.6
9	佳能(东芝)	8.7	4.9	4.6	4.0	2.9
10	GMM	—	1.8	1.9	2.3	1.9
11	赛德科	—	—	0.8	—	0.6
12	日立	1.5	4.2	2.3	2.8	1.9
13	其他	20.8	18.6	14.5	14.1	10.4

2. X 线机类设备售后服务现状分析

（1）2014～2018 年全国 X 线机类设备主要品牌售后服务满意度

2014～2018 年，X 射线类设备主要品牌售后服务满意度整体呈增长趋势，2018 年略有下降（见表 31）。

表 31　2014～2018 年全国 X 线机类设备主要品牌售后服务满意度

序号	品牌名称	2014 年	2015 年	2016 年	2017 年	2018 年
1	西门子	3.57	3.55	3.92	4.08	4.08
2	飞利浦	3.63	3.59	4.01	4.22	4.05
3	GE	3.63	3.58	3.75	4.20	4.06
4	锐珂	3.48	3.35	3.69	4.04	3.99

续表

序号	品牌名称	2014 年	2015 年	2016 年	2017 年	2018 年
5	岛津	3.64	3.48	3.79	4.03	3.98
6	万东	3.55	3.60	3.57	4.26	3.92
7	东软医疗	—	3.34	4.24	4.51	4.14
8	联影	—	3.91	4.22	4.24	4.15
9	佳能（东芝）	3.26	3.35	3.62	3.99	3.85
10	GMM	—	3.23	3.80	4.06	3.75
11	赛德科	—	3.03	4.43	4.00	3.46
12	日立	3.70	3.43	3.69	3.94	4.18

（2）2014～2018 年全国 X 线机类设备三级医院主要品牌售后服务满意度

2014～2018 年，在三级医院 X 线机类设备主要品牌售后服务满意度中，各品牌之间竞争较为激烈，整体呈增长趋势（见表32）。

表 32　2014～2018 年全国 X 线机类设备三级医院主要品牌售后服务满意度

序号	品牌名称	2014 年	2015 年	2016 年	2017 年	2018 年
1	西门子	3.62	3.55	3.95	4.14	4.11
2	飞利浦	3.68	3.61	4.02	4.31	4.13
3	GE	3.63	3.57	3.79	4.27	4.12
4	锐珂	3.57	3.42	3.65	4.13	4.05
5	岛津	3.69	3.46	3.78	4.19	3.98
6	万东	3.77	3.36	3.49	4.10	3.76
7	东软医疗	—	3.26	4.22	4.56	3.87
8	联影	—	—	4.27	4.27	4.26
9	佳能（东芝）	3.23	3.30	3.77	4.06	3.81
10	GMM	—	3.18	3.77	4.30	3.69
11	赛德科	—	3.03	4.97	4.00	3.65
12	日立	3.51	3.25	3.66	4.01	4.43
1	西门子	3.62	3.55	3.95	4.14	4.11

（3）2014～2018 年全国 X 线机类设备二级医院主要品牌售后服务满意度

2014～2018 年，在二级医院 X 线机类设备主要品牌售后服务满意度中，满意度整体呈增长趋势，2018 年满意度有所下降（见表33）。

表33　2014～2018年全国X线机类设备二级医院主要品牌售后服务满意度

序号	品牌名称	2014年	2015年	2016年	2017年	2018年
1	西门子	3.32	3.49	3.87	3.89	3.95
2	飞利浦	3.38	3.49	4.01	3.84	3.84
3	GE	3.63	3.66	3.58	3.95	3.77
4	锐珂	2.96	3.05	3.78	3.78	3.81
5	岛津	3.45	3.52	3.75	3.65	3.97
6	万东	3.11	3.62	3.62	4.26	3.87
7	东软医疗	—	3.40	4.42	4.46	4.31
8	联影	—	3.91	4.18	4.12	3.77
9	佳能（东芝）	3.30	3.31	3.33	3.86	3.93
10	GMM	—	3.35	3.84	3.94	3.88
11	赛德科	—	—	3.78	—	2.54
12	日立	4.50	3.52	3.74	3.87	3.85

（4）2014～2018年全国X线机类设备主要品牌核心环节竞争力

2014～2018年，在全国X线机类设备品类中，设备使用及管理人员最关注的四个售后服务问题的情况如图7所示。

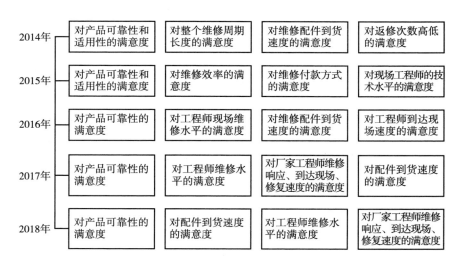

图7　2014～2018年全国X线机类设备主要品牌核心环节竞争力

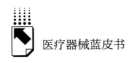

从整体来看，每年医院对 X 射线类设备售后服务中最为关注的方面均是产品质量、维修质量和效率。其中，对产品质量（即产品可靠性）最为看重；维修周期长度、返修次数、工程师现场维修水平这些指标均反映了维修质量；配件到货速度、维修效率、工程师到达现场速度这些指标均反映了效率。

（5）2014～2018 年全国 X 线机类设备六维综合满意度

2014～2018 年，从全国 X 线机类设备的六个维度的综合满意度评价中可以看出，服务态度为满意度分值最高的维度，培训在这六个维度中满意度分值最低（见表34）。

表34　2014～2018 年全国 X 线机类设备六维综合满意度

年份	产品质量	维修质量	价格	效率	培训	服务态度
2014	3.71	3.79	3.36	3.89	2.88	3.81
2015	3.66	3.75	3.28	3.88	2.81	3.80
2016	3.96	3.94	3.43	4.15	3.39	4.19
2017	4.07	4.28	3.68	4.37	3.98	4.46
2018	3.39	3.60	3.20	3.74	3.39	3.73

3. X 线机类设备维修保养服务情况分析

在 2018 年全国 X 线机类设备品类中，维修保养服务情况如表35 所示。

表35　2018 年全国 X 线机类设备维修保养服务情况

单位：%

品牌名称	维保履行率	先修后付款所占比例	无间断服务情况
西门子	93.1	83.0	94.6
飞利浦	96.9	82.0	94.7
GE	94.6	82.8	90.1
锐珂	91.9	84.4	93.3
岛津	90.9	81.8	76.4
万东	88.0	85.0	85.0
东软医疗	83.7	72.1	93.0
联影	95.0	85.0	92.5
佳能（东芝）	86.2	72.4	96.6
GMM	83.3	83.3	91.7
赛德科	76.5	88.2	82.4
日立	93.3	66.7	73.3

4. X 线机类设备采购推荐情况

在 2018 年全国 X 线机类设备品类中，采购推荐情况如表 36 所示。

表 36　2018 年全国 X 线机类设备主要品牌设备采购推荐情况

单位：%

品牌名称	净推荐率	意向复购率
西门子	39.4	86.9
飞利浦	37.3	87.6
GE	27.1	86.9
锐科	20.3	71.6
岛津	26.9	83.3
万东	20.4	75.4
东软医疗	37.5	69.7
联影	38.1	80.8
佳能（东芝）	13.0	75.0
GMM	0.0	66.7
赛德科	-14.3	66.7
日立	36.4	90.9

5. X 线机类设备满意度和重要度分析

在 2018 年全国 X 线机类设备品类中，满意度和重要度四分如图 8 所示。

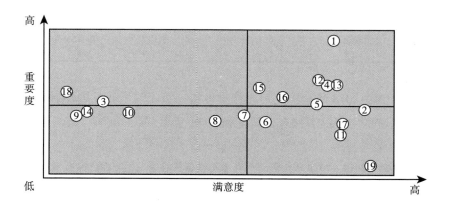

图 8　2018 年全国 X 线机类设备满意度和重要度四分

　注：①～⑲指代见本书《我国医疗器械行业拥抱大数据新时代——医疗器械行业数据调研项目的进展及未来趋势》中的表 7。

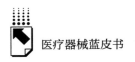

通过分析，可见企业需要提高客户对基本维修资料（维修手册、维修图纸、操作手册、技术参数、专用维修工具等）开放程度、开放维修诊断数据接口及故障代码的满意度。

（五）超声影像类设备市场数据分析

1. 超声影像类设备整体市场及分级市场数据

（1）2014～2018年全国超声影像类设备主要品牌保有率

我国超声影像类设备市场分布以进口品牌为主，2014～2018年，在全国超声影像类设备品类中，主要品牌保有率情况如表37所示。其他品牌包括东软医疗、开立医疗、索诺声、汕头超声等。

表37　2014～2018年全国超声影像类设备主要品牌保有率
单位：%

序号	品牌名称	2014 年	2015 年	2016 年	2017 年	2018 年
1	GE	29.8	30.2	31.1	31.6	34.2
2	飞利浦	27.4	30.0	30.4	30.9	31.4
3	西门子	12.2	11.4	10.1	9.8	9.1
4	迈瑞	8.6	6.2	7.2	7.2	8.2
5	日立	10.3	7.3	8.5	7.7	6.1
6	佳能（东芝）	4.5	4.9	5.7	4.4	3.9
7	百胜	4.5	5.1	4.6	4.6	2.7
8	三星麦迪逊	1.6	1.5	0.7	1.3	1.5
9	其他	1.1	3.4	1.7	2.5	2.9

（2）2014～2018年全国超声影像类设备三级医院主要品牌保有率

三级医院的主要品牌保有率情况如表38所示。

表38　2014～2018年全国超声影像类设备三级医院主要品牌保有率
单位：%

序号	品牌名称	2014 年	2015 年	2016 年	2017 年	2018 年
1	GE	30.8	30.9	31.2	31.6	34.3
2	飞利浦	28.9	29.9	31.6	31.8	32.3

序号	品牌名称	2014 年	2015 年	2016 年	2017 年	2018 年
3	西门子	11.9	12.1	9.7	10.3	8.6
4	迈瑞	7.2	5.8	7.1	6.9	9.2
5	日立	10.6	6.7	8.5	7.5	5.6
6	佳能（东芝）	3.9	5.0	5.5	3.8	3.7
7	百胜	4.2	4.8	4.8	4.6	2.8
8	三星麦迪逊	1.5	1.3	0.4	1.2	1.1
9	其他	1.0	3.5	1.2	2.3	2.4

（3）2014～2018 年全国超声影像类设备二级医院主要品牌保有率

二级医院的主要品牌保有率情况如表 39 所示，2014～2018 年，在二级医院超声影像类设备市场中，GE 保有率逐年增长，飞利浦及西门子保有率波动较大，迈瑞、日立、佳能（东芝）、百胜等品牌保有率在 2018 年有所下降。

表 39　2014～2018 年全国超声影像类设备二级医院主要品牌保有率

单位：%

序号	品牌名称	2014 年	2015 年	2016 年	2017 年	2018 年
1	GE	26.1	27.8	31.0	32.7	33.8
2	飞利浦	22.1	30.5	23.6	27.7	29.6
3	西门子	13.2	8.9	13.0	8.6	10.1
4	迈瑞	13.5	6.9	8.3	7.4	5.1
5	日立	9.2	11.1	9.7	8.8	7.7
6	佳能（东芝）	6.7	4.9	7.4	7.0	5.1
7	百胜	5.6	5.1	3.4	4.5	2.7
8	三星麦迪逊	2.1	2.5	2.2	1.9	2.7
9	其他	1.5	2.3	1.4	1.4	3.2

2. 超声影像类设备售后服务现状分析

（1）2014～2018 年全国超声影像类设备主要品牌售后服务满意度

2014～2018 年，超声影像类设备主要品牌售后服务满意度整体呈上升趋势，但是 2018 年略有下降。2016 ~ 2017 年飞利浦的满意度均为最高，2018 年迈瑞拔得满意度头筹（见表 40）。

表 40　2014 ~ 2018 年全国超声影像类设备主要品牌售后服务满意度

序号	品牌名称	2014 年	2015 年	2016 年	2017 年	2018 年
1	GE	3.62	3.63	3.95	4.11	4.07
2	飞利浦	3.71	3.72	3.95	4.16	4.13
3	西门子	3.53	3.54	3.79	3.99	3.88
4	迈瑞	3.69	3.68	3.85	4.07	4.27
5	日立	3.42	3.52	3.92	3.92	3.84
6	佳能（东芝）	3.47	3.76	3.87	4.07	3.83
7	百胜	3.50	3.51	3.58	3.92	3.83
8	三星麦迪逊	3.55	3.75	3.64	3.54	3.55

（2）2014 ~ 2018 年全国超声影像类设备三级医院主要品牌售后服务满意度

2014 ~ 2018 年，三级医院超声影像类设备主要品牌售后服务满意度同整体调研市场排名基本保持一致（见表 41）。

表 41　2014 ~ 2018 年全国超声影像类设备三级医院主要品牌售后服务满意度

序号	品牌名称	2014 年	2015 年	2016 年	2017 年	2018 年
1	GE	3.60	3.57	3.93	4.10	4.10
2	飞利浦	3.72	3.73	3.96	4.23	4.20
3	西门子	3.57	3.55	3.79	3.99	3.91
4	迈瑞	3.69	3.72	3.85	4.17	4.27
5	日立	3.43	3.60	3.87	3.90	3.74
6	佳能（东芝）	3.40	3.77	3.87	4.14	3.89
7	百胜	3.53	3.58	3.56	4.03	3.89
8	三星麦迪逊	3.76	3.63	3.39	3.22	3.65

（3）2014～2018年全国超声影像类设备二级医院主要品牌售后服务满意度

2014～2018年，二级医院超声影像类设备主要品牌售后服务满意度竞争比较激烈，三星麦迪逊满意度波动最大（见表42）。

表42　2014～2018年全国超声影像类设备二级医院主要品牌售后服务满意度

序号	品牌名称	2014年	2015年	2016年	2017年	2018年
1	GE	3.67	3.82	4.02	4.20	3.95
2	飞利浦	3.68	3.69	3.98	3.96	3.96
3	西门子	3.42	3.47	3.77	4.07	3.86
4	迈瑞	3.70	3.60	3.86	3.86	4.23
5	日立	3.38	3.36	4.11	3.94	4.04
6	佳能（东芝）	3.59	3.71	3.83	3.94	3.69
7	百胜	3.45	3.33	3.74	3.56	3.58
8	三星麦迪逊	3.20	3.89	4.20	4.42	3.18

（4）2014～2018年全国超声影像类设备主要品牌核心环节竞争力

2014～2018年，在全国超声影像类设备品类中，设备使用及管理人员最关注的四个售后服务问题的情况如图9所示。

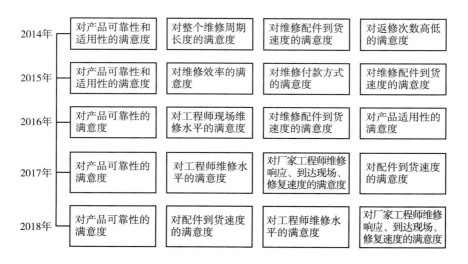

图9　2014～2018年全国超声影像类设备主要品牌核心环节竞争力

从整体来看，每年医院对超声影像类设备售后服务中最为关注的方面均是产品质量、维修质量和效率。其中，对产品质量（即产品可靠性）最为看重；维修周期长度、返修次数、工程师现场维修水平这些指标均反映了维修质量；配件到货速度、维修效率、工程师到达现场速度这些指标均反映了效率。

（5）2014～2018年超声影像类设备六维综合满意度

2014～2018年，从全国超声影像类设备的六个维度的综合满意度评价中可以看出，效率为满意度分值最高的维度，说明在超声影像类设备中，医院对超声影像设备维修效率比较满意。培训在这六个维度中满意度分值最低，连续五年满意度低于4分（见表43）。

表43　2014～2018年全国超声影像类设备六维综合满意度

年份	产品质量	维修质量	价格	效率	培训	服务态度
2014	3.65	3.85	3.35	3.94	3.02	3.88
2015	3.93	4.20	3.62	4.33	3.25	4.22
2016	3.98	3.96	3.54	4.17	3.50	4.18
2017	3.97	4.16	3.68	4.35	3.95	4.45
2018	3.53	3.79	3.32	3.91	3.56	3.94

3. 超声影像类设备维修保养服务情况分析

在2018年全国超声影像类设备品类中，维修保养服务情况如表44所示。

表44　2018年全国超声影像类设备维修保养服务情况

单位：%

品牌名称	维保履行率	先修后付款所占比例	无间断服务情况
GE	91.5	80.5	91.4
飞利浦	93.5	85.2	94.1
西门子	91.4	82.1	82.8
迈瑞	95.5	84.5	95.8
日立	73.2	82.5	80.9
佳能(东芝)	75.2	82.4	79.2
百胜	80.7	83.0	83.0
三星麦迪逊	75.0	81.3	91.7

4. 超声影像类设备采购推荐情况

在 2018 年全国超声影像类设备品类中，采购推荐情况如表 45 所示。

表 45   2018 年全国超声影像类设备主要品牌设备采购推荐情况

单位：%

品牌名称	净推荐率	意向复购率
GE	44.2	93.2
飞利浦	47.0	91.7
西门子	21.5	74.6
迈瑞	44.6	88.5
日立	13.8	68.7
佳能(东芝)	13.5	70.4
百胜	7.7	70.2
三星麦迪逊	−23.8	58.3

5. 超声影像类设备满意度和重要度分析

在 2018 年全国超声影像类设备品类中，满意度和重要度四分如图 10 所示。

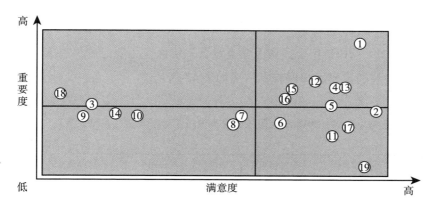

图 10   2018 年全国超声影像类设备满意度和重要度四分

注：①～⑲指代见本书《我国医疗器械行业拥抱大数据新时代——医疗器械行业数据调研项目的进展及未来趋势》中的表 7。

通过分析，可见企业需要提高客户对基本维修资料（维修手册、维修图纸、操作手册、技术参数、专用维修工具等）开放程度，对开放维修诊断数据接口及故障代码的满意度。

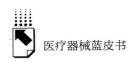

（六）核医学类设备市场数据分析

1. 核医学类设备整体市场及分级市场数据

（1）2014～2018 年全国核医学类设备主要品牌保有率

我国核医学类设备市场一直都是以进口品牌为主，2014～2018 年，在全国核医学类设备品类中，主要品牌保有率情况如表46 所示。其他品牌包括赛诺联合、天津荣力等。

表46　2014～2018 年全国核医学类设备主要品牌保有率

单位：%

序号	品牌名称	2014 年	2015 年	2016 年	2017 年	2018 年
1	GE	39.4	46.2	40.8	49.3	52.1
2	西门子	33.2	32.1	29.9	34.2	34.0
3	飞利浦	15.3	6.4	8.8	11.0	9.0
4	联影	—	0.6	0.7	0.7	2.8
5	其他	12.1	14.7	19.8	4.8	2.1

（2）2014～2018 年全国核医学类设备三级医院主要品牌保有率

三级医院的主要品牌保有率情况如表47 所示。

表47　2014～2018 年全国核医学类设备三级医院主要品牌保有率

单位：%

序号	品牌名称	2014 年	2015 年	2016 年	2017 年	2018 年
1	GE	40.8	46.0	40.6	53.4	50.8
2	西门子	32.9	32.7	31.2	30.8	35.4
3	飞利浦	14.6	6.7	9.4	10.5	9.2
4	联影	—	0.7	0.7	0.8	3.1
5	其他	11.7	13.9	18.1	4.5	1.5

（3）2014～2018 年全国核医学类设备二级医院主要品牌保有率

二级医院的主要品牌保有率情况如表48 所示。2014～2018 年，在二级医院市场中核医学类设备市场波动较大。

表48　2014～2018年全国核医学类设备二级医院主要品牌保有率

单位：%

序号	品牌名称	2014年	2015年	2016年	2017年	2018年
1	GE	10.0	50.0	44.4	9.1	61.5
2	西门子	40.0	16.7	11.1	63.6	23.1
3	飞利浦	30.0	—	—	18.2	7.7
4	联影	—	—	—	—	—
5	其他	20.0	33.3	44.5	9.1	7.7

2. 核医学类设备售后服务现状分析

（1）2014～2018年全国核医学类设备主要品牌售后服务满意度

2014～2018年，核医学类设备主要品牌售后服务满意度整体呈上升趋势。其中，飞利浦及联影的满意度波动较大，GE、西门子的满意度整体呈上升趋势（见表49）。

（2）2014～2018年全国核医学类设备三级医院主要品牌售后服务满意度

表49　2014～2018年全国核医学类设备主要品牌售后服务满意度

序号	品牌名称	售后服务满意度				
		2014	2015	2016	2017	2018
1	GE	3.57	3.41	3.80	4.14	4.15
2	西门子	3.67	3.62	3.94	3.90	4.20
3	飞利浦	3.59	3.71	4.37	3.99	4.42
4	联影	—	3.32	4.54	4.62	4.13

2014～2018年，在三级医院核医学类设备主要品牌售后服务满意度中，2015年及2018年飞利浦满意度排名第一，2016年及2017年联影满意度最高（见表50）。

表50　2014～2018年全国核医学类设备三级医院主要品牌售后服务满意度

序号	品牌名称	2014年	2015年	2016年	2017年	2018年
1	GE	3.56	3.38	3.79	4.14	4.19
2	西门子	3.66	3.61	3.94	3.91	4.27
3	飞利浦	3.60	3.71	4.37	4.15	4.45
4	联影	—	3.32	4.54	4.62	4.13

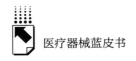

（3）2014～2018年全国核医学类设备二级医院主要品牌售后服务满意度

2014～2018年，二级医院核医学类设备主要品牌售后服务满意度波动较大（见表51）。

表51　2014～2018年全国核医学类设备二级医院主要品牌售后服务满意度

序号	品牌名称	2014年	2015年	2016年	2017年	2018年
1	GE	3.99	3.99	3.99	4.10	3.73
2	西门子	3.84	4.19	4.00	3.37	3.33
3	飞利浦	3.57	—	—	2.89	4.05
4	联影	—	—	—	—	—

（4）2014～2018年全国核医学类设备主要品牌核心环节竞争力

2014～2018年全国核医学类设备品类中，设备使用及管理人员最关注的四个售后服务问题的情况如图11所示。

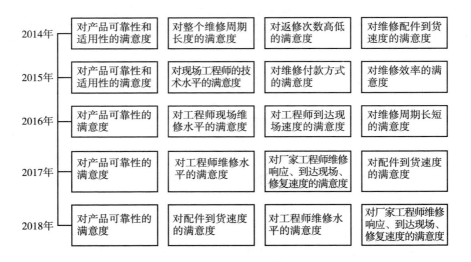

图11　2014～2018年全国核医学类设备主要品牌核心环节竞争力

从整体来看，每年医院对核医学类设备售后服务中最为关注的方面均是产品质量、维修质量和效率。其中，对产品质量（即产品可靠性）最为看重；返修次数、工程师现场维修水平这些指标均反映了维修质量；配件到货速度、维修效率、工程师到达现场速度这些指标均反映了效率。

（5）2014～2018年全国核医学类设备六维综合满意度

2014～2018年，从全国核医学类设备的六个维度的综合满意度评价中可以看出，服务态度为满意度分值最高的维度，培训在这六个维度中满意度分值最低，2015年培训满意度更是低于3分（见表52）。

3. 核医学类设备维修保养服务情况分析

在2018年全国核医学类设备品类中，维修保养服务情况如表53所示。

4. 核医学类设备采购推荐情况

在2018年全国核医学类设备品类中，采购推荐情况如表54所示。

表52　2014～2018年全国核医学类设备六维综合满意度

年份	产品质量	维修质量	价格	效率	培训	服务态度
2014	3.79	3.84	3.35	3.95	3.06	3.87
2015	3.57	3.90	3.50	3.79	2.83	3.77
2016	4.06	4.04	3.46	4.15	3.46	4.19
2017	3.97	4.19	3.58	4.23	3.88	4.33
2018	3.76	4.06	3.54	4.14	3.85	4.19

表53　2018年全国核医学类设备维修保养服务情况

单位：%

品牌名称	维保履行率	先修后付款所占比例	无间断服务情况
GE	96.0	81.3	94.7
西门子	89.8	77.6	100.0
飞利浦	100.0	76.9	100.0
联影	100.0	100.0	100.0

表54　2018年全国核医学类设备主要品牌设备采购推荐情况

单位：%

品牌名称	净推荐率	意向复购率
GE	28.4	76.1
西门子	33.3	83.7

续表

品牌名称	净推荐率	意向复购率
飞利浦	46.2	69.2
联影	20.0	60.0

5. 核医学类设备满意度和重要度分析

在 2018 年全国核医学类设备品类中，满意度和重要度四分如图 12 所示。

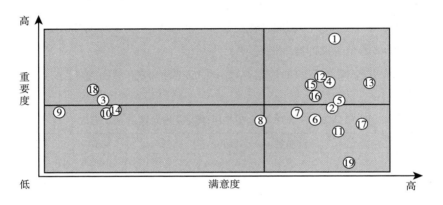

图 12　2018 年全国核医学类设备满意度和重要度四分

注：①~⑲指代见本书《我国医疗器械行业拥抱大数据新时代——医疗器械行业数据调研项目的进展及未来趋势》中的表 7。

通过分析，可见企业需要提高客户对基本维修资料（维修手册、维修图纸、操作手册、技术参数、专用维修工具等）开放程度，对开放维修诊断数据接口及故障代码的满意度。

（七）放疗类设备市场数据分析

1. 放疗类设备整体市场及分级市场数据

（1）2014~2018 年全国放疗类设备主要品牌保有率

我国的放疗类设备市场一直以进口品牌为主，2014~2018 年，在全国放疗类设备品类中，主要品牌保有率情况如表 55 所示。其他品牌包括高能大恒、中能、安科锐等。

表 55 2014~2018 年全国放疗类设备主要品牌保有率

单位：%

序号	品牌名称	2014 年	2015 年	2016 年	2017 年	2018 年
1	瓦里安	29.5	32.6	37.8	41.0	38.9
2	医科达	34.1	28.0	35.9	32.8	36.4
3	西门子	20.7	13.1	14.4	14.3	13.0
4	新华医疗	6.5	8.5	4.4	5.0	8.3
5	东软医疗	—	—	0.4	0.8	1.7
6	其他	9.2	17.8	7.1	6.1	1.7

（2）2014~2018 年全国放疗类设备三级医院主要品牌保有率

三级医院的主要品牌保有率情况如表 56 所示。

表 56 2014~2018 年全国放疗类设备三级医院主要品牌保有率

单位：%

序号	品牌名称	2014 年	2015 年	2016 年	2017 年	2018 年
1	瓦里安	30.6	34.3	38.1	42.5	40.7
2	医科达	34.1	30.1	36.8	33.9	38.6
3	西门子	20.6	14.5	15.4	14.3	12.9
4	新华医疗	5.9	5.5	2.8	3.1	5.8
5	东软医疗	—	—	—	—	0.4
6	其他	8.8	15.6	6.9	6.2	1.6

（3）2014~2018 年全国放疗类设备二级医院主要品牌保有率

二级医院的主要品牌保有率情况如表 57 所示。2014~2018 年，在二级医院市场中，放疗类设备市场波动较大（见表 57）。

表 57 2014~2018 年全国放疗类设备二级医院主要品牌保有率

单位：%

序号	品牌名称	2014 年	2015 年	2016 年	2017 年	2018 年
1	瓦里安	18.8	21.6	31.8	25.7	29.3
2	医科达	34.4	10.8	27.3	25.7	24.4

续表

序号	品牌名称	2014 年	2015 年	2016 年	2017 年	2018 年
3	西门子	21.9	2.7	4.5	14.3	12.2
4	新华医疗	12.5	29.7	22.7	20.0	24.4
5	东软医疗	—	—	4.5	8.6	7.3
6	其他	12.4	35.2	9.2	5.7	2.4

2. 放疗类设备售后服务现状分析

（1）2014～2018 年全国放疗类设备主要品牌售后服务满意度

2014～2018 年，放疗类设备主要品牌售后服务满意度整体呈上升趋势。各品牌的满意度均有所波动，瓦里安的满意度在近 4 年呈逐年递增趋势，2015～2017 年医科达满意度增幅较为明显，东软医疗满意度变化最大（见表58）。

（2）2014～2018 年全国放疗类设备三级医院主要品牌售后服务满意度

2014～2018 年，在三级医院放疗类设备主要品牌售后服务满意度中，品牌之间竞争较激烈（见表59）。

表58　2014～2018 年全国放疗类设备主要品牌售后服务满意度

序号	品牌名称	2014 年	2015 年	2016 年	2017 年	2018 年
1	瓦里安	3.78	3.72	3.84	4.09	4.12
2	医科达	3.67	3.67	4.00	4.16	4.12
3	西门子	3.76	3.58	3.98	3.87	4.06
4	新华医疗	3.62	3.56	3.84	4.01	4.01
5	东软医疗	—	—	4.90	3.67	4.78

表59　2014～2018 年全国放疗类设备三级医院主要品牌售后服务满意度

序号	品牌名称	2014 年	2015 年	2016 年	2017 年	2018 年
1	瓦里安	3.78	3.75	3.82	3.87	4.18
2	医科达	3.67	3.64	3.99	4.16	4.21
3	西门子	3.75	3.59	3.96	4.09	4.07
4	新华医疗	3.66	3.53	3.75	4.42	3.95
5	东软医疗	—	—	—	4.32	5.00

（3）2014～2018 年全国放疗类设备二级医院主要品牌售后服务满意度

2014～2018 年，二级医院放疗类设备主要品牌售后服务满意度波动较大（见表60）。

表60　2014～2018 年全国放疗类设备二级医院主要品牌售后服务满意度

序号	品牌名称	2014 年	2015 年	2016 年	2017 年	2018 年
1	瓦里安	3.80	3.35	3.97	3.94	3.71
2	医科达	3.66	3.93	4.18	4.03	3.39
3	西门子	3.80	3.27	4.76	3.74	3.85
4	新华医疗	3.44	3.51	3.97	4.04	4.12
5	东软医疗	—	—	4.90	3.67	4.98

（4）2014～2018 年全国放疗类设备主要品牌核心环节竞争力

2014～2018 年，在全国放疗类设备品类中，设备使用及管理人员最关注的四个售后服务问题的情况如图13 所示。

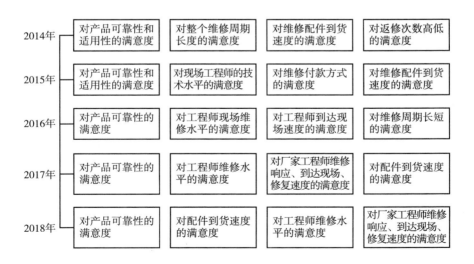

图13　2014～2018 年全国放疗类设备主要品牌核心环节竞争力

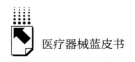

2014～2018 年，设备科从业人员最为关注的四个售后服务环节竞争力的情况。整体来看每年医院对放疗类设备售后服务中最为关注的方面均是产品质量、维修质量和效率。其中，对产品质量（即产品可靠性、适用性）最为看重；返修次数、工程师现场维修水平这些指标均反映了维修质量；配件到货速度、维修效率、维修周期、工程师到达现场速度这些指标均反映了效率。

（5）2014～2018 年全国放疗类设备六维综合满意度

2014～2018 年，从全国放疗类设备的六个维度的综合满意度评价中可以看出，服务态度为满意度分值最高的维度，培训在这六个维度中满意度分值最低，连续五年低于 4 分（见表 61）。

表 61　2014～2018 年全国放疗类设备六维综合满意度

年份	产品质量	维修质量	价格	效率	培训	服务态度
2014	3.99	3.96	3.49	4.00	3.18	3.98
2015	3.98	3.95	3.52	3.89	3.13	3.87
2016	4.19	4.04	3.61	4.18	3.47	4.20
2017	4.11	4.23	3.65	4.29	3.82	4.40
2018	3.67	3.72	3.29	3.77	3.48	3.84

3. 放疗类设备维修保养服务情况分析

在 2018 年全国放疗类设备品类中，维修保养服务情况如表 62 所示。

表 62　2018 年全国放疗类设备维修保养服务情况

单位：%

品牌名称	维保履行率	先修后付款所占比例	无间断服务情况
瓦里安	94.0	79.4	96.6
医科达	94.5	75.2	96.3
西门子	97.4	76.9	94.9
新华医疗	88.0	84.0	100.0
东软医疗	100.0	100.0	100.0

4. 放疗类设备采购推荐情况

在 2018 年全国放疗类设备品类中，采购推荐情况如表 63 所示。

表 63　2018 年全国放疗类设备主要品牌设备采购推荐情况

单位：%

品牌名称	净推荐率	意向复购率
瓦里安	48.2	93.5
医科达	31.6	84.8
西门子	42.9	62.5
新华医疗	20.8	71.4
东软医疗	50.0	100.0

5. 放疗类设备满意度和重要度分析

在 2018 年全国放疗类设备品类中，满意度和重要度四分如图 14 所示。

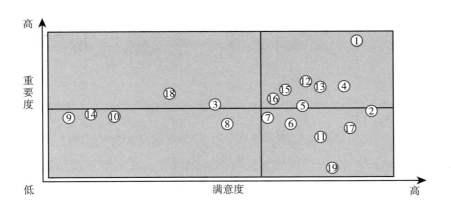

图 14　2018 年全国放疗类设备满意度和重要度四分

注：①～⑲指代见本书《我国医疗器械行业拥抱大数据新时代——医疗器械行业数据调研项目的进展及未来趋势》中的表 7。

通过分析，可见企业需要提高客户对基本维修资料（维修手册、维修图纸、操作手册、技术参数、专用维修工具等）的开放程度，对开放维修诊断数据接口及故障代码的满意度。

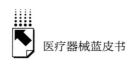

二 2018年十四类医疗设备市场数据分析

（一）监护类设备市场数据分析

1. 监护类设备整体市场及分级市场数据

2018年全国监护类设备品牌保有率如表64所示。

表64　2018年全国监护类设备品牌保有率

单位：%

序号	品牌名称	整体调研市场	三级医院	二级医院
1	迈瑞	63.3	62.9	65.1
2	飞利浦	19.5	21.0	13.4
3	GE	4.3	4.8	1.9
4	理邦	3.1	2.9	4.2
5	宝莱特	2.5	1.8	5.5
6	科曼	2.3	1.7	5.1
7	光电	2.0	1.8	2.4
8	其他	2.9	3.1	2.4

我国监护类设备市场以国产品牌为主。在全国监护类设备市场中，国产品牌保有率为73.4%，进口品牌保有率为26.6%；在三级医院监护类设备市场中，国产品牌保有率为71.4%，进口品牌保有率为28.6%；在二级医院监护类设备市场中，国产品牌保有率为82.2%，进口品牌保有率为17.8%。其中，其他品牌包括麦邦、太空、康泰医学、科瑞康医疗、牛津、杰纳瑞、深迈医疗、迈斯莫、威高、美伦、三瑞等，市场保有率较低。

2. 监护类设备售后服务现状分析

（1）2018年全国监护类设备主要品牌售后服务满意度

2018年全国监护类设备品类售后服务满意度情况如表65所示（按照整体保有率顺序展示，其他类省略，以下同）。

表65　2018年全国监护类设备主要品牌售后服务满意度

序号	品牌名称	整体调研市场	三级医院	二级医院
1	迈瑞	4.29	4.35	4.13
2	飞利浦	4.06	4.08	4.01
3	GE	4.01	4.05	3.65
4	理邦	3.96	4.06	3.76
5	宝莱特	3.95	3.84	4.04
6	科曼	3.82	3.66	4.11
7	光电	4.20	4.24	4.13

（2）2018年全国监护类设备主要品牌核心环节竞争力

保有率不低于1%的品牌设备使用及管理人员最关注的四个售后服务问题的情况如表66所示。

表66　2018年全国监护类设备主要品牌核心环节竞争力

品牌	对产品可靠性的满意度	对产品易用性的满意度	对工程师维修水平的满意度	对厂家工程师维修响应、到达现场、修复速度的满意度
迈瑞	4.65	4.67	4.37	4.32
飞利浦	4.55	4.57	4.26	4.21
GE	4.33	4.29	4.36	4.11
理邦	4.20	4.48	4.30	4.04
宝莱特	4.01	4.19	4.09	4.15
科曼	3.80	4.25	3.91	3.97
光电	4.67	4.65	4.47	4.18

（3）2018年全国监护类设备主要品牌六维综合满意度

在2018年全国监护类设备品类中，保有率不低于1%的品牌的六维综合售后服务满意度情况如表67所示。

表67　2018年全国监护类设备主要品牌六维综合满意度

品牌	产品质量	维修质量	价格	效率	培训	服务态度
迈瑞	4.44	4.29	4.02	4.33	4.29	4.49
飞利浦	4.17	4.16	3.63	4.22	3.98	4.39

续表

品牌	产品质量	维修质量	价格	效率	培训	服务态度
GE	4.01	4.03	3.62	4.14	4.07	4.43
理邦	4.02	3.95	3.67	4.09	3.94	4.24
宝莱特	3.90	3.91	3.63	4.23	3.97	4.28
科曼	3.77	3.80	3.68	4.11	3.69	4.06
光电	4.47	4.30	3.66	4.29	4.08	4.48

3. 监护类设备维修保养服务情况分析

在 2018 年全国监护类设备品类中，保有率不低于 1% 的品牌的维修保养服务情况如表 68 所示。

表 68 2018 年全国监护类设备主要品牌维保服务情况

单位：%

品牌名称	主要品牌维保履行率	先修后付款所占比例	主要品牌无间断服务情况
迈瑞	77.7	94.8	86.4
飞利浦	65.0	86.4	69.5
GE	71.0	69.0	54.7
理邦	75.5	98.4	62.7
宝莱特	63.4	90.0	91.1
科曼	84.4	99.4	84.0
光电	78.3	91.6	86.9

4. 监护类设备采购推荐情况

在 2018 年全国监护类设备品类中，保有率不低于 1% 的品牌的采购推荐情况如表 69 所示。

表 69 2018 年全国监护类设备主要品牌采购推荐情况

单位：%

品牌名称	净推荐率	意向复购率
迈瑞	63.7	96.6
飞利浦	44.3	84.2

续表

品牌名称	净推荐率	意向复购率
GE	36.2	76.6
理邦	24.4	82.2
科曼	13.6	59.1
宝莱特	12.8	59.0
光电	36.7	83.3

5. 监护类设备满意度和重要度分析

在 2018 年全国监护类设备品类中，17 项指标的满意度和重要度情况如图 15 所示。

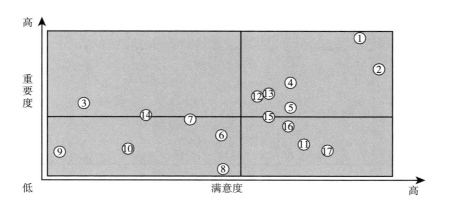

图15 2018 年全国监护类设备满意度和重要度四分

注：①～⑰指代见本书《我国医疗器械行业拥抱大数据新时代——医疗器械行业数据调研项目的进展及未来趋势》中的表7。

由图 15 可见，在监护类设备中，产品可靠性、易用性、工程师维修水平、维修后返修、配件到货速度及对厂家工程师维修响应、到达现场、修复速度等指标重要度高，且满意度也高。

企业需要提高用户对基本维修资料开放程度，对设备科人员提供无附加条件的维修培训的满意度。

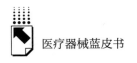

（二）呼吸类设备市场数据分析

1. 呼吸类设备整体市场及分级市场数据

2018 年全国呼吸类设备品牌保有率如表 70 所示。

表 70　2018 年全国呼吸类设备品牌保有率

单位：%

序号	品牌名称	整体调研市场	三级医院	二级医院
1	德尔格	37.7	38.1	34.6
2	迈柯唯	23.1	23.7	19.2
3	飞利浦	10.0	9.2	14.6
4	美敦力	7.4	7.5	6.7
5	哈美顿	6.6	6.4	7.9
6	BD	3.9	3.8	4.2
7	瑞思迈	2.5	2.8	0.9
8	迈瑞	2.3	2.2	2.7
9	谊安医疗	1.3	1.0	3.1
10	万曼	1.2	1.1	1.7
11	GE	1.0	0.9	0.9
12	其他	3.2	3.3	3.5

在全国呼吸类设备市场中，国产品牌保有率为 4.5%，进口品牌保有率为 95.5%；在三级医院呼吸类设备市场中，国产品牌保有率为 4.0%，进口品牌保有率为 96.0%。在二级医院呼吸类设备市场中，国产品牌保有率为 7.4%，进口品牌保有率为 92.6%。其中，其他品牌包括思瑞德、SLE、斯蒂芬、天马、灵智、凯迪泰、蓝韵凯泰、鹰牌、科曼、航天长峰等，市场保有率较低。

2. 呼吸类设备售后服务现状分析

（1）2018 年全国呼吸类设备主要品牌售后服务满意度

全国呼吸类设备品类售后服务满意度如表 71 所示。

表 71　2018 年全国呼吸类设备主要品牌售后服务满意度

序号	品牌名称	整体调研市场	三级医院	二级医院
1	德尔格	4.17	4.19	4.11
2	迈柯唯	4.22	4.27	4.09
3	飞利浦	4.04	4.14	3.74
4	美敦力	4.18	4.17	4.22
5	哈美顿	4.19	4.21	4.20
6	BD	3.58	3.71	3.19
7	瑞思迈	3.98	4.01	3.83
8	迈瑞	4.56	4.61	4.33
9	谊安医疗	3.86	3.74	4.02
10	万曼	3.88	3.97	3.62
11	GE	3.97	3.89	4.34

（2）2018 年全国呼吸类设备主要品牌核心环节竞争力

在全国呼吸类设备品类中，保有率不低于 1% 的品牌设备使用及管理人员最关注的四个售后服务问题的情况如表 72 所示。

表 72　2018 年全国呼吸类设备主要品牌核心环节竞争力

品牌	对产品可靠性的满意度	对产品易用性的满意度	对工程师维修水平的满意度	对厂家工程师维修响应、到达现场、修复速度的满意度
德尔格	4.59	4.55	4.45	4.32
迈柯唯	4.67	4.68	4.42	4.34
飞利浦	4.41	4.47	4.12	4.20
美敦力	4.53	4.41	4.39	4.32
哈美顿	4.47	4.51	4.35	4.25
BD	3.89	4.03	3.61	3.79
瑞思迈	4.32	4.36	4.18	4.14
迈瑞	4.56	4.59	4.56	4.69
谊安医疗	3.76	4.00	4.01	3.93
万曼	4.19	4.24	4.22	4.09
GE	4.23	4.08	4.15	4.01

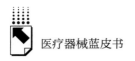

（3）2018 年全国呼吸类设备主要品牌六维综合满意度

在全国呼吸类设备品类中，保有率不低于 1% 的品牌的六维综合售后服务满意度情况如表 73 所示。

表 73　2018 年全国呼吸类设备主要品牌六维综合满意度

品牌	产品质量	维修质量	价格	效率	培训	服务态度
德尔格	4.28	4.31	3.68	4.28	4.13	4.42
迈柯唯	4.37	4.32	3.75	4.42	4.12	4.40
飞利浦	4.18	4.08	3.63	4.23	3.95	4.25
美敦力	4.22	4.28	3.74	4.38	4.08	4.56
哈美顿	4.23	4.22	3.88	4.33	4.20	4.42
BD	3.70	3.58	3.27	3.80	3.46	3.83
瑞思迈	4.06	4.00	3.58	4.27	3.84	4.35
迈瑞	4.52	4.55	4.40	4.68	4.60	4.74
谊安医疗	3.84	3.89	3.65	3.99	3.79	4.15
万曼	3.79	3.97	3.50	4.14	3.77	4.40
GE	4.01	4.01	3.72	4.11	3.89	4.29

3. 呼吸类设备维修保养服务情况分析

在 2018 年全国呼吸类设备品类中，保有率不低于 1% 的品牌的维修保养服务情况如表 74 所示。

表 74　2018 年全国呼吸类设备主要品牌维保服务情况

单位：%

品牌名称	主要品牌维保履行率	先修后付款所占比例	主要品牌无间断服务情况
德尔格	85.3	92.9	84.0
迈柯唯	77.4	96.3	72.9
飞利浦	71.5	93.1	79.7
美敦力	90.7	93.1	88.5
哈美顿	86.1	92.3	88.4
BD	57.7	92.9	69.4
瑞思迈	59.5	90.5	74.6
迈瑞	81.9	91.4	87.9

品牌名称	主要品牌维保履行率	先修后付款所占比例	主要品牌无间断服务情况
谊安医疗	92.6	89.7	80.9
万曼	67.8	93.2	67.8
GE	77.6	85.7	81.6

4. 呼吸类设备采购推荐情况

在 2018 年全国呼吸类设备品类中，保有率不低于 1% 的品牌的采购推荐情况如表 75 所示。

表75 2018 年全国呼吸类设备主要品牌采购推荐情况

单位：%

品牌名称	净推荐率	意向复购率
德尔格	44.6	89.7
迈柯唯	47.0	89.1
飞利浦	42.7	88.0
美敦力	38.0	88.0
哈美顿	43.1	88.2
BD	25.0	89.3
瑞思迈	7.1	78.6
迈瑞	63.3	90.0
谊安医疗	15.0	85.0
万曼	28.6	85.7
GE	0.0	60.0

5. 呼吸类设备满意度和重要度分析

在 2018 年全国呼吸类设备品类中，17 项指标的满意度和重要度四分如图 16 所示。

由图 16 可见，在呼吸类设备中，产品可靠性、易用性、工程师维修水平、维修后返修、配件到货速度及对厂家工程师维修响应、到达现场、修复速度指标的重要度高，且满意度也高。

企业需要提高用户对基本维修资料的开放程度，对设备科人员提供无附加条件的维修培训的满意度。

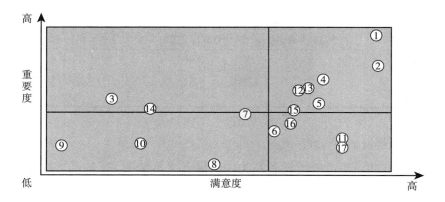

图16 2018 年全国呼吸类设备满意度和重要度四分

注：①～⑰指代见本书《我国医疗器械行业拥抱大数据新时代——医疗器械行业数据调研项目的进展及未来趋势》中的表7。

（三）输注泵类设备市场数据分析

1. 输注泵类设备整体市场及分级市场数据

2018 年全国输注泵类设备品牌保有率如表76 所示。

表76 2018 年全国输注泵类设备品牌保有率

单位：%

序号	品牌名称	整体调研市场	三级医院	二级医院
1	史密斯	43.9	45.2	37.7
2	贝朗	9.1	10.1	4.4
3	来普	8.9	9.1	7.7
4	圣诺	6.4	6.7	5.2
5	科力医疗	6.3	4.2	15.9
6	费森尤斯	5.7	6.1	3.4
7	迈瑞	4.6	5.0	2.9
8	思路高	4.6	4.1	7.0
9	麦科田	2.7	2.6	3.2
10	泰尔茂	2.5	3.0	0.3
11	威利方舟	1.4	1.1	3.1
12	其他	3.9	2.8	9.2

在全国输注泵类设备市场中，国产品牌保有率为29.7%，进口品牌保有率为61.8%，合资品牌保有率为8.5%；在三级医院输注泵类设备市场中，国产品牌保有率为27.2%，进口品牌保有率为64.8%，合资品牌保有率为8.1%；在二级医院输注泵类设备市场中，国产品牌保有率为41.8%，进口品牌保有率为47.2%，合资品牌保有率为10.9%。其中，其他品牌包括美瑞华、好克、威高日机装、华玺医疗、JMS、宁波安诺、拓浦、拓浦、中科科仪、广州华熙等，市场保有率较低。

2. 输注泵类设备售后服务现状分析

（1）2018年全国输注泵类设备主要品牌售后服务满意度

全国输注泵类设备品类售后服务满意度情况如表77所示（按照整体保有率顺序展示）。

表77　2018年全国输注泵类设备主要品牌售后服务满意度

序号	品牌名称	整体调研市场	三级医院	二级医院
1	史密斯	4.18	4.21	4.07
2	贝朗	4.02	3.97	4.34
3	来普	4.38	4.44	4.18
4	圣诺	4.15	4.11	4.28
5	科力医疗	4.02	3.96	4.07
6	费森尤斯	3.50	3.50	3.38
7	迈瑞	4.11	4.00	4.57
8	思路高	4.21	4.20	4.21
9	麦科田	4.79	4.73	4.99
10	泰尔茂	4.02	4.01	4.18
11	威利方舟	4.09	4.03	4.22

（2）2018年全国输注泵类设备主要品牌核心环节竞争力

在全国输注泵类设备品类中，保有率不低于1%的品牌在设备使用及管理人员最关注的四个售后服务问题的情况如表78所示。

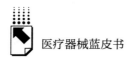

表78　2018 年全国输注泵类设备主要品牌核心环节竞争力

品牌	对产品可靠性的满意度	对产品易用性的满意度	对工程师维修水平的满意度	对厂家工程师维修响应、到达现场、修复速度的满意度
史密斯	4.50	4.58	4.32	4.02
贝朗	4.18	4.30	4.29	4.12
来普	4.35	4.66	4.46	4.52
圣诺	4.28	4.50	4.28	4.17
科力医疗	4.23	4.45	3.92	3.94
费森尤斯	3.94	3.88	3.69	3.31
迈瑞	4.00	4.21	4.30	4.22
思路高	4.24	4.45	4.36	4.25
麦科田	4.62	4.58	4.62	4.89
泰尔茂	4.25	4.55	4.28	4.31
威利方舟	4.22	4.39	4.23	3.78

（3）2018 年全国输注泵类设备主要品牌六维综合满意度

在全国输注泵类设备品类中，保有率不低于 1%的品牌的六维综合售后服务满意度情况如表 79 所示。

表79　2018 年全国输注泵类设备主要品牌六维综合满意度

品牌	产品质量	维修质量	价格	效率	培训	服务态度
史密斯	4.34	4.17	4.10	4.18	4.09	4.24
贝朗	4.13	3.92	3.58	4.31	4.09	4.27
来普	4.35	4.35	4.45	4.53	4.22	4.49
圣诺	4.18	4.08	4.16	4.28	4.06	4.16
科力医疗	4.10	3.94	3.95	4.17	3.92	4.16
费森尤斯	3.63	3.47	3.33	3.75	3.28	3.53
迈瑞	4.11	3.96	3.97	4.21	4.27	4.34
思路高	4.24	4.25	4.11	4.32	4.10	4.27
麦科田	4.65	4.72	4.81	4.89	4.88	4.88
泰尔茂	4.09	4.06	3.50	4.31	4.12	3.98
威利方舟	4.16	4.04	4.19	4.08	3.97	4.12

3. 输注泵类设备维修保养服务情况分析

在 2018 年全国输注泵类设备品类中，保有率不低于 1% 的品牌的维修保养服务情况如表 80 所示。

表 80　2018 年全国输注泵类设备主要品牌维保服务情况

单位：%

品牌名称	主要品牌维保履行率	先修后付款所占比例	主要品牌无间断服务情况
史密斯	76.9	95.9	67.6
贝朗	53.2	94.6	47.1
来普	85.5	97.7	78.2
圣诺	74.7	100.0	57.6
科力医疗	51.1	97.2	65.8
费森尤斯	46.0	90.5	23.7
迈瑞	66.4	99.1	57.4
思路高	78.1	86.2	72.9
麦科田	94.7	100.0	100.0
泰尔茂	64.8	90.8	52.6
威利方舟	49.8	96.2	72.2

4. 输注泵类设备采购推荐情况

在 2018 年全国输注泵类设备品类中，保有率不低于 1% 的品牌的采购推荐情况如表 81 所示。

表 81　2018 年全国输注泵类设备主要品牌采购推荐情况

单位：%

品牌名称	净推荐率	意向复购率
史密斯	47.2	93.3
贝朗	33.3	83.3
来普	45.7	87.0
圣诺	40.0	96.7
科力医疗	37.2	81.4
费森尤斯	6.3	68.8
迈瑞	31.3	87.5
思路高	29.2	81.3

品牌名称	净推荐率	意向复购率
麦科田	83.3	100.0
泰尔茂	20.0	86.7
威利方舟	35.3	70.6

5. 输注泵类设备满意度和重要度分析

在 2018 年全国输注泵类设备品类中，17 项指标的满意度和重要度四分如图 17 所示。

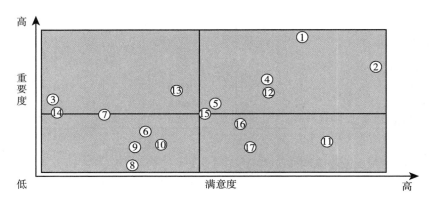

图 17　2018 年全国输注泵类设备满意度和重要度四分

注：①～⑰指代见本书《我国医疗器械行业拥抱大数据新时代——医疗器械行业数据调研项目的进展及未来趋势》中的表 7。

由图 17 可见，在输注泵类设备中，产品可靠性、易用性、工程师维修水平、维修后返修、配件到货速度指标的重要度高，且满意度也高。

企业需要提高用户对基本维修资料的开放程度，对厂家工程师维修响应、到达现场、修复速度、设备科人员提供无附加条件的维修培训的满意度。

（四）血液净化类设备市场数据分析

1. 血液净化类设备整体市场及分级市场数据

2018 年全国血液净化类设备品牌保有率如表 82 所示。

表82 2018 年全国血液净化类设备品牌保有率

单位：%

序号	品牌名称	整体调研市场	三级医院	二级医院
1	费森尤斯	48.6	46.7	52.7
2	贝朗	19.0	19.1	19.5
3	百特	15.4	18.0	8.7
4	威高日机装	8.0	8.1	7.5
5	东丽	4.3	4.0	5.2
6	尼普洛	2.3	2.2	2.8
7	山外山	1.0	0.9	1.2
8	其他	1.4	1.0	2.3

在全国血液净化类设备市场中，国产品牌保有率为 1.3%，进口品牌保有率为 90.7%，合资品牌保有率为 8.0%；在三级医院血液净化类设备市场中，国产品牌保有率为 0.9%，进口品牌保有率为 90.9%，合资品牌保有率为 8.1%；在二级医院血液净化类设备市场中，国产品牌保有率为 2.5%，进口品牌保有率为 90.0%，合资品牌保有率为 7.5%。其中，其他品牌包括贝尔克、旭化成、宝莱特、维力医疗、新华医疗、暨华，市场保有率较低。

2. 血液净化类设备售后服务现状分析

（1）2018 年全国血液净化类设备主要品牌售后服务满意度

全国血液净化类设备品类售后服务满意度情况如表 83 所示。

表83 2018 年全国血液净化类设备主要品牌售后服务满意度

序号	品牌名称	整体调研市场	三级医院	二级医院
1	费森尤斯	4.26	4.31	4.17
2	贝朗	4.18	4.23	4.03
3	百特	4.06	4.13	3.77
4	威高日机装	4.29	4.26	4.35
5	东丽	3.83	4.02	3.46
6	尼普洛	4.28	4.16	4.52
7	山外山	3.63	3.62	3.65

（2）2018 年全国血液净化类设备主要品牌核心环节竞争力

在 2018 年全国血液净化类设备品类中，保有率不低于 1% 的品牌在设备使用及管理人员最关注的四个售后服务问题的情况如表 84 所示。

表 84　2018 年全国血液净化类设备主要品牌核心环节竞争力

品牌	对产品可靠性的满意度	对产品易用性的满意度	对工程师维修水平的满意度	对厂家工程师维修响应、到达现场、修复速度的满意度
费森尤斯	4.63	4.57	4.47	4.34
贝朗	4.38	4.35	4.47	4.23
百特	4.26	4.31	4.35	4.13
威高日机装	4.37	4.58	4.43	4.28
东丽	3.84	4.02	4.06	3.69
尼普洛	4.34	4.70	4.29	4.43
山外山	3.31	3.54	4.10	4.05

（3）2018 年全国血液净化类设备主要品牌六维综合满意度

在 2018 年全国血液净化类设备品类中，保有率不低于 1% 的品牌的六维综合售后服务满意度情况如表 85 所示。

表 85　2018 年全国血液净化类设备主要品牌六维综合满意度

品牌	产品质量	维修质量	价格	效率	培训	服务态度
费森尤斯	4.42	4.37	3.78	4.38	4.23	4.42
贝朗	4.20	4.32	3.78	4.31	4.11	4.36
百特	4.16	4.23	3.58	4.13	4.00	4.45
威高日机装	4.29	4.42	3.92	4.40	4.28	4.44
东丽	3.92	3.82	3.79	3.88	3.74	3.76
尼普洛	4.41	4.33	3.93	4.46	4.24	4.27
山外山	3.35	3.58	3.50	3.98	3.68	3.93

3. 血液净化类设备维修保养服务情况分析

在 2018 年全国血液净化类设备品类中，保有率不低于 1% 的品牌的维保服务情况如表 86 所示。

表 86　2018 年全国血液净化类设备主要品牌维保服务情况

单位：%

品牌名称	主要品牌维保履行率	先修后付款所占比例	主要品牌无间断服务情况
费森尤斯	87.1	95.9	75.2
贝朗	83.5	93.0	67.2
百特	78.8	97.2	72.3
威高日机装	98.2	94.8	58.7
东丽	72.9	85.9	60.5
尼普洛	87.8	91.3	64.8
山外山	95.1	96.3	64.6

4. 血液净化类设备采购推荐情况

在 2018 年全国血液净化类设备品类中，保有率不低于 1% 的品牌的采购推荐情况如表 87 所示。

表 87　2018 年全国血液净化类设备主要品牌采购推荐情况

单位：%

品牌名称	净推荐率	意向复购率
费森尤斯	56.8	93.6
贝朗	40.7	88.5
百特	25.4	63.4
威高日机装	36.7	81.7
东丽	12.5	56.3
尼普洛	36.0	76.0
山外山	−27.3	63.6

5. 血液净化类设备满意度和重要度分析

在 2018 年全国血液净化类设备品类中，17 项指标的满意度和重要度四分如图 18 所示。

由图 18 可见，在血液净化类设备中，产品可靠性、易用性、工程师维修水平、维修后返修、配件到货速度及对厂家工程师维修响应、到达现场、

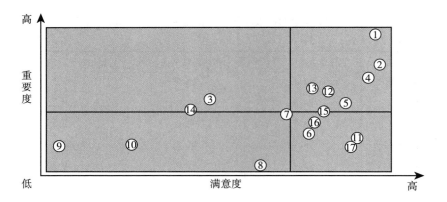

图18   2018年全国血液净化类设备满意度和重要度四分

注：①～⑰指代见本书《我国医疗器械行业拥抱大数据新时代——医疗器械行业数据调研项目的进展及未来趋势》中的表7。

修复速度指标重要度高，且满意度也高。

企业需要提高用户对基本维修资料的开放程度，对设备科人员提供无附加条件的维修培训的满意度。

（五）软式内窥镜类设备市场数据分析

1. 软式内窥镜类设备整体市场及分级市场数据

2018年全国软式内窥镜类设备品牌保有率如表88所示。

表88   2018年全国软式内窥镜类设备品牌保有率

单位：%

序号	品牌名称	整体调研市场	三级医院	二级医院
1	奥林巴斯	82.2	83.0	81.7
2	富士胶片	10.8	10.5	11.1
3	宾得	6.1	5.7	6.7
4	其他	0.9	0.8	0.5

在全国软式内窥镜类设备市场中，国产品牌保有率为0.5%，进口品牌保有率为99.5%；在三级医院软式内窥镜类设备市场中，国产品牌保有率

为 0.3%，进口品牌保有率为 99.7%；在二级医院软式内窥镜类设备市场中，进口品牌保有率为 100.0%。其中，其他品牌包括澳华、艾克松、西安秦安机电、浙江优亿、雪力、铂立、开立医疗、卡尔史托斯，市场保有率较低。

2. 软式内窥镜类设备售后服务现状分析

（1）2018 年全国软式内窥镜类设备主要品牌售后服务满意度

全国软式内窥镜类设备品类售后服务满意度情况如表 89 所示。

表 89　2018 年软式内窥镜类设备主要品牌售后服务满意度

序号	品牌名称	整体调研市场	三级医院	二级医院
1	奥林巴斯	4.01	4.06	3.94
2	富士胶片	3.78	3.88	3.49
3	宾得	3.81	3.75	3.90

（2）2018 年全国软式内窥镜类设备主要品牌核心环节竞争力

在全国软式内窥镜类设备品类中，保有率不低于 1% 的品牌在设备使用及管理人员最关注的四个售后服务问题的情况如表 90 所示。

表 90　2018 年全国软式内窥镜类设备主要品牌核心环节竞争力

品牌	对产品可靠性的满意度	对工程师维修水平的满意度	对维修后返修情况的满意度	对产品易用性的满意度
奥林巴斯	4.59	4.25	4.22	4.58
富士胶片	4.26	3.94	3.88	4.17
宾得	4.19	4.00	3.86	4.24

（3）2018 年全国软式内窥镜类设备主要品牌六维综合满意度

在全国软式内窥镜类设备品类中，保有率不低于 1% 的品牌的六维综合售后服务满意度情况如表 91 所示。

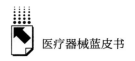

表91　2018 年全国软式内窥镜类设备主要品牌六维综合满意度

品牌	产品质量	维修质量	价格	效率	培训	服务态度
奥林巴斯	4.25	4.20	3.45	4.10	4.00	4.23
富士胶片	3.92	3.91	3.36	3.92	3.81	3.96
宾得	3.98	3.85	3.31	4.02	3.77	3.93

3. 软式内窥镜类设备维修保养服务情况分析

在 2018 年全国软式内窥镜类设备品类中，保有率不低于 1% 的品牌的维修保养服务情况如表 92 所示。

表92　2018 年全国软式内窥镜类设备主要品牌维保服务情况

单位：%

品牌名称	主要品牌维保履行率	先修后付款所占比例	主要品牌无间断服务情况
奥林巴斯	82.3	87.9	67.9
富士胶片	89.8	94.1	78.0
宾得	82.1	98.5	68.7

4. 软式内窥镜类设备采购推荐情况

在 2018 年全国软式内窥镜类设备品类中，保有率不低于 1% 的品牌的采购推荐情况如表 93 所示。

表93　2018 年全国软式内窥镜类设备主要品牌采购推荐情况

单位：%

品牌名称	净推荐率	意向复购率
奥林巴斯	47.6	94.8
富士胶片	12.5	83.7
宾得	19.4	75.0

5. 软式内窥镜类设备满意度和重要度分析

在 2018 年全国软式内窥镜类设备品类中，17 项指标的满意度和重要度四分如图 19 所示。

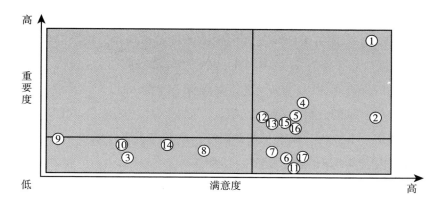

图 19　2018 年全国软式内窥镜类设备满意度和重要度四分

注：①～⑰指代见本书《我国医疗器械行业拥抱大数据新时代——医疗器械行业数据调研项目的进展及未来趋势》中的表 7。

由图 19 可见，在软式内窥镜类设备中，产品可靠性、易用性、基本维修资料开放程度、工程师维修水平、维修后返修、配件到货速度等指标重要度高，且满意度也高。

（六）硬式内窥镜类设备市场数据分析

1. 硬式内窥镜类设备整体市场及分级市场数据

2018 年全国硬式内窥镜类设备品牌保有率如表 94 所示。

表 94　2018 年全国硬式内窥镜类设备品牌保有率

单位：%

序号	品牌名称	整体调研市场	三级医院	二级医院
1	卡尔史托斯	36.0	39.5	24.3
2	奥林巴斯	26.3	24.2	34.6
3	史赛克	18.0	19.9	11.2
4	狼牌	7.7	5.6	15.0
5	沈大内窥镜	5.1	4.3	7.5
6	施乐辉	2.4	2.7	1.4
7	好克光电	1.2	0.8	1.4
8	其他	3.3	3.0	4.6

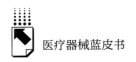

在全国硬式内窥镜类设备市场中，国产品牌保有率为7.0%，进口品牌保有率为93.0%；在三级医院硬式内窥镜类设备市场中，国产品牌保有率为5.6%，进口品牌保有率为94.4%；在二级医院硬式内窥镜类设备市场中，国产品牌保有率为10.7%，进口品牌保有率为89.3%。其中，其他品牌包括泰美科、贝朗、桐庐洲济、吉米、天松医疗、威莎普、JOIMAX、宾得、浙江优亿、艾克松、松下、荣泰医疗，市场保有率较低。

2. 硬式内窥镜类设备售后服务现状分析

（1）2018年全国硬式内窥镜类设备主要品牌售后服务满意度

全国硬式内窥镜类设备品类售后服务满意度情况如表95所示。

表95　2018年全国硬式内窥镜类设备主要品牌售后服务满意度

序号	品牌名称	整体调研市场	三级医院	二级医院
1	卡尔史托斯	4.29	4.26	4.18
2	奥林巴斯	4.02	4.16	3.82
3	史赛克	3.80	3.89	3.36
4	狼牌	3.98	4.07	3.86
5	沈大内窥镜	4.17	4.32	3.68
6	施乐辉	4.24	4.27	4.33
7	好克光电	4.54	4.35	4.66

（2）2018年全国硬式内窥镜类设备主要品牌核心环节竞争力

在全国硬式内窥镜类设备品类中，保有率不低于1%的品牌在设备使用及管理人员最关注的四个售后服务问题的情况如表96所示。

表96　2018年全国硬式内窥镜类设备主要品牌核心环节竞争力

品牌	对产品可靠性的满意度	对工程师维修水平的满意度	对维修后返修情况的满意度	对产品易用性的满意度
卡尔史托斯	4.74	4.49	4.36	4.72
奥林巴斯	4.46	4.24	4.13	4.32
史赛克	4.40	3.97	3.87	4.30
狼牌	4.41	4.14	4.06	4.52
沈大内窥镜	4.56	4.08	4.15	4.83
施乐辉	4.55	4.42	4.53	4.55
好克光电	5.00	4.57	4.75	4.75

（3）2018 年全国硬式内窥镜类设备主要品牌六维综合满意度

在全国硬式内窥镜类设备品类中，保有率不低于 1% 的品牌的六维综合售后服务满意度情况如表 97 所示。

表 97　2018 年全国硬式内窥镜类设备主要品牌六维综合满意度

品牌	产品质量	维修质量	价格	效率	培训	服务态度
卡尔史托斯	4.45	4.37	3.82	4.31	4.18	4.44
奥林巴斯	4.16	4.13	3.62	4.19	4.02	4.21
史赛克	4.04	3.84	3.26	3.97	3.76	4.05
狼牌	4.10	4.07	3.43	4.22	3.94	4.31
沈大内窥镜	4.33	4.20	3.49	4.63	4.01	4.65
施乐辉	4.38	4.29	3.55	4.35	4.48	4.59
好克光电	4.50	4.66	4.37	4.57	4.56	4.53

3. 硬式内窥镜类设备维修保养服务情况分析

在 2018 年全国硬式内窥镜类设备品类中，保有率不低于 1% 的品牌的维修保养服务情况如表 98 所示。

表 98　2018 年全国硬式内窥镜类设备主要品牌维保服务情况

单位：%

品牌名称	主要品牌维保履行率	先修后付款所占比例	主要品牌无间断服务情况
卡尔史托斯	89.5	88.4	79.1
奥林巴斯	85.3	85.7	81.5
史赛克	85.6	93.9	82.9
狼牌	75.6	88.5	62.8
沈大内窥镜	45.1	90.2	56.9
施乐辉	37.5	95.8	25.0
好克光电	83.3	100.0	83.3

4. 硬式内窥镜类设备采购推荐情况

在 2018 年全国硬式内窥镜类设备品类中，保有率不低于 1% 的品牌的采购推荐情况如表 99 所示。

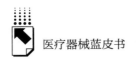

表 99　2018 年全国硬式内窥镜类设备主要品牌采购推荐情况

单位：%

品牌名称	净推荐率	意向复购率
卡尔史托斯	54.1	93.6
奥林巴斯	40.4	88.8
史赛克	37.7	86.8
狼牌	31.0	71.4
沈大内窥镜	60.0	90.0
施乐辉	54.5	72.7
好克光电	60.0	100.0

5. 硬式内窥镜类设备满意度和重要度分析

在 2018 年全国硬式内窥镜类设备品类中，17 项指标的满意度和重要度
四分如图 20 所示。

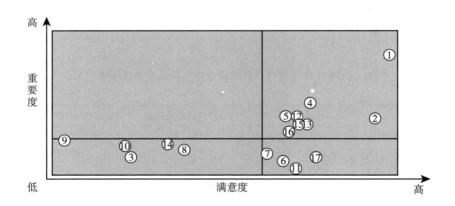

图 20　2018 年全国硬式内窥镜类设备满意度和重要度四分

注：①~⑰指代见本书《我国医疗器械行业拥抱大数据新时代——医疗器械行业数据
调研项目的进展及未来趋势》中的表7。

由图 20 可见，在硬式内窥镜类设备中，产品可靠性、易用性、基本维
修资料开放程度、工程师维修水平、维修后返修、配件到货速度等指标重要
度高，且满意度也高。

（七）麻醉类设备市场数据分析

1. 麻醉类设备整体市场及分级市场数据

2018 年全国麻醉类设备品牌保有率如表 100 所示。

表 100　2018 年全国麻醉类设备品牌保有率

单位：%

序号	品牌名称	整体调研市场	三级医院	二级医院
1	德尔格	44.0	47.5	34.3
2	GE	27.9	28.8	23.2
3	迈瑞	14.6	12.9	20.6
4	谊安医疗	4.2	2.6	8.6
5	德国海伦	2.8	3.6	0.2
6	百斯	1.5	1.6	1.3
7	蓝韵凯泰	1.1	0.3	4.0
8	晨伟	1.1	0.4	3.2
9	其他	2.8	2.3	4.6

在全国麻醉类设备市场中，国产品牌保有率为 22.2%，进口品牌保有率为 77.8%；在三级医院麻醉类设备市场中，国产品牌保有率为 16.8%，进口品牌保有率为 83.2%；在二级医院麻醉类设备市场中，国产品牌保有率为 39.2%，进口品牌保有率为 60.8%。其中，其他品牌包括皇家、攀龙、航天长峰、飞利浦、无锡中原、力新、太空、迈柯唯、哈美顿、科曼，市场保有率较低。

2. 麻醉类设备售后服务现状分析

（1）2018 年全国麻醉类设备主要品牌售后服务满意度

全国麻醉类设备品类售后服务满意度情况如表 101 所示。

表 101　2018 年全国麻醉类设备主要品牌售后服务满意度

序号	品牌名称	整体调研市场	三级医院	二级医院
1	德尔格	4.20	4.24	4.08
2	GE	4.26	4.37	3.98

序号	品牌名称	整体调研市场	三级医院	二级医院
3	迈瑞	4.33	4.43	4.17
4	谊安医疗	3.80	3.79	3.75
5	德国海伦	4.28	4.29	3.99
6	百斯	4.05	4.20	3.65
7	蓝韵凯泰	4.26	3.37	4.62
8	晨伟	3.97	3.99	3.96

（2）2018 年全国麻醉类设备主要品牌核心环节竞争力

在全国麻醉类设备品类中，保有率不低于 1% 的品牌在设备使用及管理人员最关注的四个售后服务问题的情况如表 102 所示。

表 102　2018 年全国麻醉类设备主要品牌核心环节竞争力

品牌	对产品可靠性的满意度	对工程师维修水平的满意度	对厂家工程师维修响应、到达现场、修复速度的满意度	对产品易用性的满意度
德尔格	4.69	4.43	4.31	4.65
GE	4.69	4.41	4.43	4.60
迈瑞	4.48	4.43	4.52	4.58
谊安医疗	4.03	3.92	3.88	4.18
德国海伦	4.35	4.52	4.50	4.57
百斯	4.30	3.96	4.45	4.51
蓝韵凯泰	4.34	4.49	4.49	4.41
晨伟	3.26	4.08	4.36	3.90

（3）2018 年全国麻醉类设备主要品牌六维综合满意度

在全国麻醉类设备品类中，保有率不低于 1% 的品牌的六维综合售后服务满意度情况如表 103 所示。

表 103　2018 年全国麻醉类设备主要品牌六维综合满意度

品牌	产品质量	维修质量	价格	效率	培训	服务态度
德尔格	4.34	4.30	3.81	4.34	4.05	4.43
GE	4.35	4.31	4.02	4.39	4.18	4.42

续表

品牌	产品质量	维修质量	价格	效率	培训	服务态度
迈瑞	4.37	4.35	4.08	4.46	4.29	4.45
谊安医疗	3.86	3.80	3.68	3.93	3.65	3.94
德国海伦	4.13	4.35	4.07	4.32	4.47	4.40
百斯	4.11	4.10	3.83	4.45	3.62	4.45
蓝韵凯泰	4.14	4.46	4.20	4.38	4.01	4.41
晨伟	3.31	4.03	3.79	4.48	4.01	4.72

3. 麻醉类设备维修保养服务情况分析

在 2018 年全国麻醉类设备品类中，保有率不低于 1% 的品牌的维修保养服务情况如表 104 所示。

表 104　2018 年全国麻醉类设备主要品牌维保服务情况

单位：%

品牌名称	主要品牌维保履行率	先修后付款所占比例	主要品牌无间断服务情况
德尔格	86.8	93.7	89.5
GE	89.2	94.6	78.3
迈瑞	87.9	94.0	90.6
谊安医疗	78.9	93.7	78.9
德国海伦	90.5	100.0	68.3
百斯	58.8	97.1	100.0
蓝韵凯泰	57.7	88.5	57.7
晨伟	83.3	91.7	45.8

4. 麻醉类设备采购推荐情况

在 2018 年全国麻醉类设备品类中，保有率不低于 1% 的品牌的采购推荐情况如表 105 所示。

表 105　2018 年全国麻醉类设备主要品牌采购推荐情况

单位：%

品牌名称	净推荐率	意向复购率
德尔格	52.4	93.9
GE	60.8	93.8

续表

品牌名称	净推荐率	意向复购率
迈瑞	56.2	95.9
谊安医疗	16.1	90.3
德国海伦	33.3	100.0
百斯	22.2	77.8
蓝韵凯泰	37.5	62.5
晨伟	0.0	42.9

5. 麻醉类设备满意度和重要度分析

在 2018 年全国麻醉类设备品类中，17 项指标的满意度和重要度四分如图 21 所示。

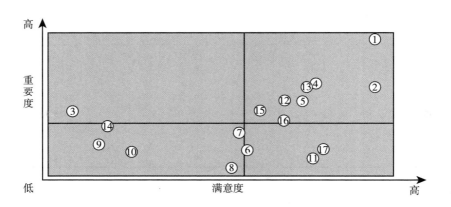

图 21　2018 年全国麻醉类设备满意度和重要度四分

注：①~⑰指代见本书《我国医疗器械行业拥抱大数据新时代——医疗器械行业数据调研项目的进展及未来趋势》中的表 7。

由图 21 可见，麻醉类设备中产品可靠性、易用性、基本维修资料开放程度、工程师维修水平、维修后返修情况、配件到货速度等指标重要度高，且满意度也高。

企业需要提高用户对基本维修资料开放程度的满意度。

（八）电刀、超声刀等医用刀类设备市场数据分析

1. 电刀、超声刀等医用刀类设备整体市场及分级市场数据

2018 年全国电刀、超声刀等医用刀类设备品牌保有率如表 106 所示。

表 106   2018 年全国电刀、超声刀等医用刀类设备品牌保有率

单位：%

序号	品牌名称	整体调研市场	三级医院	二级医院
1	美敦力	25.2	29.9	9.8
2	爱尔博	24.0	23.6	26.1
3	强生	14.9	15.9	11.6
4	上海沪通	14.4	12.0	22.1
5	延陵电子	5.2	5.3	4.9
6	康美	4.8	4.7	5.4
7	奥林巴斯	3.6	3.4	4.1
8	力新	1.5	1.7	1.0
9	贝林	1.5	0.5	4.1
10	越圣	1.1	1.5	—
11	康威	1.1	—	4.1
12	其他	2.8	1.5	6.8

在全国电刀、超声刀等医用刀类设备市场中，国产品牌保有率为 26.5%，进口品牌保有率为 73.5%；在三级医院电刀、超声刀等医用刀类设备市场中，国产品牌保有率为 22.1%，进口品牌保有率为 77.9%；在二级医院电刀、超声刀等医用刀类设备市场中，国产品牌保有率为 40.1%，进口品牌保有率为 59.9%。其中，其他品牌包括贝朗、玉华医疗、健马、上海交大南洋、美邦、博威、爱尔曼、飞利浦、中科科仪、马丁、优美高、萨顿、赛特力、马丁普美，市场保有率较低。

2. 电刀、超声刀等医用刀类设备售后服务现状分析

（1）2018 年全国电刀、超声刀等医用刀类设备主要品牌售后服务满意度

全国电刀、超声刀等医用刀类设备品类售后服务满意度情况如表 107 所示。

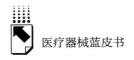

表107 2018年全国电刀、超声刀等医用刀类设备主要品牌售后服务满意度

序号	品牌名称	整体调研市场	三级医院	二级医院
1	美敦力	4.09	4.07	4.26
2	爱尔博	4.19	4.23	4.11
3	强生	4.10	4.16	3.92
4	上海沪通	4.24	4.38	4.05
5	延陵电子	4.19	4.28	3.95
6	康美	3.88	4.24	3.29
7	奥林巴斯	4.01	4.09	3.89
8	力新	4.52	4.56	4.35
9	贝林	3.57	3.03	3.72
10	越圣	3.44	3.44	—
11	康威	4.40	—	4.36

（2）2018年全国电刀、超声刀等医用刀类设备主要品牌核心环节竞争力

在全国电刀、超声刀等医用刀类设备品类中，保有率不低于1%的品牌在设备使用及管理人员最关注的四个售后服务问题的情况如表108所示。

表108 2018年全国电刀、超声刀等医用刀类设备主要品牌核心环节竞争力

品牌	对产品可靠性的满意度	对工程师维修水平的满意度	对厂家工程师维修响应、到达现场、修复速度的满意度	对产品易用性的满意度
美敦力	4.57	4.23	4.22	4.55
爱尔博	4.59	4.35	4.29	4.60
强生	4.66	4.22	4.25	4.50
上海沪通	4.57	4.37	4.03	4.54
延陵电子	4.52	4.18	4.19	4.52
康美	4.62	4.18	3.70	4.52
奥林巴斯	4.60	4.34	4.21	4.52
力新	4.81	4.71	4.48	4.81
贝林	3.19	3.47	4.03	3.57
越圣	3.78	3.18	3.29	4.22
康威	4.68	4.27	4.68	4.84

（3）2018年全国电刀、超声刀等医用刀类设备主要品牌六维综合满意度

全国电刀、超声刀等医用刀类设备品类中，保有率不低于1%的品牌的六维综合售后服务满意度情况如表109所示。

表109　2018年全国电刀、超声刀等医用刀类设备主要品牌六维综合满意度

品牌	产品质量	维修质量	价格	效率	培训	服务态度
美敦力	4.26	4.19	3.69	4.19	4.02	4.21
爱尔博	4.30	4.28	3.82	4.30	4.16	4.30
强生	4.26	4.10	3.76	4.31	3.99	4.23
上海沪通	4.38	4.28	4.11	4.19	4.16	4.36
延陵电子	4.32	4.12	4.09	4.35	4.08	4.23
康美	4.32	3.88	3.69	3.92	3.65	3.60
奥林巴斯	4.18	4.20	3.44	4.05	4.00	4.19
力新	4.63	4.48	4.27	4.65	4.54	4.57
贝林	3.31	3.50	3.65	4.05	3.38	3.55
越圣	3.73	3.44	3.25	3.64	3.06	3.51
康威	4.44	4.53	4.08	4.50	4.37	4.52

3. 电刀、超声刀等医用刀类设备维修保养服务情况分析

在2018年全国电刀、超声刀等医用刀类设备品类中，保有率不低于1%的品牌的维修保养服务情况如表110所示。

表110　2018年全国电刀、超声刀等医用刀类设备主要品牌服务情况

单位：%

品牌名称	主要品牌维保履行率	先修后付款所占比例	主要品牌无间断服务情况
美敦力	84.9	97.0	75.8
爱尔博	80.4	91.0	82.8
强生	84.2	92.7	78.6
上海沪通	80.2	96.9	69.6
延陵电子	90.2	97.6	45.1
康美	51.3	94.7	34.2
奥林巴斯	58.9	78.6	85.7
力新	45.8	100.0	95.8

续表

品牌名称	主要品牌维保履行率	先修后付款所占比例	主要品牌无间断服务情况
贝林	43.5	91.3	69.6
越圣	27.8	44.4	16.7
康威	52.9	94.1	58.8

4. 电刀、超声刀等医用刀类设备采购推荐情况

在 2018 年全国电刀、超声刀等医用刀类设备品类中，保有率不低于 1% 的品牌的采购推荐情况如表 111 所示。

表 111 2018 年全国电刀、超声刀等医用刀类设备主要品牌采购推荐情况

单位：%

品牌名称	净推荐率	意向复购率
美敦力	41.2	94.1
爱尔博	48.2	90.6
强生	46.9	86.4
上海沪通	47.2	91.7
延陵电子	47.1	94.1
康美	46.2	76.9
奥林巴斯	52.2	69.6
力新	100.0	100.0
贝林	−11.1	55.6
越圣	0.0	25.0
康威	40.0	80.0

5. 电刀、超声刀等医用刀类设备满意度和重要度分析

在 2018 年全国电刀、超声刀等医用刀类设备品类中，17 项指标的满意度和重要度四分如图 22 所示。

由图 22 可见，在电刀、超声刀等医用刀类设备中，产品可靠性、易用性、基本维修资料开放程度、工程师维修水平、维修后返修情况、配件到货速度等指标重要度高，且满意度也高。

企业需要提高用户对基本维修资料开放程度的满意度。

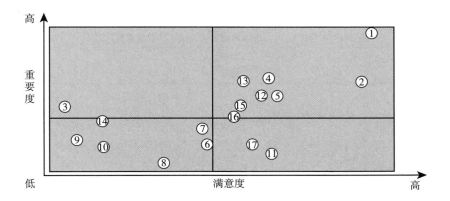

图 22　2018 年全国电刀、超声刀等医用刀类设备满意度和重要度四分

注：图中①～⑰指代见本书《我国医疗器械行业拥抱大数据新时代——医疗器械行业数据调研项目的进展及未来趋势》中的表 7。

（九）灯床塔等手术室设备市场数据分析

1. 灯床塔等手术室设备整体市场及分级市场数据

2018 年全国灯床塔等手术室设备品牌保有率如表 112 所示。

表 112　2018 年全国灯床塔等手术室设备品牌保有率

单位：%

序号	品牌名称	整体调研市场	三级医院	二级医院
1	德尔格	23.9	28.4	6.0
2	迈瑞	12.1	11.6	14.3
3	太阳龙医疗	11.1	11.6	9.3
4	明基三丰	10.1	11.5	4.3
5	美迪兰	8.7	6.0	20.0
6	迈柯唯	7.2	7.6	5.7
7	力新	4.5	1.8	14.6
8	浙江太丰	3.1	3.9	—
9	谊安医疗	2.7	2.2	5.1
10	百合医疗	2.3	2.9	—
11	美国医用照明	2.2	2.5	0.9
12	上海应成	2.1	2.4	1.0
13	上海医疗器械厂有限公司	1.5	0.6	5.1

续表

序号	品牌名称	整体调研市场	三级医院	二级医院
14	美格尔	1.5	1.8	—
15	其他	6.9	5.2	13.7

在全国灯床塔等手术室设备类市场中，国产品牌保有率为62.0%，进口品牌保有率为38.0%；在三级医院灯床塔等手术室设备类市场中，国产品牌保有率为56.2%，进口品牌保有率为43.8%；在二级医院灯床塔等手术室设备类市场中，国产品牌保有率为85.1%，进口品牌保有率为14.9%。其中，其他品牌包括马丁普美、思泰瑞、南通医疗、创孚、荣顺、铭泰、蓝韵凯泰、雅科美德、仙居药城、上海健医、新华医疗、八乐梦、MIZUHO、和尔适、GE、贺利氏、上海益生、山东盛德、肯莎维，市场保有率较低。

2. 灯床塔等手术室设备类设备售后服务现状分析

（1）2018年全国灯床塔等手术室设备主要品牌售后服务满意度

全国灯床塔等手术室设备品类售后服务满意度情况如表113所示。

表113　2018年全国灯床塔等手术室设备主要品牌售后服务满意度

序号	品牌名称	整体调研市场	三级医院	二级医院
1	德尔格	4.30	4.27	4.56
2	迈瑞	4.16	4.20	4.03
3	太阳龙医疗	4.32	4.28	4.45
4	明基三丰	4.08	4.10	3.95
5	美迪兰	4.21	4.04	4.45
6	迈柯唯	3.95	3.82	4.78
7	力新	4.22	3.95	4.39
8	浙江太丰	2.84	2.84	—
9	谊安医疗	3.32	2.39	4.21
10	百合医疗	4.50	4.50	—
11	美国医用照明	4.12	4.12	4.07
12	上海应成	4.10	4.11	4.08
13	上海医疗器械厂有限公司	3.58	4.03	3.34
14	美格尔	4.18	4.18	—

（2）2018 年全国灯床塔等手术室设备主要品牌核心环节竞争力

在全国灯床塔等手术室设备品类中，保有率不低于 1% 的品牌设备使用及管理人员最关注的四个售后服务问题的情况如表 114 所示。

表 114　2018 年全国灯床塔等手术室设备主要品牌核心环节竞争力

品牌	对产品可靠性的满意度	对工程师维修水平的满意度	对厂家工程师维修响应、到达现场、修复速度的满意度	对产品易用性的满意度
德尔格	4.61	4.44	4.30	4.77
迈瑞	4.35	4.27	4.24	4.39
太阳龙医疗	4.58	4.38	4.40	4.68
明基三丰	4.59	4.27	3.90	4.52
美迪兰	4.42	4.17	4.19	4.54
迈柯唯	4.61	4.21	4.16	4.69
力新	4.42	4.44	4.37	4.39
浙江太丰	4.00	3.00	3.00	4.00
谊安医疗	3.75	3.75	3.14	3.93
百合医疗	4.78	4.83	4.61	4.83
美国医用照明	4.65	4.30	4.30	4.45
上海应成	4.72	3.74	4.57	4.72
上海医疗器械厂有限公司	3.89	3.86	3.49	4.04
美格尔	4.00	4.00	4.00	4.00

（3）2018 年全国灯床塔等手术室设备主要品牌六维综合满意度

在全国灯床塔等手术室设备品类中，保有率不低于 1% 的品牌的六维综合售后服务满意度情况如表 115 所示（按照整体保有率顺序展示）。

表 115　2018 年全国灯床塔等手术室设备主要品牌六维综合满意度

品牌	产品质量	维修质量	价格	效率	培训	服务态度
德尔格	4.46	4.38	4.06	4.32	4.19	4.44
迈瑞	4.23	4.23	3.81	4.24	4.15	4.47
太阳龙医疗	4.49	4.32	4.11	4.40	4.24	4.34
明基三丰	4.30	4.18	3.78	4.06	3.98	4.18
美迪兰	4.31	4.20	4.12	4.16	4.22	4.29
迈柯唯	4.37	3.86	3.56	4.21	3.65	4.17
力新	4.17	4.17	4.04	4.38	4.28	4.51
浙江太丰	3.37	3.00	2.00	3.00	2.67	3.00

续表

品牌	产品质量	维修质量	价格	效率	培训	服务态度
谊安医疗	3.55	3.33	3.14	3.27	3.15	3.73
百合医疗	4.53	4.63	4.50	4.61	4.16	4.61
美国医用照明	4.24	4.20	3.89	4.17	4.07	4.01
上海应成	4.26	3.83	3.95	4.47	3.96	4.42
上海医疗器械厂有限公司	3.78	3.64	3.33	3.58	3.49	3.67
美格尔	4.00	4.25	4.00	4.00	4.67	4.00

3. 灯床塔等手术室设备维修保养服务情况分析

在 2018 年全国灯床塔等手术室设备品类中，保有率不低于 1% 的品牌的维修保养服务情况如表 116 所示。

表 116　2018 年全国灯床塔等手术室设备主要品牌维保服务情况

单位：%

品牌名称	主要品牌维保履行率	先修后付款所占比例	主要品牌无间断服务情况
德尔格	80.3	98.5	80.3
迈瑞	92.2	99.8	65.6
太阳龙医疗	67.3	100.0	74.7
明基三丰	61.0	94.4	92.4
美迪兰	84.1	90.2	75.0
迈柯唯	87.7	91.8	89.3
力新	94.1	94.1	86.2
浙江太丰	100.0	100.0	100.0
谊安医疗	32.3	100.0	35.5
百合医疗	74.4	100.0	70.5
美国医用照明	100.0	100.0	28.0
上海应成	63.4	90.1	100.0
上海医疗器械厂有限公司	35.3	72.5	29.4
美格尔	100.0	100.0	100.0

4. 灯床塔等手术室设备采购推荐情况

在 2018 年全国灯床塔等手术室设备品类中，保有率不低于 1% 的品牌的采购推荐情况如表 117 所示。

表 117　2018 年全国灯床塔等手术室设备主要品牌采购推荐情况

单位：%

品牌名称	净推荐率	意向复购率
德尔格	59.5	88.1
迈瑞	40.6	96.9
太阳龙医疗	61.5	100.0
明基三丰	36.7	90.0
美迪兰	22.2	74.1
迈柯唯	41.7	75.0
力新	7.1	78.6
浙江太丰	0.0	100.0
谊安医疗	20.0	80.0
百合医疗	71.4	100.0
美国医用照明	0.0	80.0
上海应成	66.7	100.0
上海医疗器械厂有限公司	9.1	63.6
美格尔	0.0	100.0

5.灯床塔等手术室设备满意度和重要度分析

在 2018 年全国灯床塔等手术室设备类设备品类中，17 项指标的满意度和重要度四分如图 23 所示。

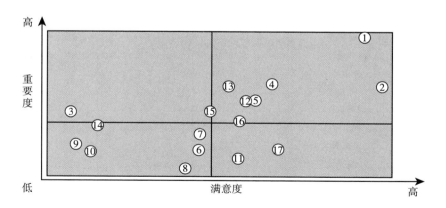

图 23　2018 年全国灯床塔等手术室设备满意度和重要度四分

注：①～⑰指代见本书《我国医疗器械行业拥抱大数据新时代——医疗器械行业数据调研项目的进展及未来趋势》中的表 7。

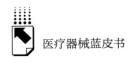

由图 23 可见，在灯床塔等手术室设备中，产品可靠性、易用性、工程师维修水平、维修后返修、配件到货速度及对厂家工程师维修响应、到达现场、修复速度、合同规定的培训条款履约情况重要度高，且满意度也高。

企业需要提高用户对基本维修资料的开放程度，对临床使用培训的满意度。

（十）医用激光类设备市场数据分析

1. 医用激光类设备整体市场及分级市场数据

2018 年全国医用激光类设备品牌保有率如表 118 所示。

表 118　2018 年全国医用激光类设备品牌保有率

单位：%

序号	品牌名称	整体调研市场	三级医院	二级医院
1	科医人	37.8	39.5	32.8
2	雷意	8.7	11.2	—
3	赛诺秀	7.4	8.6	3.1
4	曼迪森	7.0	9.0	—
5	飞顿	6.7	6.9	6.3
6	大族激光	5.4	4.3	9.4
7	奇致激光	5.0	4.3	7.8
8	爱科凯能	3.3	2.6	4.7
9	科英激光	3.0	0.9	9.4
10	金莱特	2.3	3.0	—
11	上海市激光技术研究所	1.3	1.3	1.6
12	大华激光	1.3	—	6.3
13	威孚莱	1.3	1.3	1.6
14	坎德拉	1.3	0.9	3.1
15	法国光太	1.0	0.9	1.6
16	蔡司	1.0	—	4.7
17	其他	6.2	5.3	7.6

在全国医用激光类设备市场中，国产品牌保有率为 41.8%，进口品牌保有率为 57.9%，合资品牌保有率为 0.3%；在三级医院医用激光类设备市

场中，国产品牌保有率为 40.8%，进口品牌保有率为 59.2%；在二级医院医用激光类设备市场中，国产品牌保有率为 43.8%，进口品牌保有率为 54.7%，合资品牌保有率为 1.6%。其中，其他品牌包括瑞柯恩、普东医疗、吉斯迪、武汉阳光、嘉定光电、赫尔兹、上海晟昶光电技术有限公司、欧洲之星激光、长春佳技、美国雷赛科技、合肥广安、京渝激光、英国 RI、华工激光、合肥泓博、汉密尔顿，市场保有率较低。

2. 医用激光类设备售后服务现状分析

（1）2018 年全国医用激光类设备主要品牌售后服务满意度

全国医用激光类设备品类售后服务满意度情况如表 119 所示。

表 119　2018 年全国医用激光类设备主要品牌售后服务满意度

序号	品牌名称	整体调研市场	三级医院	二级医院
1	科医人	4.08	4.15	3.84
2	雷意	4.90	4.90	—
3	赛诺秀	4.07	4.14	3.50
4	曼迪森	4.28	4.28	—
5	飞顿	4.15	4.11	4.23
6	大族激光	3.72	3.67	3.79
7	奇致激光	3.90	3.85	4.03
8	爱科凯能	4.02	4.44	2.55
9	科英激光	4.37	4.00	4.34
10	金莱特	5.00	5.00	—
11	上海市激光技术研究所	3.52	3.13	4.46
12	大华激光	4.68	—	4.68
13	威孚莱	4.17	4.67	2.97
14	坎德拉	3.88	4.52	3.42
15	法国光太	4.96	4.93	5.00
16	蔡司	3.15	—	3.15

（2）2018 年全国医用激光类设备主要品牌核心环节竞争力

在全国医用激光类设备品类中，保有率不低于 1% 的品牌设备使用及管理人员最关注的四个售后服务问题的情况如表 120 所示。

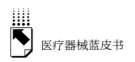
表120　2018年全国医用激光类设备主要品牌核心环节竞争力

品牌	对产品可靠性的满意度	对工程师维修水平的满意度	对厂家工程师维修响应、到达现场、修复速度的满意度	对产品易用性的满意度
科医人	4.49	4.14	4.28	4.41
雷意	5.00	5.00	4.83	5.00
赛诺秀	4.61	4.45	4.33	4.42
曼迪森	4.28	4.28	3.94	4.66
飞顿	4.62	4.32	4.52	4.62
大族激光	4.00	3.93	3.73	4.00
奇致激光	4.09	4.16	4.12	4.19
爱科凯能	4.12	4.23	4.42	4.23
科英激光	4.26	4.44	4.38	4.51
金莱特	5.00	5.00	5.00	5.00
上海市激光技术研究所	4.29	3.88	2.76	4.59
大华激光	4.63	4.50	4.88	4.88
威孚莱	5.00	4.41	4.12	5.00
坎德拉	4.71	3.71	3.29	4.41
法国光太	4.41	5.00	5.00	5.00
蔡司	3.83	3.41	3.24	3.24

（3）2018年全国医用激光类设备主要品牌六维综合满意度

在全国医用激光类设备品类中，保有率不低于1%的品牌的六维综合售后服务满意度情况如表121所示。

表121　2018年全国医用激光类设备主要品牌六维综合满意度

品牌	产品质量	维修质量	价格	效率	培训	服务态度
科医人	4.17	4.15	3.56	4.30	4.07	4.35
雷意	4.89	4.92	4.83	4.94	4.89	5.00
赛诺秀	4.09	4.22	3.34	4.46	4.13	4.23
曼迪森	4.18	4.29	4.36	4.35	4.11	4.66
飞顿	4.18	4.13	3.63	4.42	4.28	4.34
大族激光	3.81	3.64	3.55	3.87	3.64	4.00
奇致激光	3.99	4.11	3.36	4.03	3.80	4.19
爱科凯能	3.71	4.27	3.99	4.29	3.59	4.53
科英激光	4.20	4.49	3.98	4.54	4.43	4.82
金莱特	5.00	5.00	5.00	5.00	5.00	5.00

品牌	产品质量	维修质量	价格	效率	培训	服务态度
上海市激光 技术研究所	3.98	3.34	3.78	3.29	3.23	3.59
大华激光	4.67	4.65	4.62	4.71	4.71	4.88
威孚莱	4.54	4.35	3.83	3.93	4.02	4.41
坎德拉	4.07	3.77	3.74	3.83	3.93	4.12
法国光太	4.79	5.00	5.00	5.00	5.00	5.00
蔡司	3.00	3.76	2.59	3.11	3.04	3.24

3. 医用激光类设备维修保养服务情况分析

在 2018 年全国医用激光类设备品类中，保有率不低于 1% 的品牌的维修保养服务情况如表 122 所示。

表 122 2018 年全国医用激光类设备主要品牌维保服务情况

单位：%

品牌名称	主要品牌 维保履行率	先修后付款 所占比例	主要品牌 无间断服务情况
科医人	90.3	92.0	82.3
雷意	100.0	100.0	96.2
赛诺秀	86.4	95.5	81.8
曼迪森	76.2	100.0	81.0
飞顿	85.0	90.0	70.0
大族激光	81.3	75.0	62.5
奇致激光	93.3	80.0	73.3
爱科凯能	70.0	90.0	90.0
科英激光	77.8	77.8	55.6
金莱特	100.0	100.0	100.0
上海市激光技术研究所	50.0	50.0	100.0
大华激光	75.0	100.0	100.0
威孚莱	75.0	75.0	50.0
坎德拉	50.0	100.0	100.0
法国光太	100.0	100.0	100.0
蔡司	100.0	100.0	100.0

4. 医用激光类设备采购推荐情况

在 2018 年全国医用激光类设备品类中，保有率不低于 1% 的品牌的采购推荐情况如表 123 所示。

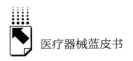

表123   2018年全国医用激光类设备主要品牌采购推荐情况

单位：%

品牌名称	净推荐率	意向复购率
科医人	39.7	86.3
雷意	100.0	86.3
赛诺秀	27.3	100.0
曼迪森	25.0	90.9
飞顿	30.0	75.0
大族激光	7.7	80.0
奇致激光	25.0	69.2
爱科凯能	44.4	87.5
科英激光	42.9	66.7
金莱特	100.0	85.7
上海市激光技术研究所	33.3	100.0
大华激光	60.0	100.0
威孚莱	33.3	100.0
坎德拉	66.7	66.7
法国光太	100.0	100.0
蔡司	0.0	100.0

5. 医用激光类设备满意度和重要度分析

在2018年全国医用激光类设备品类中，17项指标的满意度和重要度四分如图24所示。

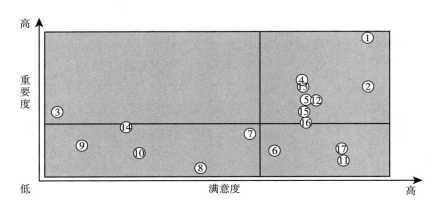

图24   2018年全国医用激光类设备满意度和重要度四分

注：①～⑰指代见本书《我国医疗器械行业拥抱大数据新时代——医疗器械行业数据调研项目的进展及未来趋势》中的表7。

由图 24 可见，在医用激光类设备中，产品可靠性、易用性、基本维修资料开放程度、工程师维修水平、维修后返修情况、配件到货速度等指标重要度高，且满意度也高。

企业需要提高用户对基本维修资料开放程度满意度。

（十一）供应室及手术室消毒类设备市场数据分析

1. 供应室及手术室消毒类设备整体市场及分级市场数据

2018 年全国供应室及手术室消毒类设备品牌保有率如表 124 所示。

表 124　2018 年全国供应室及手术室消毒类设备品牌保有率

单位：%

序号	品牌名称	整体调研市场	三级医院	二级医院
1	新华医疗	56.5	57.7	54.5
2	老肯	8.1	4.2	14.2
3	洁定	8.1	11.5	—
4	白象	6.2	7.1	4.3
5	强生	4.7	6.3	1.2
6	成都天田	3.9	—	14.5
7	倍力曼	2.4	2.5	2.3
8	千樱医疗	2.1	2.2	2.0
9	江汉医疗	1.4	1.2	2.0
10	3M	1.4	2.0	—
11	其他	5.0	3.3	5.0

在全国供应室及手术室消毒类设备市场中，国产品牌保有率为 79.1%，进口品牌保有率为 18.8%，合资品牌保有率为 2.1%；在三级医院供应室及手术室消毒类设备市场中，国产品牌保有率为 73.2%，进口品牌保有率为 24.6%，合资品牌保有率为 2.2%；在二级医院供应室及手术室消毒类设备市场中，国产品牌保有率为 92.8%，进口品牌保有率为 5.2%，合资品牌保有率为 2.0%。其中，其他品牌包括思泰瑞、凯斯普、日本樱花、肯格王、佩洁尔、美莱格、巨光、杭州三源、射洪通用、赛康，市场保有率较低。

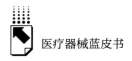
2. 供应室及手术室消毒类设备售后服务现状分析

（1）2018 年全国供应室及手术室消毒类设备主要品牌售后服务满意度

全国供应室及手术室消毒类设备品类售后服务满意度情况如表 125 所示。

表 125　2018 年全国供应室及手术室消毒类设备主要品牌售后服务满意度

序号	品牌名称	整体调研市场	三级医院	二级医院
1	新华医疗	4.20	4.25	4.11
2	老肯	4.05	4.21	4.04
3	洁定	4.22	4.22	—
4	白象	3.87	4.35	2.92
5	强生	4.13	4.13	4.14
6	成都天田	4.84	—	4.84
7	倍力曼	4.16	4.34	3.81
8	千樱医疗	3.50	3.66	3.17
9	江汉医疗	3.85	4.87	2.62
10	3M	4.34	4.34	—

（2）2018 年全国供应室及手术室消毒类设备主要品牌核心环节竞争力

在全国供应室及手术室消毒类设备品类中，保有率不低于 1% 的品牌设备使用及管理人员最关注的四个售后服务问题的情况如表 126 所示。

表 126　2018 年全国供应室及手术室消毒类设备主要品牌核心环节竞争力

品牌	对产品可靠性的满意度	对工程师维修水平的满意度	对厂家工程师维修响应、到达现场、修复速度的满意度	对产品易用性的满意度
新华医疗	4.32	4.23	4.22	4.43
老肯	4.22	4.13	4.07	4.41
洁定	4.45	4.43	4.59	4.47
白象	3.76	3.96	3.99	4.05
强生	4.54	4.30	4.40	4.45
成都天田	5.00	5.00	5.00	5.00
倍力曼	4.60	4.58	4.18	4.72
千樱医疗	3.55	3.48	3.21	3.51
江汉医疗	3.95	3.85	3.87	4.06
3M	4.92	4.76	4.74	4.79

（3）2018 年全国供应室及手术室消毒类设备主要品牌六维综合满意度

在全国供应室及手术室消毒类设备品类中，保有率不低于 1% 的品牌的六维综合售后服务满意度情况如表 127 所示。

表 127　2018 年全国供应室及手术室消毒类设备主要品牌六维综合满意度

品牌	产品质量	维修质量	价格	效率	培训	服务态度
新华医疗	4.25	4.20	4.12	4.24	4.10	4.36
老肯	4.07	4.02	3.72	4.24	4.11	4.38
洁定	4.28	4.32	3.68	4.52	4.09	4.59
白象	3.85	3.87	3.77	3.99	3.86	3.95
强生	4.14	4.33	3.47	4.29	4.23	4.44
成都天田	4.79	4.51	5.00	5.00	5.00	5.00
倍力曼	4.59	4.32	3.17	4.28	4.24	4.31
千樱医疗	3.45	3.60	3.35	3.52	3.51	3.58
江汉医疗	3.84	3.75	3.78	3.90	3.95	3.95
3M	4.52	4.66	3.47	4.53	4.29	4.58

3. 供应室及手术室消毒类设备维修保养服务情况分析

在 2018 年全国供应室及手术室消毒类设备品类中，保有率不低于 1% 的品牌的维修保养服务情况如表 128 所示。

表 128　2018 年全国供应室及手术室消毒类设备主要品牌维修保养服务情况

单位：%

品牌名称	主要品牌维保履行率	先修后付款所占比例	主要品牌无间断服务情况
新华医疗	90.0	96.7	91.6
老肯	62.1	57.3	44.7
洁定	92.2	100.0	97.1
白象	88.6	97.5	88.6
强生	95.0	90.0	91.7
成都天田	80.0	100.0	80.0
倍力曼	100.0	86.7	96.7
千樱医疗	55.6	92.6	92.6
江汉医疗	83.3	100.0	50.0
3M	100.0	77.8	100.0

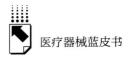
4. 供应室及手术室消毒类设备采购推荐情况

在 2018 年全国供应室及手术室消毒类设备品类中，保有率不低于 1% 的品牌的采购推荐情况如表 129 所示。

表 129　2018 年全国供应室及手术室消毒类设备主要品牌采购推荐情况

单位：%

品牌名称	净推荐率	意向复购率
新华医疗	51.7	91.8
老肯	8.3	66.7
洁定	32.0	84.0
白象	0.0	54.2
强生	54.5	90.9
成都天田	100.0	50.0
倍力曼	28.6	85.7
千樱医疗	−7.1	42.9
江汉医疗	20.0	60.0
3M	63.6	100.0

5. 供应室及手术室消毒类设备满意度和重要度分析

在 2018 年全国供应室及手术室消毒类设备品类中，17 项指标的满意度和重要度四分如图 25 所示。

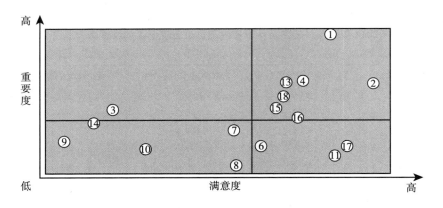

图 25　2018 年全国供应室及手术室消毒类设备满意度和重要度四分

注：①~⑰指代见本书《我国医疗器械行业拥抱大数据新时代——医疗器械行业数据调研项目的进展及未来趋势》中的表 7。

由图 25 可见，在供应室及手术室消毒类设备中，产品可靠性、易用性、基本维修资料开放程度、工程师维修水平、维修后返修情况、配件到货速度等指标重要度高，且满意度也高。

企业需要提高用户对基本维修资料开放程度的满意度。

（十二） 检验室设备类市场数据分析

1. 检验室设备类整体市场及分级市场数据

2018 年全国检验室设备类品牌保有率见表 130。

表 130　2018 年全国检验室设备类品牌保有率

单位：%

序号	品牌名称	整体调研市场	三级医院	二级医院
1	希森美康	23.5	24.3	25.1
2	迈瑞	13.2	9.1	21.5
3	罗氏	11.9	13.8	7.6
4	贝克曼库尔特	11.5	11.4	10.9
5	雅培	7.0	7.9	6.5
6	奥林巴斯	5.2	7.0	2.2
7	北京白洋医疗	5.2	7.6	1.1
8	日立	5.1	4.0	7.6
9	西门子	2.9	3.2	2.5
10	赛默飞世尔	2.7	0.8	—
11	优利特	1.6	0.7	4.0
12	雷杜	1.3	1.5	1.1
13	其他	8.8	8.7	9.9

在全国检验室设备类市场中，国产品牌保有率为 26.0%，进口品牌保有率为 74.0%；在三级医院检验室设备类市场中，国产品牌保有率为 23.3%，进口品牌保有率为 76.7%；在二级医院检验室设备类市场中，国产品牌保有率为 33.1%，进口品牌保有率为 66.9%。其中，其他品牌包括迪瑞、赛科希德、BD、强生、北京博晖创新生物技术股份有限公司、佳能、东曹、梅里埃、科华生物、光电、新华医疗、威士达、索灵、科宝、GEM、

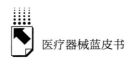

思达高、深圳市亚辉龙生物科技股份有限公司、艾本德、Sebia、Boditech、新产业生物、上海讯达、上海北昂医疗技术有限公司、康立、MD、爱康、珠海赛乐奇、帝肯、爱威，市场保有率较低。

2. 检验室设备类售后服务现状分析

（1）2018 年全国检验室设备类主要品牌售后服务满意度

全国检验室设备类售后服务满意度情况如表 131 所示。

表 131 2018 年全国检验室设备类主要品牌售后服务满意度

序号	品牌名称	整体调研市场	三级医院	二级医院
1	希森美康	4.15	4.13	4.13
2	迈瑞	4.35	4.48	4.25
3	罗氏	4.31	4.48	4.16
4	贝克曼库尔特	4.18	4.36	3.87
5	雅培	4.11	4.22	3.88
6	奥林巴斯	4.14	4.16	4.08
7	北京白洋医疗	4.52	4.52	4.58
8	日立	4.20	4.34	4.11
9	西门子	4.08	3.94	4.63
10	赛默飞世尔	4.00	4.40	——
11	优利特	3.90	3.89	3.90
12	雷杜	4.44	4.38	4.55

（2）2018 年全国检验室设备类主要品牌核心环节竞争力

在全国检验室设备类中，保有率不低于 1%的品牌设备使用及管理人员最关注的四个售后服务问题的情况如表 132 所示。

表 132 2018 年全国检验室设备类主要品牌核心环节竞争力

品牌	对产品可靠性的满意度	对工程师维修水平的满意度	对厂家工程师维修响应、到达现场、修复速度的满意度	对临床使用培训的满意度
希森美康	4.63	4.30	4.30	4.26
迈瑞	4.53	4.43	4.55	4.44
罗氏	4.80	4.57	4.47	4.44
贝克曼库尔特	4.50	4.32	4.38	4.23

品牌	对产品可靠性的满意度	对工程师维修水平的满意度	对厂家工程师维修响应、到达现场、修复速度的满意度	对临床使用培训的满意度
雅培	4.52	4.30	4.40	4.25
奥林巴斯	4.40	4.41	4.33	4.32
北京白洋医疗	4.73	4.66	4.60	4.50
日立	4.62	4.50	4.38	4.38
西门子	4.44	4.02	4.41	4.31
赛默飞世尔	5.00	4.33	4.33	4.21
优利特	4.41	4.21	4.10	4.07
雷杜	4.70	4.85	4.51	4.85

（3）2018 年全国检验室设备类主要品牌六维综合满意度

在全国检验室设备类中，保有率不低于 1% 的品牌的六维综合售后服务满意度情况如表 133 所示。

表 133　2018 年全国检验室设备类主要品牌六维综合满意度

品牌	产品质量	维修质量	价格	效率	培训	服务态度
希森美康	4.26	4.21	3.80	4.32	4.06	4.31
迈瑞	4.35	4.43	4.16	4.46	4.26	4.52
罗氏	4.35	4.47	3.92	4.44	4.24	4.50
贝克曼库尔特	4.25	4.26	3.85	4.30	4.13	4.43
雅培	4.18	4.19	3.68	4.37	4.00	4.41
奥林巴斯	4.15	4.30	3.84	4.21	4.07	4.36
北京白洋医疗	4.45	4.54	4.73	4.53	4.22	5.00
日立	4.14	4.33	3.89	4.37	4.17	4.37
西门子	3.98	4.10	3.88	4.37	3.94	4.43
赛默飞世尔	4.49	4.20	3.32	4.33	3.39	4.45
优利特	3.96	3.80	3.97	4.19	3.59	3.90
雷杜	4.31	4.53	4.59	4.51	4.22	4.51

3. 检验室设备类维修保养服务情况分析

在 2018 年全国检验室设备类中，保有率不低于 1% 的品牌的维修保养服务情况如表 134 所示。

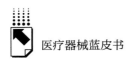

表 134　2018 年全国检验室设备类主要品牌维修保养服务情况

单位：%

品牌名称	主要品牌维保履行率	先修后付款所占比例	主要品牌无间断服务情况
希森美康	95.9	94.0	89.4
迈瑞	87.7	99.2	93.4
罗氏	92.7	90.0	90.0
贝克曼库尔特	86.8	84.9	81.1
雅培	98.5	90.8	93.8
奥林巴斯	100.0	93.8	100.0
北京白洋医疗	87.5	87.5	50.0
日立	91.5	100.0	95.7
西门子	96.3	85.2	96.3
赛默飞世尔	20.0	20.0	8.0
优利特	53.3	100.0	80.0
雷杜	83.3	100.0	83.3

4. 检验室设备类采购推荐情况

在 2018 年全国检验室设备类中，保有率不低于 1% 的品牌的采购推荐情况如表 135 所示。

表 135　2018 年全国检验室设备类主要品牌采购推荐情况

单位：%

品牌名称	净推荐率	意向复购率
希森美康	50.0	91.2
迈瑞	59.1	97.7
罗氏	44.1	88.2
贝克曼库尔特	53.5	93.2
雅培	45.5	86.4
奥林巴斯	40.9	95.5
北京白洋医疗	77.8	100.0
日立	42.9	88.6
西门子	42.9	85.7
赛默飞世尔	100.0	100.0
优利特	42.9	100.0
雷杜	50.0	75.0

5. 检验室设备类满意度和重要度分析

在 2018 年全国检验室设备类中，17 项指标的满意度和重要度四分如图 26 所示。

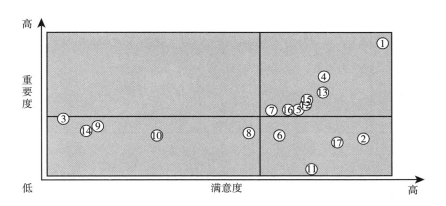

图 26　2018 年全国检验室设备类满意度和重要度四分

注：①～⑰指代见本书《我国医疗器械行业拥抱大数据新时代——医疗器械行业数据调研项目的进展及未来趋势》中的表 7。

由图 26 可见，在检验室设备类中，产品可靠性、工程师维修水平、维修后返修、维修后厂家提供的设备检定或检测服务、配件到货速度、厂家工程师维修响应、到达现场、修复速度、临床使用培训、合同规定的培训条款履约情况的重要度高，且满意度也高。

（十三）病理类设备市场数据分析

1. 病理类设备整体市场及分级市场数据

2018 年全国病理类设备品牌保有率见表 136。

表 136　2018 年全国病理类设备品牌保有率

单位：%

序号	品牌名称	整体调研市场	三级医院	二级医院
1	徕卡	59.3	61.7	52.7
2	奥林巴斯	12.8	14.1	6.3

续表

序号	品牌名称	整体调研市场	三级医院	二级医院
3	赛默飞世尔	6.0	5.5	7.1
4	孝感亚光	5.8	3.0	16.1
5	日本樱花	4.3	4.8	2.7
6	中威医疗	2.9	2.5	4.5
7	罗氏	2.1	2.8	—
8	尼康	2.1	2.3	1.8
9	蔡司	1.8	2.0	0.9
10	泰维	1.4	0.5	4.5
11	其他	1.4	0.8	3.4

在全国病理类设备市场中，国产品牌保有率为11.3%，进口品牌保有率为88.7%；在三级医院病理类设备市场中，国产品牌保有率为6.5%，进口品牌保有率为93.5%；在二级医院病理类设备市场中，国产品牌保有率为28.6%，进口品牌保有率为71.4%。其中，其他品牌包括誉德、美康生物、豪洛捷，市场保有率较低。

2. 病理类设备售后服务现状分析

（1）2018年病理类设备主要品牌售后服务满意度

全国病理类设备品类售后服务满意度情况如表137所示。

表137　2018年全国病理类设备主要品牌售后服务满意度

序号	品牌名称	整体调研市场	三级医院	二级医院
1	徕卡	4.19	4.19	4.16
2	奥林巴斯	4.33	4.45	3.53
3	赛默飞世尔	3.97	3.95	3.86
4	孝感亚光	3.78	3.94	3.65
5	日本樱花	4.55	4.54	4.63
6	中威医疗	4.33	4.08	5.00
7	罗氏	4.01	4.01	—
8	尼康	3.85	3.59	4.50
9	蔡司	4.00	4.07	3.77
10	泰维	3.09	3.13	3.07

（2）2018 年全国病理类设备主要品牌核心环节竞争力

在全国病理类设备品类中，保有率不低于 1% 的品牌设备使用及管理人员最关注的四个售后服务问题的情况如表 138 所示。

表 138　2018 年全国病理类设备主要品牌核心环节竞争力

品牌	对产品可靠性的满意度	对工程师维修水平的满意度	对厂家工程师维修响应、到达现场、修复速度的满意度	对临床使用培训的满意度
徕卡	4.65	4.36	4.27	4.23
奥林巴斯	4.58	4.54	4.29	4.42
赛默飞世尔	4.41	4.17	4.12	3.84
孝感亚光	3.78	3.77	3.68	3.78
日本樱花	4.85	4.45	4.60	4.60
中威医疗	4.58	4.40	4.40	4.15
罗氏	4.63	4.35	4.23	4.23
尼康	4.36	4.22	3.89	3.89
蔡司	4.21	4.21	4.21	4.21
泰维	3.77	4.23	3.39	2.39

（3）2018 年全国病理类设备主要品牌六维综合满意度

在全国病理类设备品类中，主要品牌的六维综合售后服务满意度情况如表 139 所示。

表 139　2018 年全国病理类设备主要品牌六维综合满意度

品牌	产品质量	维修质量	价格	效率	培训	服务态度
徕卡	4.33	4.27	3.91	4.24	4.08	4.39
奥林巴斯	4.36	4.35	4.17	4.33	4.34	4.55
赛默飞世尔	4.26	4.05	3.68	3.97	3.79	4.18
孝感亚光	3.58	3.75	3.86	3.92	3.76	3.95
日本樱花	4.61	4.54	4.37	4.61	4.60	4.69
中威医疗	4.42	4.34	4.20	4.47	4.20	4.46
罗氏	4.05	4.09	3.66	4.12	3.92	4.52
尼康	3.71	3.92	3.81	3.89	3.89	3.89
蔡司	4.21	4.09	3.57	3.82	4.21	4.21
泰维	3.79	3.72	1.93	3.14	2.21	4.39

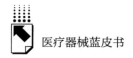

3. 病理类设备维修保养服务情况分析

在 2018 年全国病理类设备品类中，保有率不低于 1% 的品牌的维修保养服务情况如表 140 所示。

表 140　2018 年全国病理类设备主要品牌维修保养服务情况

单位：%

品牌名称	主要品牌维保履行率	先修后付款所占比例	主要品牌无间断服务情况
徕卡	87.5	90.5	72.5
奥林巴斯	90.9	93.9	69.7
赛默飞世尔	80.6	87.1	87.1
孝感亚光	60.0	80.0	40.0
日本樱花	90.9	81.8	81.8
中威医疗	86.7	93.3	53.3
罗氏	100.0	100.0	90.9
尼康	100.0	100.0	100.0
蔡司	100.0	100.0	22.2
泰维	28.6	28.6	28.6

4. 病理类设备采购推荐情况

在 2018 年全国病理类设备品类中，保有率不低于 1% 的品牌的采购推荐情况如表 141 所示。

表 141　2018 年全国病理类设备主要品牌采购推荐情况

单位：%

品牌名称	净推荐率	意向复购率
徕卡	45.3	91.5
奥林巴斯	62.5	100.0
赛默飞世尔	35.3	88.2
孝感亚光	20.0	66.7
日本樱花	58.3	100.0
中威医疗	40.0	100.0
罗氏	42.9	100.0
尼康	20.0	100.0
蔡司	0.0	100.0
泰维	0.0	50.0

5. 病理类设备满意度和重要度分析

在 2018 年全国病理类设备品类中，17 项指标的满意度和重要度四分如图 27 所示。

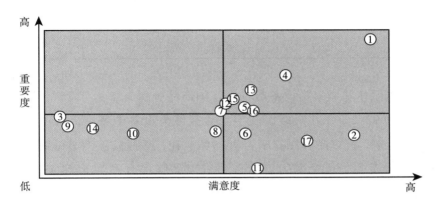

图 27　2018 年全国病理类设备满意度和重要度四分

注：①～⑰指代见本书《我国医疗器械行业拥抱大数据新时代——医疗器械行业数据调研项目的进展及未来趋势》中的表 7。

由图 27 可见，在病理类设备中，产品可靠性、工程师维修水平、维修后返修情况、厂家工程师维修响应、到达现场、修复速度、合同规定的培训条款履约情况重要度高，且满意度也高。

企业需要提高用户对维修后厂家提供的设备检定或检测服务的满意度。

（十四）手术显微镜类设备市场数据分析

1. 手术显微镜类设备整体市场及分级市场数据

2018 年全国手术显微镜类设备品牌保有率见表 142。

表 142　2018 年全国手术显微镜类设备品牌保有率

单位：%

序号	品牌名称	整体调研市场	三级医院	二级医院
1	蔡司	38.2	44.1	21.2
2	徕卡	27.9	30.9	19.7

续表

序号	品牌名称	整体调研市场	三级医院	二级医院
3	奥林巴斯	17.7	11.6	38.7
4	目乐	7.3	8.6	3.6
5	六六视觉	6.5	3.0	13.1
6	其他	2.4	1.8	3.7

在全国手术显微镜类设备市场中，国产品牌保有率为7.8%，进口品牌保有率为92.2%；在三级医院手术显微镜类设备市场中，国产品牌保有率为4.1%，进口品牌保有率为95.9%；在二级医院手术显微镜类设备市场中，国产品牌保有率为14.6%，进口品牌保有率为85.4%。其中，其他品牌包括中天医疗、拓普康、OPTON、新天医疗、上海轶德医疗科技股份有限公司、博士伦、亿华、高木精工、科奥达、上海华岩，市场保有率较低。

2. 手术显微镜类设备售后服务现状分析

（1）2018年全国手术显微镜类设备主要品牌售后服务满意度

全国手术显微镜类设备品牌售后服务满意度情况如表143所示。

表143 2018年全国手术显微镜类设备主要品牌售后服务满意度

序号	品牌名称	整体调研市场	三级医院	二级医院
1	蔡司	4.18	4.18	4.19
2	徕卡	4.16	4.23	3.91
3	奥林巴斯	3.56	3.81	3.37
4	目乐	3.93	3.97	3.71
5	六六视觉	4.07	4.00	3.99

（2）2018年全国手术显微镜类设备主要品牌核心环节竞争力

在全国手术显微镜类设备品类中，保有率不低于1%的品牌设备使用及管理人员最关注的四个售后服务问题的情况如表144所示。

表 144　2018 年全国手术显微镜类设备主要品牌核心环节竞争力

品牌	对产品可靠性的满意度	对工程师维修水平的满意度	对厂家工程师维修响应、到达现场、修复速度的满意度	对临床使用培训的满意度
蔡司	4.72	4.42	4.31	4.29
徕卡	4.56	4.33	4.24	4.28
奥林巴斯	4.38	3.67	3.66	3.49
目乐	4.25	3.90	3.94	3.89
六六视觉	4.13	4.07	4.06	4.05

（3）2018 年全国手术显微镜类设备主要品牌六维综合满意度

在全国手术显微镜类设备品类中，保有率不低于 1% 的品牌的六维综合售后服务满意度情况如表 145 所示。

表 145　2018 年全国手术显微镜类设备主要品牌六维综合满意度

品牌	产品质量	维修质量	价格	效率	培训	服务态度
蔡司	4.38	4.24	3.77	4.32	4.11	4.37
徕卡	4.24	4.23	3.85	4.27	4.14	4.30
奥林巴斯	3.96	3.58	3.18	3.61	3.44	3.63
目乐	4.14	3.93	3.70	4.09	3.76	4.04
六六视觉	4.05	4.13	4.00	4.24	3.95	3.95

3. 手术显微镜类设备维修保养服务情况分析

在 2018 年全国手术显微镜类设备品类中，保有率不低于 1% 的品牌的维修保养服务情况如表 146 所示。

表 146　2018 年全国手术显微镜类设备主要品牌维修保养服务情况

单位：%

品牌名称	主要品牌维保履行率	先修后付款所占比例	主要品牌无间断服务情况
蔡司	64.3	95.5	62.6
徕卡	87.8	84.8	80.5
奥林巴斯	61.5	71.2	42.3
目乐	97.7	95.3	86.0
六六视觉	60.5	97.4	60.5

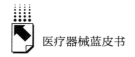

4. 手术显微镜类设备采购推荐情况

在 2018 年全国手术显微镜类设备品类中，保有率不低于 1% 的品牌的采购推荐情况如表 147 所示。

表 147 2018 年全国手术显微镜类设备主要品牌采购推荐情况

品牌名称	净推荐率	意向复购率
蔡司	57.1	94.0
徕卡	44.3	88.6
奥林巴斯	17.4	95.7
目乐	35.0	70.0
六六视觉	33.3	76.2

5. 手术显微镜类设备满意度和重要度分析

在 2018 年全国手术显微镜类设备品类中，17 项指标的满意度和重要度四分如图 28 所示。

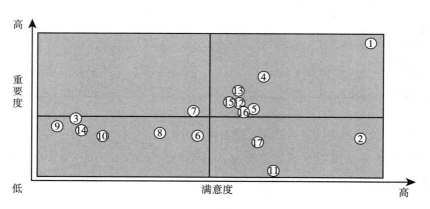

图 28 2018 年全国手术显微镜类设备满意度和重要度四分

注：①～⑰指代见本书《我国医疗器械行业拥抱大数据新时代——医疗器械行业数据调研项目的进展及未来趋势》中的表7。

由图 28 可见，在手术显微镜类设备中，产品可靠性、工程师维修水平、维修后返修情况、配件到货速度、厂家工程师维修响应、到达现场、修复速度、临床使用培训、合同规定的培训条款履约情况指标重要度高，且满意度也高。

企业需要提高用户对维修后厂家提供的设备检定或检测服务的满意度。

三　2018年八大类医疗设备招投标数据分析

医疗设备及其售后服务通常是由采购单位根据国家《中华人民共和国政府采购法》《中华人民共和国招标投标法》等规定的方式、方法和程序购买。购买机构根据医疗设备的规划和预算，制订采购计划，在经过医疗设备项目采购可行性分析评估后，委托招标代理机构进行招标采购。完成招标采购流程之后，公示中标情况，中标数据中包含项目编码、招标内容、招标代理、产品名称、产品型号、采购单位、中标商、中标金额等信息。

本报告数据源自中国国际招标网2018年1～12月8类医疗设备中标数据，分别是CT类、磁共振MRI类、血管造影机DSA类、超声影像类、CR/DR类、C型臂类、乳腺机类、内窥镜类。通过剔除零配件招标、混合招标等手段进行数据清洗，最后保留共计3621条中标数据，并在此基础上加以分析探讨。

（一）CT类设备中标数据分析

1. CT类设备中标情况

（1）各医疗机构中标情况

通过对2018年CT类设备招投标统计数据分析可以看出，在中标采购商中，三级医院所占比例最多，基层医疗机构所占比例最少（见表148）。其中基层医疗机构主要包括社区服务中心、乡镇卫生院等；其他机构包括研究所、高校、企业以及地方卫生与计划生育委员会等。设备类型包括16排、64排、128排及以上设备以及牙科CT等，其中128排及以上的科学研究型CT主要为三级医院中标设备。

表148　2018年CT类设备各医疗机构中标分布情况

单位：台，%

类别	三级医院	二级医院	基层医疗机构	其他机构
数量	190	132	19	116
占比	41.6	28.9	4.2	25.4

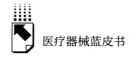

（2）各地区中标情况

目前我国 CT 类设备主要分布于华东地区，东北地区、西北地区分布较少（见表149）。

表149　2018 年全国 CT 类设备各地区中标情况*

单位：台，%

类别	华东	华中	华北	华南	西南	东北	西北
数量	172	93	68	42	36	24	22
占比	37.6	20.0	14.9	9.2	7.9	5.3	4.8

　* 全国区域划分为七个地区，东北地区（黑龙江省、吉林省、辽宁省）、华北地区（北京市、河北省、内蒙古自治区、山西省、天津市）、华东地区（安徽省、福建省、江苏省、山东省、上海市、浙江省）、华南地区（广东省、广西壮族自治区、海南省）、华中地区（河南省、湖北省、湖南省、江西省）、西北地区（甘肃省、宁夏回族自治区、青海省、陕西省、新疆维吾尔自治区）、西南地区（贵州省、四川省、西藏自治区、云南省、重庆市）。

（3）各季度中标情况

由图 29 可以看出，在 CT 类设备的采购中，中标项目主要集中在下半年，其中第三季度中标项目所占比例最高。

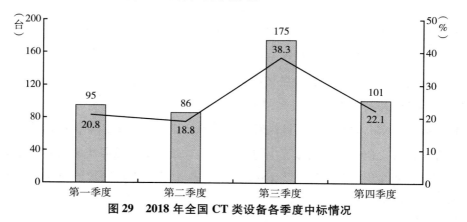

图29　2018 年全国 CT 类设备各季度中标情况

2. CT 类设备中标金额分析

（1）中标金额分布

我国在 CT 类设备的采购中中标金额为 200 万美元以内的设备数量所占比例较高，接近 70%（见表150）。

表 150   2018 年 CT 类设备中标金额分布

单位：台，%

类别	小于 100 万美元	100 万 ~ 200 万美元	200 万 ~ 300 万美元	300 万 ~ 400 万美元	大于 400 万美元
数量	180	135	65	54	23
占比	39.4	29.5	14.2	11.8	5.0

（2）各医疗机构中标金额分布

各级医疗机构对医疗设备的配置需求不同，设备中标价格有一定差距。三级医院中标金额 400 万美元以内的 CT 类设备各金额段数量分布较为平均，中标金额大于 400 万美元的设备为超高端螺旋 CT 设备与科研型 CT 设备。二级医院 CT 类设备中标金额主要集中于 200 万美元以内。基层医疗机构中标金额主要集中于 100 万美元以内。其他机构中标金额小于 100 万美元的设备最多，其他金额段也均有购买（见表 151）。

表 151   2018 年 CT 类设备中标金额在各医疗机构的分布情况

单位：台，%

类别	小于 100 万美元		100 万 ~ 200 万美元		200 万 ~ 300 万美元		300 万 ~ 400 万美元		大于 400 万美元	
	数量	占比	数量	占比	数量	占比	数量	占比	数量	占比
三级医院	55	28.9	45	23.7	32	16.8	40	21.1	18	9.5
二级医院	49	37.1	63	47.7	15	11.4	4	3.0	1	0.8
基层医疗机构	16	84.2	2	10.5	1	5.3	—	—	—	—
其他机构	60	51.7	25	21.6	17	14.7	10	8.6	4	3.4

（3）各地区中标金额情况

由于设备的配置与采购方式有所不同，不同地区设备价格差异较大。由图 30 可以看出，华东地区平均中标金额普遍低于其他地区。

3. CT 类设备品牌竞争力分析

（1）各品牌中标情况

目前我国的 CT 类设备市场几乎被进口品牌垄断，进口医疗设备占 90.8%，国产医疗设备占 9.2%（见表 152）。

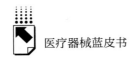

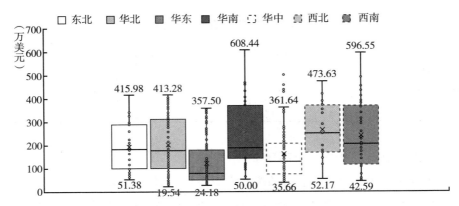

图30　2018年全国CT类设备各地区中标金额情况

表152　2018年全国CT类设备各品牌中标情况

单位：台，%

品牌	数量	占比
西门子	131	28.7
GE	128	28.0
飞利浦	96	21.0
佳能	49	10.7
联影	16	3.5
东软医疗	10	2.2
明峰	8	1.8
日立	6	1.3
康达医疗	6	1.3
其他	7	1.5

（2）主要品牌中标金额情况

设备性能配置不同，设备价格有所差异，飞利浦的中标金额相对最集中，GE的设备中标金额较分散，明峰与康达医疗的中标设备金额分布较低（见图31）。

（二）磁共振MRI类设备中标数据分析

1. 磁共振MRI类设备中标情况

（1）各医疗机构中标情况

通过对2018年磁共振MRI类设备招投标统计数据分析可以看出，在中

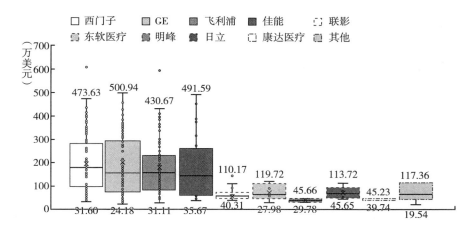

图 31   2018 年全国 CT 类设备主要品牌中标金额分布

标采购商中，三级医院所占比例最多，其次是二级医院；其他机构占比最少，其他机构包括研究所、高校、企业以及地方卫生与计划生育委员会等（见表 153）。

表 153   2018 年磁共振 MRI 类设备各医疗机构中标分布情况

单位：台，%

类别	三级医院	二级医院	其他机构
数量	127	68	60
占比	49.8	26.7	23.5

（2）各地区中标情况

在磁共振 MRI 类设备的中标分布中，华东地区占比最大；其次是华中地区，西北地区的设备采购占比最小（见表 154）。

表 154   2018 年全国磁共振 MRI 类设备各地区中标情况

单位：台，%

类别	华东	华中	华北	华南	西南	东北	西北
数量	75	59	33	33	27	16	12
占比	29.4	23.1	12.9	12.9	10.6	6.3	4.7

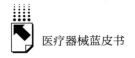
（3）各季度中标情况

由图 32 可以看出，在磁共振 MRI 类设备的采购中，中标项目主要集中在下半年，其中第三季度中标设备所占比例最高（见图 32）。

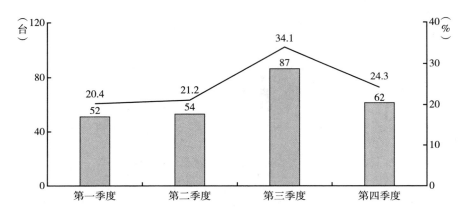

图 32　2018 年全国磁共振 MRI 类设备各季度中标情况

2. 磁共振 MRI 类设备整体中标金额分析

（1）中标金额分布

我国在磁共振 MRI 类设备的采购中，中标金额在 100 万～300 万美元的设备数量所占比例较高，接近 60%（见表 155）。

表 155　2018 年磁共振 MRI 类设备中标金额分布

单位：台，%

类别	小于 100 万美元	100 万～200 万美元	200 万～300 万美元	300 万～400 万美元	大于 400 万美元
数量	34	85	67	38	31
占比	13.3	33.3	26.3	14.9	12.2

（2）各医疗机构中标金额分布

各级医疗机构对医疗设备的配置需求不同，设备中标价格有一定差距。三级医院中标金额在 100 万～400 万美元的磁共振 MRI 类设备各金额段分布较为平均，超过 60% 的设备为 3.0T 核磁设备。二级医院磁共振 MRI 类设备

210

中标金额主要集中于 100 万 ~ 200 万美元区间段。其他机构的设备中标金额主要集中于 200 万 ~ 300 万美元区间段（见表 156）。

表 156　2018 年磁共振 MRI 类设备中标金额在各医疗机构的分布情况

单位：台，%

类别	小于 100 万美元		100 万 ~ 200 万美元		200 万 ~ 300 万美元		300 万 ~ 400 万美元		大于 400 万美元	
	数量	占比	数量	占比	数量	占比	数量	占比	数量	占比
三级医院	11	8.7	34	26.8	37	29.1	22	17.3	23	18.1
二级医院	9	13.2	38	55.9	12	17.6	6	8.8	3	4.4
其他机构	14	23.3	13	21.7	18	30.0	10	16.7	5	8.3

（3）各地区中标金额情况

由图 33 可以看出，华东地区平均中标金额普遍低于其他地区，华南地区中标金额较集中，华中地区的中标金额离群点为全身型 7T 设备，其设备中标金额超过 1400 万美元。西南地区的中标金额较分散（见图 33）。

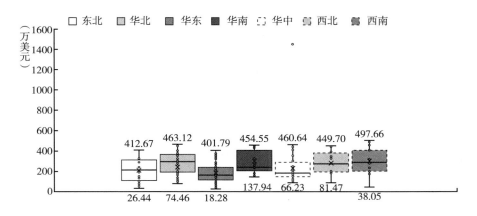

图 33　2018 年全国磁共振 MRI 类设备各地区中标金额情况

3. 磁共振 MRI 类设备品牌竞争力分析

（1）各品牌中标情况

目前我国的磁共振 MRI 类设备市场进口品牌占比较大，国产医疗设备占 7.1%，进口医疗设备占 92.9%（见表 157）。

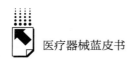

表157　2018年全国磁共振MRI类设备各品牌中标情况

单位：台，%

品牌	数量	占比
飞利浦	79	31.0
西门子	73	28.6
GE	70	27.5
佳能	14	5.5
联影	10	3.9
鑫高益	3	1.2
其他	6	2.4

（2）主要品牌中标金额情况

2018年磁共振MRI类设备整体中标金额在100万～500万美元，其中西门子的设备中标金额较分散；GE的设备中标金额较集中，且设备平均中标金额最低（见图34）。

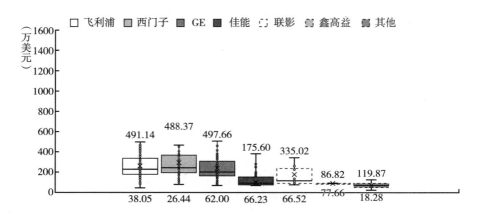

图34　2018年全国磁共振MRI类设备主要品牌中标金额分布

（三）血管造影机DSA类设备中标数据分析

1. 血管造影机DSA类设备中标情况

（1）各医疗机构中标情况

血管造影机DSA作为高端检查和治疗手段，主要应用于心血管及肿瘤的介入治疗，对技师的技术水平、医院的重症救治能力也有较高要求。通过对 2018 年血管造影机 DSA 类设备招投标统计数据分析可以看出，在中标采购商中，三级医院所占比例最多，其他机构所占比例最少，其他机构包括研究所、高校、企业以及地方卫生与计划生育委员会等（见表 158）。

表 158　2018 年血管造影机 DSA 类设备各医疗机构中标分布情况

单位：台，%

类别	三级医院	二级医院	其他机构
数量	162	104	79
占比	47.0	30.1	22.9

（2）各地区中标情况

在血管造影机 DSA 类设备的中标分布中，华东地区占比最大，其中华东地区中标设备接近半数；其次是华中地区，东北地区占比最小（见表 159）。

表 159　2018 年全国血管造影机 DSA 类设备各地区中标情况

单位：台，%

类别	华东	华中	华北	华南	西南	西北	东北
数量	95	83	50	43	40	23	11
占比	27.5	24.1	14.5	12.5	11.6	6.7	3.2

（3）各季度中标情况

由图 35 可以看出，在血管造影机 DSA 类设备的采购中，中标项目主要集中在下半年，第三季度中标项目所占比例最高，其中第三季度有 32.0% 为华东地区中标项目。

2. 血管造影机 DSA 类设备中标金额分析

（1）中标金额分布

我国在血管造影机 DSA 类设备的采购中，中标金额小于 150 万美元的设备数量所占比例较高（见表 160）。

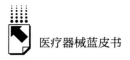
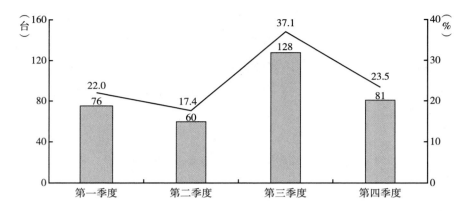

图35　2018年全国血管造影机DSA类设备各季度中标情况

表160　2018年全国血管造影机DSA类设备各地区中标情况

单位：台，%

类别	小于50万美元	50万~100万美元	100万~150万美元	150万~200万美元	大于200万美元
数量	10	100	154	62	19
占比	2.9	29.0	44.6	18.0	5.5

（2）各医疗机构中标金额分布

三级医院与二级医院的血管造影机DSA类设备中标金额主要分布于50万~200万美元，设备中标金额主要集中于100万~150万美元金额段。其他机构的设备采购中标金额主要集中于50万~100万美元，这一比例过半，其他机构的设备采购主要为地方主管部门的集中采购，其性能配置主要为中端机型（见表161）。

表161　2018年血管造影机DSA类设备中标金额在各医疗机构的分布情况

单位：台，%

类别	小于50万美元		50万~100万美元		100万~150万美元		150万~200万美元		大于200万美元	
	数量	占比	数量	占比	数量	占比	数量	占比	数量	占比
三级医院	1	0.6	39	24.1	75	46.3	34	21.0	13	8.0
二级医院	2	1.9	20	19.2	54	51.9	23	22.1	5	4.8
其他机构	7	8.9	41	51.9	25	31.6	5	6.3	1	1.3

（3）各地区中标金额情况

由于设备的性能配置与采购方式有所不同，不同地区的医疗机构等级分布不均，设备价格差异较大。华东地区的设备平均中标金额最低，华南地区的设备中标价格普遍较高，华中地区的设备中标价格较为分散（见图36）。

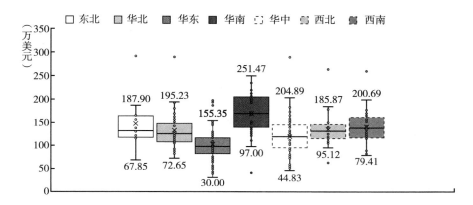

图 36　2018 年全国血管造影机 DSA 类设备各地区中标金额情况

3. 血管造影机 DSA 类设备品牌竞争力分析

（1）各品牌中标情况

目前我国的血管造影机 DSA 类设备市场上，国产医疗设备占 0.3%，进口医疗设备占比为 99.7%（见表 162）。传统三巨头 GE、飞利浦、西门子市场份额占据前三名。

表 162　2018 年全国血管造影机 DSA 类设备各品牌中标情况

单位：台，%

品牌	数量	占比
飞利浦	152	44.1
西门子	101	29.3
GE	49	14.2
佳能	31	9.0
岛津	11	3.2
其他	1	0.3

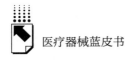
（2）主要品牌中标金额情况

血管造影机 DSA 类设备整体中标金额主要分布在 300 万美元以内。西门子的设备中标金额较分散，飞利浦的中标金额相对集中，且中位数较低，整体中标金额也较低（见图 37）。

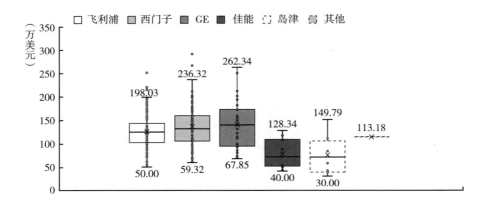

图 37　2018 年全国血管造影机 DSA 类设备主要品牌中标金额分布

（四）CR/DR 类设备中标数据分析

1. CR/DR 类设备中标情况

（1）各医疗机构中标情况

通过对 2018 年 CR/DR 类设备招投标统计数据分析可以看出，在中标采购商中，三级医院所占比例最大，其次是其他机构采购占比第二，其他机构包括研究所、高校、企业以及地方卫生与计划生育委员会等；基层医疗机构主要包括社区服务中心、乡镇卫生院等（见表 163）。

表 163　2018 年 CR/DR 类设备各医疗机构中标分布情况

单位：台，%

类别	三级医院	二级医院	基层医疗机构	其他机构
数量	135	46	23	110
占比	43.0	14.6	7.3	35.0

（2）各地区中标情况

CR/DR 类设备的采购主要分布于华东地区，其中，在华东地区采购设备中，三级医院占 40.0%，二级医院占 11.6%，其他机构占 35.5%，基层医疗机构占 12.9%；其次是华北地区，西北地区中标项目所占比例最少（见表 164）。

表 164　2018 年全国 CR/DR 类设备各地区中标情况

单位：台，%

类别	华东	华北	华中	西南	华南	东北	西北
数量	155	49	33	30	29	13	5
占比	49.4	15.6	10.5	9.6	9.2	4.1	1.6

（3）各季度中标情况

由图 38 可以看出，在 CR/DR 类设备的采购中，第一季度中标项目占比最大，其次是第三季度。

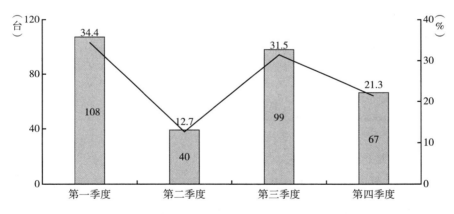

图 38　2018 年全国 CR/DR 类设备各季度中标情况

2. CR/DR 类设备中标金额分析

（1）中标金额分布

在 CR/DR 类设备的采购中，中标金额小于 60 万美元的设备数量所占比例较高，超过 90%；其中中标金额为 20 万～40 万美元的设备数量占比最大，为 48.7%（见表 165）。

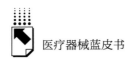

表165 2018年CR/DR类设备中标金额分布

单位：台，%

类别	小于20万美元	20万~40万美元	40万~60万美元	60万~80万美元	大于80万美元
数量	87	153	50	23	1
占比	27.7	48.7	15.9	7.3	0.3

（2）各医疗机构中标金额分布

各级医疗机构医疗设备的性能配置需求不同，设备中标价格有一定差距。三级医院、二级医院、其他医疗机构的CR/DR类设备中标金额均集中于20万~40万美元金额段，基层医疗机构的CR/DR类设备中标金额普遍低于40万美元，其中金额低于20万美元的比例为73.9%（见表166）。

表166 2018年CR/DR类设备中标金额在各医疗机构的分布情况

单位：台，%

类别	小于20万美元		20万~40万美元		40万~60万美元		60万~80万美元		大于80万美元	
	数量	占比	数量	占比	数量	占比	数量	占比	数量	占比
三级医院	35	25.9	67	49.6	20	14.8	12	8.9	1	0.7
二级医院	7	15.2	28	60.9	7	15.2	4	8.7	—	—
基层医疗机构	17	73.9	5	21.7	1	4.3	—	—	—	—
其他机构	28	25.5	53	48.2	22	20.0	7	6.4	—	—

（3）各地区中标金额情况

由图39可以看出，CR/DR设备的中标金额在不同地区价格有所差异。华北地区、华东地区、华南地区的中标金额较分散。

3. CR/DR类设备各品牌竞争力分析

（1）各品牌中标情况

目前我国的CR/DR类设备市场较分散，涌入企业较多，国产医疗设备占比为20.1%，进口医疗设备占比为79.9%（见表167）。

（2）主要品牌中标金额情况

通过2018年CR/DR类设备市场各品牌的中标金额分布情况可以看出，

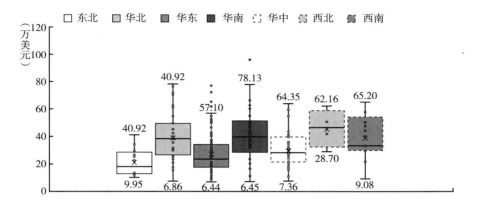

图 39　2018 年全国 CR/DR 类设备各地区中标金额情况

CR/DR 类设备整体中标金额主要分布在 100 万美元以内。佳能与富士胶片的设备中标金额较分散，联影与东软医疗的设备中标金额相对最集中，且中标金额中位数较低（见图 40）。

表 167　2018 年全国 CR/DR 类设备各品牌中标情况

单位：台，%

品牌	数量	占比
西门子	63	20.1
飞利浦	58	18.5
锐珂	34	10.8
岛津	32	10.2
GE	29	9.2
联影	29	9.2
佳能	11	3.5
深图	10	3.2
日立	7	2.2
赛德科	6	1.9
GMM	5	1.6
康达医疗	5	1.6
普爱医疗	4	1.3
迈瑞	4	1.3
东软医疗	4	1.3
富士胶片	4	1.3
万东	3	1.0
其他	6	1.9

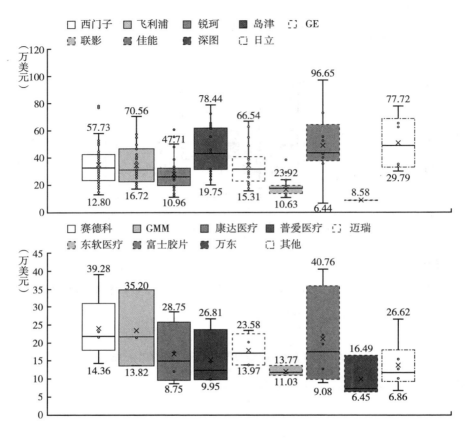

图 40　2018 年全国 CR/DR 类设备主要品牌中标金额分布

（五）C 型臂类设备中标数据分析

1. C 型臂设备中标情况

（1）各医疗机构中标情况

通过对 2018 年 C 型臂设备招投标统计数据分析可以看出，在中标采购商中，三级医院所占比例最大，其他机构占比位于第二，其他机构包括研究所、高校、医疗设备租赁公司以及地方卫生与计划生育委员会等；基层医疗机构占比最小，基层医疗机构主要包括社区服务中心、乡镇卫生院等（见表 168）。

表 168　2018 年 C 型臂类设备各医疗机构中标分布情况

单位：台，%

类别	三级医院	二级医院	基层医疗机构	其他机构
数量	74	24	1	27
占比	58.7	19.0	0.8	21.4

（2）各地区中标情况

在 C 型臂类设备的采购中，华东地区占比最大，其中，在华东地区采购中，三级医院占 61.0%，二级医院占 16.9%，基层医疗机构占 1.7%，其他医疗机构占 20.3%（见表 169）。

表 169　2018 年全国 C 型臂类设备各地区中标情况

单位：台，%

类别	华东	华中	华北	华南	西南	西北	东北
数量	59	17	17	17	11	3	2
占比	46.8	13.5	13.5	13.5	8.7	2.4	1.6

（3）各季度中标情况

由图 41 可以看出，在 C 型臂类设备的采购中，中标项目主要集中在下半年，其中第三季度中标项目所占比例最大。

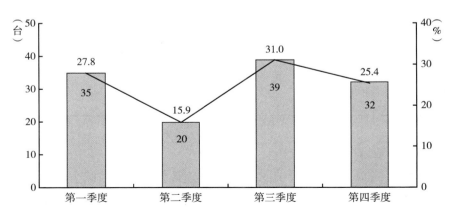

图 41　2018 年全国 C 型臂类设备各季度中标情况

2. C 型臂类设备中标金额分析

（1）中标金额分布

在 C 型臂类设备的采购中，中标金额小于 60 万美元的设备数量所占比例较高，超过 90%（见表 170）。

表 170 2018 年 C 型臂类设备中标金额分布

单位：台，%

类别	小于 30 万美元	30 万～60 万美元	60 万～90 万美元	90 万～120 万美元	大于 120 万美元
数量	69	45	2	5	5
占比	54.8	35.7	1.6	4.0	4.0

（2）各医疗机构中标金额分布

三级医院的 C 型臂类设备中标金额主要集中于 60 万美元以内，二级医院 C 型臂类设备中标金额低于 60 万美元的占比超过 80%，基层医疗机构中标金额均小于 30 万美元。其他机构的设备采购，包含高校、贸易公司等高配置设备采购，大于 120 万美元的设备所占比例为 14.8%（见表 171）。

表 171 2018 年 C 型臂类设备中标金额在各医疗机构的分布情况

单位：台，%

类别	小于 30 万美元		30 万～60 万美元		60 万～90 万美元		90 万～120 万美元		大于 120 万美元	
	数量	占比	数量	占比	数量	占比	数量	占比	数量	占比
三级医院	48	64.9	23	31.1	1	1.4	2	2.7	—	—
二级医院	12	50.0	8	33.3	—	—	3	12.5	1	4.2
基层医疗机构	1	100.0	—	—	—	—	—	—	—	—
其他机构	8	29.6	14	51.9	1	3.7	—	—	4	14.8

（3）各地区中标金额分布

由图 42 可以看出，华中地区的中标金额最为分散，中标金额区间段为 8.65 万～149.27 万美元。华东地区平均中标金额普遍低于其他地区，此地区采购的设备类型多为小型 C 型臂类。

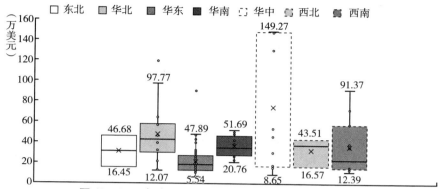

图 42　2018 年全国 C 型臂类设备各地区中标金额情况

3. C 型臂类设备各品牌竞争力分析

（1）各品牌中标情况

目前我国的 C 型臂类设备市场国产医疗设备占比为 3.2％，进口医疗设备占比为 96.8％（见表 172）。

表 172　2018 年全国 C 型臂类设备各品牌中标情况

单位：台，%

品牌	数量	占比
西门子	49	38.9
飞利浦	26	20.6
GE	25	19.8
奇目成像	17	13.5
美敦力	5	4.0
普爱医疗	2	1.6
其他	2	1.6

（2）主要品牌中标金额情况

西门子、奇目成像的设备中标金额较分散；美敦力的设备中标金额较高，飞利浦的中标金额相对最集中且中位数最低，整体中标金额较低（见图 43）。

223

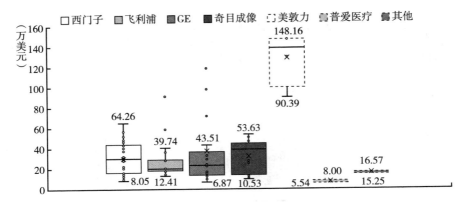

图43 2018 年全国 C 型臂类设备主要品牌中标金额分布

（六）乳腺机类设备中标数据分析

1. 乳腺机类设备中标情况

（1）各医疗机构中标情况

通过对 2018 年乳腺机类设备招投标统计数据分析可以看出，在中标采购商中，三级医院所占比例最多，其次是二级医院（29.8%）；再次是其他机构，其他机构包括研究所、高校、企业以及地方卫生与计划生育委员会等；基层医疗机构采购占比最少，基层医疗机构主要包括社区服务中心、乡镇卫生院等（见表173）。

表173 2018 年乳腺机类设备各医疗机构中标分布情况

单位：台，%

类别	三级医院	二级医院	基层医疗机构	其他机构
数量	45	31	5	23
占比	43.3	29.8	4.8	22.1

（2）各地区中标情况

乳腺机类设备的采购主要分布于华东地区，其次是华北地区与华中地区，中标设备数量均占 15.4%（见表174）。

表 174 2018 年全国乳腺机类设备各地区中标情况

单位：台，%

类别	华东	华北	华中	华南	西南	东北
数量	47	16	16	12	9	4
占比	45.2	15.4	15.4	11.5	8.7	3.8

（3）各季度中标情况

由图 44 可以看出，在乳腺机类设备的采购中，中标项目主要集中在下半年，其中第三季度中标项目所占比例最高，其次是第四季度。

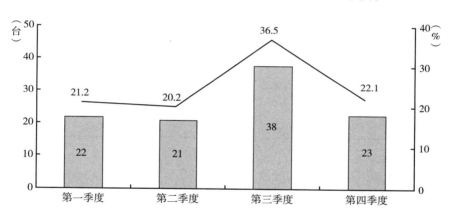

图 44 2018 年全国乳腺机类设备各季度中标情况

2. 乳腺机类设备中标金额分析

（1）中标金额分布

在乳腺机类设备的采购中，中标金额主要分布于 20 万～80 万美元，其中 20 万～40 万美元金额段占比最大（见表 175）。

表 175 2018 年乳腺机类设备中标金额分布

单位：台，%

类别	小于 20 万美元	20 万～40 万美元	40 万～60 万美元	60 万～80 万美元	大于 80 万美元
数量	2	34	47	16	5
占比	1.9	32.7	45.2	15.4	4.8

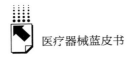
（2）各医疗机构中标金额分布

各级医疗机构对医疗设备的配置需求不同，设备中标价格有一定差距。三级医院的乳腺机类设备中标金额主要分布于 20 万~60 万美元金额段。二级医院乳腺机类设备中标金额大于 20 万美元小于 60 万美元的设备数量占比超过 90.0%。其他机构的设备采购，中标金额主要分布于 20 万~80 万美元以内，其中包含高校采购研究用设备（见表 176）。

表 176　2018 年乳腺机类设备中标金额在各医疗机构的分布情况

单位：台，%

类别	小于 20 万美元		20 万~40 万美元		40 万~60 万美元		60 万~80 万美元		大于 80 万美元	
	数量	占比	数量	占比	数量	占比	数量	占比	数量	占比
三级医院	—	—	9	20.0	21	46.7	11	24.4	4	8.90
二级医院	1	3.2	13	41.9	15	48.4	1	3.2	1	3.2
基层医疗机构	—	—	2	40.0	3	60.0	—	—	—	—
其他机构	1	4.3	10	43.5	8	34.8	4	17.4	—	—

（3）各地区中标金额情况

由于设备的配置与采购方式有所不同，不同地区设备价格差异较大。由图 45 可以看出，华北地区的设备中标金额较分散，部分原因是设备性能配置不同，从而设备平均中标金额有较大差异。华东地区平均中标金额普遍低于其他地区。

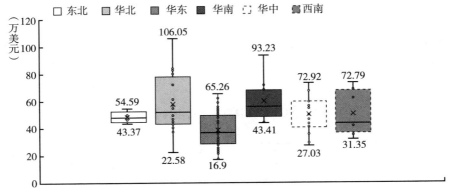

图 45　2018 年全国乳腺机类设备各地区中标金额情况

3. 乳腺机类设备品牌竞争力分析

（1）各品牌中标情况

目前我国的乳腺机类设备市场几乎被进口品牌垄断，国产医疗设备仅占1.0%，进口医疗设备占98.2%，中外合资设备占1.0%。其中豪洛捷的中标份额最大，其次是GE（见表177）。

表 177　2018 年全国乳腺机类设备各品牌中标情况

单位：台，%

品牌	数量	占比
豪洛捷	41	39.4
GE	32	30.8
西门子	19	18.3
富士胶片	5	4.8
普兰梅德	3	2.9
IMS	1	1.0
圣诺	1	1.0
飞利浦	1	1.0
东软医疗	1	1.0

（2）主要品牌中标金额情况

乳腺机类设备整体中标金额主要分布在100万美元以内。GE的设备中标金额较分散，西门子的中标金额相对最集中（见图46）。

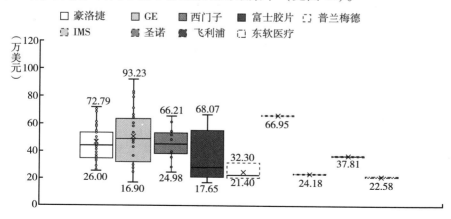

图 46　2018 年全国乳腺机类设备主要品牌中标金额分布

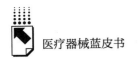

（七）超声影像类设备中标数据分析

1. 超声影像类设备中标情况

（1）各医疗机构中标情况

通过对2018年超声影像类设备招投标统计数据分析可以看出，在中标采购商中，三级医院所占比例最多，其次是二级医院；再次是其他机构采购，其他机构包括研究所、高校、体检中心、企业以及地方卫生与计划生育委员会等；基层医疗机构占比最小，基层医疗机构主要包括社区服务中心、乡镇卫生院等（见表178）。

表178　2018年超声影像类设备各医疗机构中标分布情况

单位：台，%

类别	三级医院	二级医院	基层医疗机构	其他机构
数量	1097	402	113	282
占比	57.9	21.2	6.0	14.9

（2）各地区中标情况

在超声影像类设备的采购中，华东地区的中标设备所占比例最多；其次是华北地区，西南地区、西北地区设备采购占比最少（见表179）。

表179　2018年全国超声影像类设备各地区中标情况

单位：台，%

类别	华东	华北	西南	华南	华中	东北	西北
数量	833	314	249	232	118	87	61
占比	44.0	16.6	13.1	12.2	6.2	4.6	3.2

（3）各季度中标情况

在超声影像类设备的采购中，第三季度中标项目所占比例最多，其次是第一季度（见图47）。

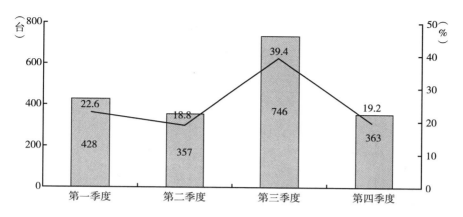

图 47　2018 年全国超声影像类设备各季度中标情况

2. 超声影像类设备整体中标金额分析

（1）中标金额分布

在超声影像类设备的采购中，由于超声影像类设备的性能配置不同，中标价格有所差异。中标金额主要集中于 45 万美元以内（见表 180）。

表 180　2018 年超声影像类设备中标金额分布

单位：台，%

类别	小于 15 万美元	15 万~30 万美元	30 万~45 万美元	45 万~60 万美元	大于 60 万美元
数量	301	848	570	162	13
占比	15.9	44.8	30.1	8.6	0.7

（2）各医疗机构中标金额分布

三级医院的超声影像类设备中标金额主要分布在 45 万美元以内，基层医疗机构的设备采购中标金额主要集中于 15 万~30 万美元（见表 181）。

（3）各地区中标金额分布

由于设备的配置与采购方式有所不同，不同地区设备价格差异较大。由图 48 可以看出，华东地区平均中标金额普遍低于其他地区，且金额分布较为集中，西南地区的设备中标金额较分散。

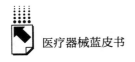

表 181　2018 年超声影像类设备中标金额在各医疗机构的分布情况

单位：台，%

类别	小于 15 万美元		15 万 ~ 30 万美元		30 万 ~ 45 万美元		45 万 ~ 60 万美元		大于 60 万美元	
	数量	占比	数量	占比	数量	占比	数量	占比	数量	占比
三级医院	182	16.6	465	42.4	354	32.3	86	7.8	10	0.9
二级医院	37	9.2	171	42.5	145	36.1	46	11.4	3	0.7
基层医疗机构	22	21.3	67	59.3	15	13.3	9	8.0	—	—
其他机构	60	21.3	145	51.4	56	19.9	21	7.4	—	—

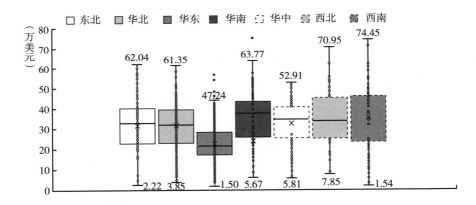

图 48　2018 年全国超声影像类设备各地区中标金额情况

3. 超声影像类设备品牌竞争力分析

（1）各品牌中标情况

目前我国的超声影像类设备市场，国产医疗设备占比为 8.1%，进口医疗设备占比为 91.9%（见表 182）。

（2）主要品牌中标金额情况

通过 2018 年超声影像类设备市场份额大于 10% 的品牌的中标金额分布情况可以看出，GE 的设备中标金额较分散；富士胶片的设备中标金额中位数最低，整体中标金额较低（见图 49）。

表182　2018年全国超声影像类设备各品牌中标情况

单位：台，%

品牌	数量	占比
GE	575	30.4
飞利浦	544	28.7
日立	196	10.3
迈瑞	129	6.8
西门子	114	6.0
佳能	74	3.9
三星麦迪逊	68	3.6
百胜	68	3.6
富士胶片	54	2.9
声科影像	27	1.4
其他	45	2.4

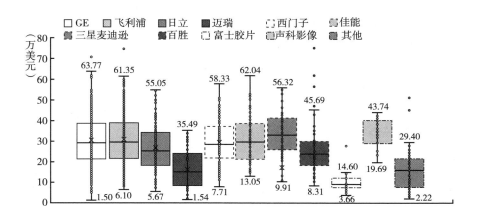

图49　2018年全国超声影像类设备主要品牌中标金额分布

（八）内窥镜类设备中标数据分析

1. 内窥镜类设备中标情况

（1）各医疗机构中标情况

通过对2018年内窥镜类设备招投标统计数据分析可以看出，内窥镜类设备的采购主体主要为三级医院与二级医院，主要原因是内窥镜类设备主要应用于外科手术与常规医疗检查中，对医疗环境与临床医生有较高要求。其次是其他机构，其他机构包括研究所、高校、企业以及地方卫生与计划生育委员会等；基层医疗机构占比最小，基层医疗机构主要包括社区服务中心、乡镇卫生院等（见表183）。

表183 2018年内窥镜类设备各医疗机构中标分布情况

单位：台，%

类别	三级医院	二级医院	基层医疗机构	其他机构
数量	409	264	15	74
占比	53.7	34.6	2.0	9.7

（2）各地区中标情况

在内窥镜类设备的采购中，华东地区的采购需求最大，中标所占比例最多；其次是西南地区、华北地区（见表184）。

表184 2018年全国内窥镜类设备各地区中标情况

单位：台，%

类别	华东	西南	华北	东北	华南	华中	西北
数量	264	162	107	84	66	55	24
占比	34.6	21.3	14.0	11.0	8.7	7.2	3.1

（3）各季度中标情况

在内窥镜类设备的采购中，中标项目主要集中在下半年，其中第三季度中标项目所占比例最大，其次是第四季度（见图50）。

2. 内窥镜类设备中标金额分析

（1）中标金额分布

在内窥镜类设备的采购中，中标金额小于10万美元的设备数量所占比例为46.6%（见表185）。

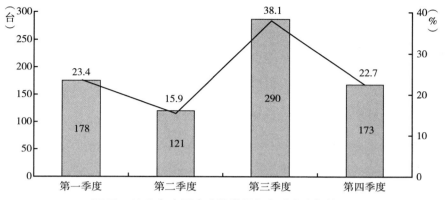

图 50　2018 年全国内窥镜类设备各季度中标情况

表 185　2018 年内窥镜类设备中标金额分布

单位：台，%

类别	小于 10 万美元	10 万 ~ 20 万美元	20 万 ~ 30 万美元	30 万 ~ 40 万美元	大于 40 万美元
数量	355	142	132	62	71
占比	46.6	18.6	17.3	8.1	9.3

（2）各医疗机构中标金额分布

各级医疗机构承担的诊疗任务不同，内窥镜的性能需求存在显著性差异，设备中标价格有一定差距。各医疗机构的中标金额中，小于 10 万美元的设备占比最多（见表 186）。

表 186　2018 年内窥镜类设备中标金额在各医疗机构的分布情况

单位：台，%

类别	小于 10 万美元		10 万 ~ 20 万美元		20 万 ~ 30 万美元		30 万 ~ 40 万美元		大于 40 万美元	
	数量	占比	数量	占比	数量	占比	数量	占比	数量	占比
三级医院	186	45.5	78	19.1	68	16.6	31	7.6	46	11.2
二级医院	134	50.8	48	18.2	40	15.2	24	9.1	18	6.8
基层医疗机构	9	60.0	2	13.3	4	26.7	—	—	—	—
其他机构	26	35.1	14	18.9	20	27.0	7	9.5	7	9.5

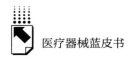

（3）各地区中标金额分布

由于设备的配置与采购方式有所不同，不同地区设备价格差异较大。由图 51 可以看出，华东地区平均中标金额普遍低于其他地区，且金额分布较为集中，华南地区的设备中标金额较分散。

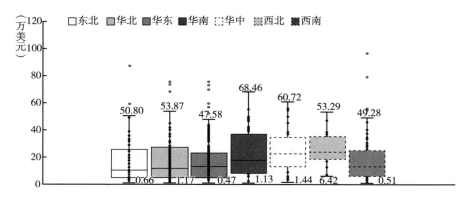

图 51 2018 年全国内窥镜类设备各地区中标金额情况

3. 内窥镜类设备各品牌竞争力分析

（1）各品牌中标情

目前我国的内窥镜类设备市场仍以进口品牌为主，国产医疗设备占 8.8%，进口医疗设备占 91.1%，中外合资设备占 0.1%。其中奥林巴斯的中标份额最大，其次是卡尔史托斯（见表 187）。

表 187 2018 年全国内窥镜类设备各品牌中标情况

单位：台，%

品牌	数量	占比
奥林巴斯	287	37.7
卡尔史托斯	140	18.4
宾得	94	12.3
富士	43	5.6
浙江优亿	39	5.1
史赛克	38	5.0
狼牌	30	3.9

续表

品牌	数量	占比
克松	14	1.8
贝朗	11	1.4
JOIMAX	8	1.0
其他	58	7.6

（2）主要品牌中标金额情况

通过 2018 年内窥镜类设备市场份额大于 10% 的品牌的中标金额分布情况可以看出，内窥镜类设备整体中标金额主要分布在 100 万美元以内。奥林巴斯设备中标金额较分散，部分原因是奥林巴斯包括软式内窥镜与硬式内窥镜，且内窥镜的临床应用不同，故价格差异较大；卡尔史托斯的中标金额相对集中（见图 52）。

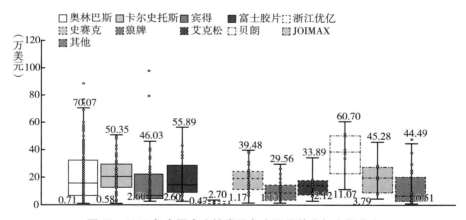

图 52　2018 年全国内窥镜类设备主要品牌中标金额分布

（执笔人：王晓宇、郑莎莎、葛宗慧）

耗材市场篇

Topics in Consumption Market

B.4
我国医用耗材市场品类
数据分析报告

南京智械信息科技有限公司

摘　要：　医用耗材及体外诊断试剂是医院使用中消耗最频繁的医疗器
　　　　　械，且种类数量繁杂多变，几乎涉及医疗器械所有分类；伴
　　　　　随各种新技术、新材料在医用耗材及体外诊断试剂产品的不
　　　　　断发展，目前两者已经成为医疗器械行业中不可或缺的重要
　　　　　组成部分。由于医用耗材与体外诊断试剂品类涉及范围极广，
　　　　　本文仅选取部分代表品种进行相关行业数据分析，呈现医用
　　　　　耗材及体外诊断试剂的发展现状及产业分布情况，为相关行
　　　　　业分析提供借鉴参考。

关键词：　医用耗材　医用工具　体外诊断试剂

一 我国医用耗材市场品类数据分析

（一）医用工具类耗材市场品类数据分析

1. 医用工具类耗材定义及范围界定

医用耗材，一般指医院用的消耗很频繁的产品。根据使用次数的限制，可分为一次性医用耗材、可多次使用的医用耗材、永久植入的医用耗材；根据具体用途，又可分为静脉输液类耗材、体外注射类耗材、血液净化类耗材、骨科类耗材、心血管类耗材、支架管类耗材等。医用耗材种类繁杂，几乎覆盖整个医疗领域，在医疗器械中占有非同小可的地位。

根据 2012 年发改委和卫计委规划财务司发布的《全国一次性医用耗材分类编码（2012 版）》，该编码规则将耗材分为医用工具类、置入类材料、植入材料类、口腔材料、缝合止血材料、管套容器过滤材料、敷料/护创材料、中医及民族医类材料和其他九大类，总计 354 个耗材类别名称；编码分成七级分类，按编码管理规定，中央规范管理前四级分类，各省规范管理后三级分类。其中，医用工具类耗材包括注射穿刺类、传导类、扩张材料、外固定材料和其他 5 个二级分类（见表 1）。

表 1 医用工具类耗材范围界定

二级分类	内容
注射穿刺类	a. 输液器：专用输液器、输血器等； b. 注射器：注射器、高压注射器、环柄注射器、胰岛素注射针头； c. 回输装置：血液回输装置； d. 穿刺针：乳腺穿刺定位针、房间隔穿刺针、心包穿刺针、动脉穿刺针、静脉穿刺针、动静脉穿刺针、骨髓穿刺针； e. 活检针：肺活检针、胸膜活检针、心活检针、肝活检针、胰活检针、脾活检针、肾活检针； f. 专用注射材料：采卵针、采血针、真空采血针、显微操作针、喷液针、切割针、探针、截囊针、内镜注射针、显微注射针、留置针； g. 泵：血泵、血液灌流器、压力泵、输液泵管、胰岛素泵管、镇痛泵、药物泵、化疗泵、脉冲泵

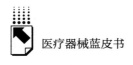

二级分类	内容
传导类	a. 电极：神经微电极、皮层电极、除颤电极、复律除颤电极、起搏导线、针电极、电切环； b. 传感器； c. 探头
扩张材料	二尖瓣扩张器、皮肤扩张器、扩宫材料、水囊、子宫热球球囊、气囊、张力环
外固定材料	子宫托、牵弓、牵引架
其他	取皮刀片、冷冻支架、阴道窥器、肛门镜、直肠镜、真空搅拌器、细胞刷、采样刷、防污染采样刷

2. 医用工具类耗材代表品种分析

（1）输液器/输液针

输液器/输液针是在医疗过程中大量采用的医用耗材，数据分析时在数据库中提取了目前所有处于有效状态（截至2019年6月30日）的输液器和输液针产品注册证，共计779项，共由220个注册人取得。其中境内产品注册证744项，分属于206个境内注册人；进口（含港澳台）产品注册证35项，分属于14个进口（含港澳台）注册人。

此外，静脉输液器共计662项有效注册证，其中境内有效注册证631项，占有效注册总量的95.32%，进口（含港澳台）注册证31项，占有效注册总数量的4.68%；静脉输液针共计117项有效注册证，其中境内有效注册证113项，占有效注册总量的96.58%，进口（含港澳台）有效注册证4项，占有效注册总量的3.42%。境内注册人平均持证张数较进口（含港澳台）注册人高出1.1个百分点（见表3）。

表2　静脉输液器/静脉输液针的注册证数量分布

单位：张，家

类别	国产			进口		
	注册证数量	企业数量	平均持证张数	注册证数量	企业数量	平均持证张数
静脉输液器	631	201	3.1	31	12	2.6
静脉输液针	113	97	1.2	4	2	2.0
合计	744	206	3.6	35	14	2.5

注：表中"企业数量"因部分企业获多种类注册证，故"企业数量"合计一项并非表中数据之和。

进口注册人国家/地区分析

从进口（含港澳台）注册人所属的国家/地区来看，共覆盖 8 个不同的国家和地区，依次为德国、瑞士、美国、比利时、韩国、意大利、西班牙、新加坡。无论是从所覆盖国家和地区的数量来看，还是从单个国家和地区的产品注册数量来看，血管内输液耗材这类低值耗材并不是进口（含港澳台）注册人关注的重点（见表3）。

表3 静脉输液器/静脉输液针的注册证进口区域分布

单位：项，%

国家/地区	数量	比例
德国	23	65.7
瑞士	4	11.4
美国	2	5.7
比利时	2	5.7
韩国	1	2.9
意大利	1	2.9
西班牙	1	2.9
新加坡	1	2.9

境内注册人省份分析

从境内注册人所属的省份来看，共覆盖26个省份，其中江苏、山东、江西三省居前列，产品数量占比均超过总数量的10%以上，三省总和接近总数量的50%。尤其是江西省，其并不属于传统的医疗器械大省，但在静脉输液器和静脉输液针领域占据大量的注册产品数量，在该领域处于优势地位（见表4）。

表4 静脉输液器/静脉输液针的境内注册证省份分布

单位：项，%

省份	数量	占比
江苏省	120	16.1
山东省	109	14.7
江西省	95	12.8

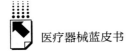
续表

省份	数量	占比
上海市	70	9.4
浙江省	65	8.7
河南省	55	7.4
四川省	36	4.8
北京市	28	3.8
湖北省	27	3.6
广东省	21	2.8
天津市	21	2.8
湖南省	20	2.7
辽宁省	16	2.2
安徽省	15	2.0
吉林省	10	1.3
云南省	5	0.7
黑龙江省	4	0.5
山西省	4	0.5
重庆市	4	0.5
内蒙古自治区	4	0.5
广西壮族自治区	4	0.5
陕西省	3	0.4
福建省	3	0.4
河北省	2	0.3
贵州省	2	0.3
甘肃省	1	0.1

境内注册人城市分析

从注册人所在的城市来看，共涉及95个城市，相对大部分医疗器械产品而言，其分散性更强。产品注册数量所占比例在1%以上的城市有20座。其中上海市、常州市、南昌市和淄博市四个城市的产品数量约达到总数量的1/3（见表5）。

表 5　静脉输液器/静脉输液针境内注册证部分城市分布

单位：张，%

城市	数量	占比
上海市	70	9.4
常州市	60	8.1
南昌市	58	7.8
淄博市	58	7.8
台州市	32	4.3
北京市	28	3.8
漯河市	28	3.8
威海市	23	3.1
成都市	23	3.1
天津市	21	2.8
宜春市	21	2.8
温州市	16	2.2
无锡市	15	2.0
连云港市	14	1.9
常德市	13	1.7
武汉市	12	1.6
平顶山市	11	1.5
抚州市	9	1.2
长春市	9	1.2
宜宾市	8	1.1

（2）输血器分析

输血器是用于向患者输送血液或血液成分，是手术过程中常规医用耗材，提取数据库中所有处于有效状态产品数据进行分析（截至 2019 年 6 月 30 日），输血器产品注册证共计 77 项，共由 65 个注册人取得。其中境内产品注册证 72 项，分属于 61 个境内注册人；进口（含港澳台）产品注册证 5 项，分属于 4 个进口（含港澳台）注册人。

其中，输血器共计 69 项有效注册证，境内有效注册证 66 项，占有效注册总数量的 95.65%，进口（含港澳台）注册证 3 项，占有效注册总数量的 4.35%；泵用输血器仅有 2 项有效注册证，且全部为进口注册产品；去白细胞输血器注册证 6 项，全部为境内有效注册证。境内与进口注册人平均持证张数相当（见表 6）。

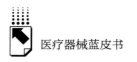
表6　输血器注册证数量分布

单位：张，家

类别	国产			进口		
	注册证数量	企业数量	平均持证张数	注册证数量	企业数量	平均持证张数
输血器	66	58	1.1	3	3	1.0
泵用输血器	—	—	—	2	2	1.0
去白细胞输血器	6	5	1.2	—	—	—
合计	72	61	1.2	5	4	1.3

注：表中"企业数量"因部分企业获多种类注册证，故企业数量合计一项并非表中数据之和。

进口注册人国家/地区分析

从进口（含港澳台）注册人所属的国家/地区分析，由于产品数量较少，仅涉及3个不同的国家，即美国、德国和瑞士。样本数量较少，因此不具备代表性。

境内注册人省份分析

从境内注册人所属的省份来看，共覆盖16个省份，其中江苏、山东、浙江三省居前列，三省总和接近总数量的60%，江苏省注册证数量接近总有效注册数量的1/3（见表8）。

表7　输血器境内注册证省份分布

单位：张，%

省份	数量	占比
江苏省	23	31.8
山东省	11	15.3
浙江省	8	11.1
四川省	5	6.9
上海市	5	6.9
江西省	4	5.6
河南省	3	4.2
广东省	3	4.2
安徽省	2	2.8

续表

省份	数量	占比
湖南省	2	2.8
广西壮族自治区	1	1.4
辽宁省	1	1.4
福建省	1	1.4
湖北省	1	1.4
重庆市	1	1.4
甘肃省	1	1.4

境内注册人城市分析

从注册人所在的城市来看，共涉及 32 个城市（见表8）。其中常州市排在第一位，领先其他各个城市。

表8 输血器境内注册证城市分布

单位：张，%

城市	数量	占比
常州市	13	18.1
上海市	5	6.9
成都市	5	6.9
淄博市	4	5.5
威海市	4	5.5
南昌市	4	5.5
南京市	4	5.5
台州市	3	4.1
温州市	2	2.8
苏州市	2	2.8
漯河市	2	2.8
常德市	2	2.8
连云港市	2	2.8
宁波市	2	2.8
徐州市	1	1.4
滁州市	1	1.4
南宁市	1	1.4
广州市	1	1.4

续表

城市	数量	占比
烟台市	1	1.4
沈阳市	1	1.4
莆田市	1	1.4
济南市	1	1.4
平顶山市	1	1.4
江门市	1	1.4
滨州市	1	1.4
宣城市	1	1.4
湖州市	1	1.4
深圳市	1	1.4
荆门市	1	1.4
无锡市	1	1.4
兰州市	1	1.4
重庆市	1	1.4

（二）置入类材料市场数据分析

1. 置入类材料定义及范围界定

根据《一次性医用耗材分类编码（2012 版）》，置入类材料包括介入类、栓塞材料、内固定材料、充填材料和其他共计 5 个二级分类（见表 9）。

表 9　置入类材料范围界定

二级分类	内　　　容
介入类	a. 支架：颈动脉支架、冠状动脉支架、门静脉支架、人工耳支架、食管支架、输尿管鞘、肠道支架、胆道支架、胰管支架、前列腺支架、尿道支架、输尿管支架等； b. 球囊：取石球囊导管、主动脉内球囊反搏导管、球囊扩张导管等； c. 起搏器：永久起搏器、起搏导管、临时起搏导管等； d. 除颤器； e. 植入式心电记录器； f. 导管：导引导管、造影导管、溶栓导管、取栓导管、超声导管、标测导管、消融导管、激光导管、电极导管、旋切导管、漂浮导管、中心静脉导管、破膜导管、猪尾导管、心房测压管、测压管、颈动脉内转流管、动脉灌注管、脐静脉导管等； g. 导丝：导引导丝； h. 管鞘：血管鞘

续表

二级分类	内　　容
栓塞材料	封堵器、泪道栓子、弹簧圈、支气管堵塞器等
内固定材料	固定板;固定钉;固定丝;带针胸骨钢丝、钢丝等;固定架;固定钩;固定缆;固定棒;其他:骨水泥等
充填材料	—
其他	宫内节育器、血管远端保护装置、栓子保护装置

2. 置入类材料代表品种分析

（1）心脏封堵器

心脏封堵器是介入治疗中的一类心脏植入物，被放置于心脏缺损部位起封堵的作用。选取数据库中目前所有处于有效状态（截至 2019 年 6 月 30 日）的心脏封堵器产品注册证作为代表品种，共计 44 项，由 12 个注册人获得；其中境内产品注册证 36 项，分属于 10 个境内注册人；进口（含港澳台）产品注册证 8 项，分属于 2 个进口（含港澳台）注册人，境内产品注册数量显著高于进口（含港澳台）注册数量（见表 10）。

在 44 项心脏封堵器相关注册产品中，有 37 项注册产品为心脏封堵器，7 项注册产品为心脏封堵器输送系统相关产品，所有相关产品均作为第三类医疗器械进行管理，并归属于高值医用耗材范畴。

表 10　有效注册的心脏封堵器相关产品

产品名称	注册证编号	注册人
Ⅱ代动脉导管未闭封堵器	国械注进 20183132560	美国 AGA 医疗用品有限公司
一次性使用封堵器输送导管	国械注准 20183661763	徐州亚太科技有限公司
一体式封堵器介入输送装置	国械注准 20183770269	上海形状记忆合金材料有限公司
室间隔缺损封堵器	国械注准 20183770217	威海维心医疗设备有限公司
派瑞林涂层房间隔缺损封堵器	国械注准 20183771031	北京华医圣杰科技有限公司
左心耳封堵器	国械注进 20183771562	波士顿科学公司
封堵器输送系统	国械注准 20183771502	北京华医圣杰科技有限公司
封堵器介入输送装置	国械注准 20173774665	上海形状记忆合金材料有限公司
室间隔缺损封堵器	国械注准 20173774644	上海形状记忆合金材料有限公司
房间隔缺损封堵器	国械注准 20173774650	上海形状记忆合金材料有限公司

产品名称	注册证编号	注册人
动脉导管未闭封堵器	国械注准 20173774647	上海形状记忆合金材料有限公司
封堵器输送系统	国械注准 20173774507	北京普益盛济科技有限公司
房间隔缺损封堵器	国械注准 20173774478	北京华医圣杰科技有限公司
卵圆孔未闭封堵器	国械注准 20173774477	北京华医圣杰科技有限公司
动脉导管未闭封堵器	国械注准 20173771284	上海普实医疗器械科技有限公司
室间隔缺损封堵器	国械注准 20173771286	上海普实医疗器械科技有限公司
房间隔缺损封堵器	国械注准 20173771279	上海普实医疗器械科技有限公司
左心耳封堵器系统	国械注准 20173770881	先健科技（深圳）有限公司
多孔型房间隔缺损封堵器	国械注进 20173771320	美国 AGA 医疗用品有限公司
室间隔缺损封堵器	国械注进 20163773309	美国 AGA 医疗用品有限公司
卵圆孔未闭封堵器	国械注进 20163773021	美国 AGA 医疗用品有限公司
动脉导管未闭封堵器	国械注进 20163772907	美国 AGA 医疗用品有限公司
房间隔缺损封堵器	国械注进 20163772493	美国 AGA 医疗用品有限公司
动脉导管未闭封堵器	国械注准 20163771167	东莞科威医疗器械有限公司
房间隔缺损封堵器	国械注准 20163771168	东莞科威医疗器械有限公司
陶瓷膜室间隔缺损封堵器	国械注准 20163770337	先健科技（深圳）有限公司
房间隔缺损封堵器	国械注准 20163770336	先健科技（深圳）有限公司
陶瓷膜房间隔缺损封堵器	国械注准 20163770338	先健科技（深圳）有限公司
室间隔缺损封堵器	国械注准 20163770339	先健科技（深圳）有限公司
陶瓷膜动脉导管未闭封堵器	国械注准 20163770335	先健科技（深圳）有限公司
左心耳封堵器	国械注进 20153773158	美国 AGA 医疗用品有限公司
动脉导管未闭封堵器	国械注准 20153771360	先健科技（深圳）有限公司
房间隔缺损封堵器	国械注准 20163771292	北京普益盛济科技有限公司
室间隔缺损封堵器	国械注准 20153770671	东莞科威医疗器械有限公司
动脉导管未闭封堵器	国械注准 20153770030	上海锦葵医疗器械有限公司
房间隔缺损封堵器	国械注准 20153770031	上海锦葵医疗器械有限公司
房间隔缺损及动脉导管未闭封堵器	国械注准 20163770106	北京维心医疗器械有限公司
封堵器用输送系统	国械注准 20143772120	东莞科威医疗器械有限公司
室间隔缺损封堵器	国械注准 20153771847	北京华医圣杰科技有限公司
动脉导管未闭封堵器	国械注准 20153771848	北京华医圣杰科技有限公司
心血管病封堵器输送系统	国械注准 20153771494	北京佰仁医疗科技股份有限公司
动脉导管未闭封堵器	国械注准 20153771327	徐州亚太科技有限公司
室间隔缺损封堵器	国械注准 20153771329	徐州亚太科技有限公司
房间隔缺损封堵器	国械注准 20153771328	徐州亚太科技有限公司

进口注册人国家/地区分析

从进口（含港澳台）注册人所属的国家/地区分析，仅有 2 个注册人，分别来自美国和爱尔兰，其中美国 AGA 医疗用品有限公司（雅培收购）是唯一覆盖房间隔缺损（Atrial Septal Defect，ASD）封堵器、室间隔缺损（Ventricular Septal Defect，VSD）封堵器、动脉导管未闭（Patent Ductus Arteriosus，PDA）封堵器、卵圆孔未闭（Patent Foramen Ovale，PFO）封堵器和左心耳（Left Atrial Appendage，LAA）封堵器 5 个类别，是目前在中国上市封堵器产品线中最完善的生产企业。

境内注册人省份分析

从境内注册人所属的省份来看，共覆盖 5 个省份，主要集中在广东省、北京市、上海市，三者之和占到境内有效产品注册总量的 86.2%（见表 11）。

表 11　心脏封堵器境内注册证省份分布

单位：张，%

省份	数量	占比
广东省	11	30.6
北京市	10	27.8
上海市	10	27.8
江苏省	4	11.1
山东省	1	2.8

境内注册人城市分析

从注册人所在的城市来看，共涉及 6 个城市，主要集中在北京市、上海市、深圳市（见表 12）。其中，深圳市所有相关有效注册产品均来自先健科技（深圳）有限公司，是目前境内注册人中成立最早、相关产品有效注册数量最多的生产企业，也是唯一一家拥有左心耳封堵器产品的企业，产品线覆盖了除卵圆孔未闭封堵器以外的全部 4 个类别；此外，北京华医圣杰科技有限公司则是境内卵圆孔封堵器的唯一一家产品生产企业，产品线覆盖了除左心耳封堵器以外的全部 4 个类别。

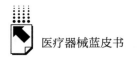

表 12 心脏封堵器境内注册证城市分布

单位：张，%

城市	数量	占比
北京市	10	27.8
上海市	10	27.8
深圳市	7	19.4
东莞市	4	11.1
徐州市	4	11.1
威海市	1	2.8

（2）神经调控装置

选取神经刺激器作为神经调控装置代表品种分析，数据分析时在数据库中提取了目前所有处于有效状态（截至 2019 年 6 月 30 日）的神经刺激器产品注册证，共计 18 项，由 7 个注册人获得；其中境内产品注册证 6 项，分属于 2 个境内注册人；进口（含港澳台）产品注册证 12 项，分属于 5 个进口（含港澳台）注册人。18 项神经刺激器包括脑神经刺激器 7 项、脊髓神经刺激器 6 项、迷走神经刺激器 2 项、骶神经刺激器 3 项。由表 13 可知，所有相关产品均属于第三类医疗器械，并归属于高值医疗耗材管理。

表 13 有效注册的神经刺激器相关产品

产品名称	注册证编号	注册人	类别
植入式骶神经刺激器套件	国械注准 20183120410	北京品驰医疗设备有限公司	骶神经刺激器
迷走神经刺激器	国械注进 20173216791	LivaNova	迷走神经刺激器
神经刺激器	国械注进 20173216794	美敦力公司	神经刺激器
植入式神经刺激器	国械注进 20173211924	美敦力公司	脊髓神经刺激器
可充电植入式脊髓神经刺激器	国械注进 20173211182	美敦力公司	脊髓神经刺激器
植入式神经刺激系统	国械注进 20163215146	美敦力公司	脊髓神经刺激器
植入式神经刺激器	国械注进 20163215136	美敦力公司	脑神经刺激器
可充电植入式神经刺激器	国械注进 20163215159	美敦力公司	脑神经刺激器
可充电植入式脊髓神经刺激系统	国械注进 20163214512	圣犹达医疗用品有限公司	脊髓神经刺激器

产品名称	注册证编号	注册人	类别
植入式脑深部电刺激脉冲发生器套件	国械注进 20163212569	美敦力公司	脑神经刺激器
植入式迷走神经刺激脉冲发生器套件	国械注准 20163210989	北京品驰医疗设备有限公司	迷走神经刺激器
四通道可充电植入式脊髓电刺激脉冲发生器套件	国械注进 20163211958	波士顿科学	脊髓神经刺激器
双通道可充电植入式脊髓电刺激脉冲发生器套件	国械注进 20163211957	波士顿科学	脊髓神经刺激器
植入式骶前神经根刺激脉冲发生器	国械注进 20163212595	Finetech	骶神经刺激器
双通道植入式脑深部电刺激脉冲发生器套件	国械注准 20153210970	苏州景昱医疗器械有限公司	脑神经刺激器
脑深部电刺激脉冲发生器组件	国械注准 20143212170	北京品驰医疗设备有限公司	脑神经刺激器
单通道植入式脑深部电刺激脉冲发生器套件	国食药监械（准）字 2014 第 3211429 号	北京品驰医疗设备有限公司	脑神经刺激器
双通道可充电植入式神经刺激器	国食药监械（准）字 2014 第 3211375 号	北京品驰医疗设备有限公司	脑神经刺激器

进口注册人国家/地区分析

从进口（含港澳台）注册人所属的国家/地区来看，分别来自美国与英国，美国包含 4 个注册人，均为神经调控技术领域的企业，拥有多年研发、制造，以及临床应用的经验，在该领域处于国际领先地位（见表14）。

表14　神经刺激器的注册证进口区域分布

单位：张，%

国家/地区	数量	占比
美国	11	91.7
英国	1	8.3

境内注册人省份/城市分析

从境内注册人所属的省份/城市来看，注册人仅覆盖 2 个省份，分别是

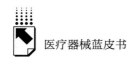

北京品驰医疗设备有限公司和苏州景昱医疗器械有限公司，两家生产企业均专注于神经调控技术领域（见表15）。

表15　神经刺激器境内注册证省份/城市分布

单位：张，%

省份	城市	数量	占比
北京市	北京市	5	83.3
江苏省	苏州市	1	16.7

（三）植入材料市场数据分析

1. 植入材料定义及范围界定

根据《一次性医用耗材分类编码（2012版）》，植入材料包括人工材料、异种组织、修补材料等3个二级分类（见表16）。

表16　植入材料范围界定

二级分类	内容
人工材料	a. 人工器官：人工硬脑膜、义眼、义眼片、接触眼片、表层角膜镜片、角膜基质环、义眼台、人工泪管、人工虹膜隔、人工晶状体、羊膜、耳模型、人工鼻、喉模、发音管、透声管、人工心脏、心脏瓣膜、带瓣管道、成形环、人工血管、人工骨、人工椎体、人工椎间盘、人工椎板、人工关节、垫片、人工髓核、人工肌腱、人工韧带、人工尿道括约肌、人工皮、人工真皮、人工皮瓣等； b. 假体：听小骨假体、电子耳蜗、喉结再造假体、乳房假体、阴茎假体、睾丸假体、假肢等
异种组织	异种皮、异种骨等
修补材料	脊柱膜； 补片； 悬吊材料：悬吊器、悬吊带等

2. 植入材料代表品种分析

选取心脏瓣膜及瓣膜修复器械作为植入材料代表品种分析，数据分析时在数据库中提取了目前所有处于有效状态（截至2019年6月30日）的心脏瓣膜及瓣膜修复器械产品注册证，共计40项；人工心脏瓣膜产品共计29

项，瓣膜修复器械 11 项，由 12 个注册人获得，其中境内产品注册证 11 项，分属于 7 个境内注册人；进口（含港澳台）产品注册证 29 项，分属于 5 个进口（含港澳台）注册人，境内产品注册数量显著低于进口（含港澳台）注册数量，境内注册人的平均持证张数也与进口（含港澳台）注册人相去甚远，在该领域境内企业水平相对较弱。

此外，瓣膜支架作为近些年才刚刚应用于临床的新型医疗器械，目前还未有进口（含港澳台）产品在中国境内注册上市，仅有两款产品均为 2017 年通过 NMPA 创新特别审批通道获批上市的第三类医疗器械。心脏瓣膜及瓣膜修复器械作为风险性较高的医疗器械产品，均作为第三类医疗器械管理，属于高值医用耗材范畴。

由表 17 可知，除瓣膜修复器械外的 29 款人工心脏瓣膜注册产品中，机械瓣膜产品 15 款，来自 6 个注册人，其中进口（含港澳台）注册人 4 个、境内注册人 2 个；生物瓣膜产品 12 款，来自 5 个注册人，其中进口（含港澳台）注册人 3 个、境内注册人 2 个；瓣膜支架产品 2 款，来自 2 个境内注册人。

表 17　有效注册的心脏瓣膜及瓣膜修复器械相关产品

产品名称	注册证编号	注册人	类别
瓣膜成形环	国械注准 20183130534	金仕生物科技（常熟）有限公司	瓣膜修复器械
瓣膜成形环	国械注进 20183460206	爱德华	瓣膜修复器械
瓣膜成型带/环	国械注进 20173467229	美敦力	瓣膜修复器械
心脏瓣膜成形环	国械注进 20173466532	爱德华	瓣膜修复器械
瓣膜成形环	国械注进 20173466528	爱德华	瓣膜修复器械
瓣膜成形环	国械注进 20173461508	索林集团/微创	瓣膜修复器械
心脏瓣膜成形环	国械注进 20163463017	爱德华	瓣膜修复器械
瓣膜成型环/带	国械注进 20163461293	美敦力	瓣膜修复器械
瓣膜成型环	国械注进 20163461271	美敦力	瓣膜修复器械
二尖瓣心脏瓣膜成形环	国食药监械（进）字 2014 第 3463228 号	爱德华	瓣膜修复器械
瓣膜成形环	国械注准 20153460583	北京佰仁医疗科技股份有限公司	瓣膜修复器械
人工心脏瓣膜	国械注进 20183462168	On-X/Cryolife	机械瓣膜

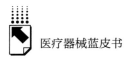

产品名称	注册证编号	注册人	类别
人工心脏瓣膜	国械注进 20183461518	美敦力	机械瓣膜
单叶式机械心脏瓣膜	国械注准 20173460672	北京思达/乐普	机械瓣膜
双叶式机械心脏瓣膜	国械注准 20173460673	北京思达/乐普	机械瓣膜
双叶人工机械瓣膜	国械注进 20173460453	索林集团/微创	机械瓣膜
人工心脏瓣膜	国械注进 20163462641	美敦力	机械瓣膜
人工心脏瓣膜	国械注进 20163462647	索林集团/微创	机械瓣膜
人工心脏瓣膜	国械注进 20163462339	索林集团/微创	机械瓣膜
机械心脏瓣膜	国械注进 20163461281	圣犹达/雅培	机械瓣膜
全炭双叶型人工机械心脏瓣膜	国械注准 20153462325	兰州兰飞医疗器械有限公司	机械瓣膜
机械心脏瓣膜	国械注进 20153462911	圣犹达/雅培	机械瓣膜
机械心脏瓣膜	国械注进 20153462912	圣犹达/雅培	机械瓣膜
人工心脏瓣膜	国械注进 20163462648	索林集团/微创	机械瓣膜
人工心脏瓣膜	国械注进 20163462487	索林集团/微创	机械瓣膜
人工机械心脏瓣膜	国食药监械（准）字 2014 第 3461165 号	兰州兰飞医疗器械有限公司	机械瓣膜
瓣膜	国械注进 20193131533	圣犹达/雅培	生物瓣膜
瓣膜	国械注进 20183132605	圣犹达/雅培	生物瓣膜
生物人工心脏瓣膜	国械注进 20183461040	圣犹达/雅培	生物瓣膜
人工生物心脏瓣膜	国械注准 20173464064	北京普惠生物	生物瓣膜
猪生物瓣膜假体	国械注进 20173462038	美敦力	生物瓣膜
生物瓣膜	国械注进 20173465078	爱德华	生物瓣膜
生物瓣膜	国械注进 20163463322	爱德华	生物瓣膜
人工生物心脏瓣膜	国械注准 20163461798	北京佰仁医疗科技股份有限公司	生物瓣膜
生物瓣膜	国械注进 20163463012	爱德华	生物瓣膜
人工生物心脏瓣膜	国械注准 20163460809	北京佰仁医疗科技股份有限公司	生物瓣膜
生物瓣膜	国械注进 20153461122	爱德华	生物瓣膜
瓣膜	国械注进 20153460059	圣犹达/雅培	生物瓣膜
介入人工生物心脏瓣膜	国械注准 20173460698	苏州杰成医疗科技有限公司	瓣膜支架
经皮介入人工心脏瓣膜系统	国械注准 20173460680	杭州启明医疗器械有限公司	瓣膜支架

（1）进口注册人国家/地区分析

从进口（含港澳台）注册人所属的国家/地区来看，仅有 2 个国家，其中美国包含 4 个注册人，覆盖了近 4/5 的进口注册产品，是心脏瓣膜及瓣膜修复器械的主要进口国（见表18）。

表18　心脏瓣膜及瓣膜修复器械注册证进口区域分布

单位：张，%

国家/地区	数量	占比
美国	23	79.3
意大利	6	20.7

（2）境内注册人省份分析

从境内注册人所属的省份来看，共覆盖 4 个省份，其中北京市位列第一，值得一提的是，并非国内医疗器械发达省份的甘肃省，在心脏瓣膜及瓣膜修复领域走在了其他省份的前面（见表19）。

表19　心脏瓣膜及瓣膜修复器械境内注册证省份分布

单位：张，%

省份	数量	占比
北京市	6	54.5
江苏省	2	18.2
甘肃省	2	18.2
浙江省	1	9.1

（3）境内注册人城市分析

从注册人所在的城市来看，共涉及 4 个城市，每个城市涉及的有效产品注册数量均相对较少。

（四）口腔材料市场数据分析

1. 口腔材料定义及范围界定

根据《一次性医用耗材分类编码（2012版）》，口腔材料包括印模材料、

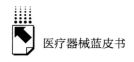

种植材料、颌面创伤修复材料、赝复体、牙周塞治剂、口腔充填材料、根管治疗材料、粘接材料、指示材料、义齿材料、正畸材料、模型材料、专用口腔材料等多个二级分类（见表20）。

表20 口腔材料范围界定

二级分类	内容
印模材料	—
种植材料	种植体、种植基台、种植基台保护帽、愈合基台、成品冠桥基底、覆盖螺丝、种植支抗钉、印模帽、替代体等
颌面创伤修复材料	牵张器
赝复体	鼻撑、腭护板等
牙周塞治剂	—
口腔充填材料	—
根管治疗材料	牙胶、拔髓针、桩钉等
黏接材料	黏合剂等
指示材料	纸蜡等
义齿材料	衬垫材料、基托、固位体、义齿支架、附着体、套筒冠、预成冠、成品牙、贴面材料、修复材料、表面材料
正畸材料	1）矫治器； 2）保持器； 3）专用口腔正畸材料：保持器、托槽、下颌前移器、颊面管、舌侧鞘、唇弓、导板、扩弓器、压膜、带环、功能丝、弓丝、结扎丝等
模型材料	—
专用口腔材料	车针、牙弓夹板、合导板、磨光条、膜片、漂白剂、屏障膜等

2. 口腔材料代表品种分析

口腔材料中选取种植材料作为代表品种，数据分析时提取数据库中所有处于有效状态（截至2019年6月30日）的种植材料产品注册证，共计401项，共由180个注册人取得。其中境内产品注册证71项，分属于52个境内注册人；进口（含港澳台）产品注册证330项，分属于128个进口（含港澳台）注册人，境内产品注册数量显著低于进口（含港澳台）注册数量。

其中，基台及附件、种植支抗、种植扫描体、种植角度测量器在境内注册中属于空白；在细分的 8 个不同的品种中，除种植导板品类外，其他品类进口（含港澳台）产品注册证数量均远高于境内；总体企业平均持证张数进口（含港澳台）注册高于境内注册（见表 21）。由此可见，口腔科种植材料领域，中国企业与世界领先企业尚有差距。

表 21　种植材料注册证数量分布

单位：张，家

类别	国产			进口		
	注册证数量	企业数量	平均持证张数	注册证数量	企业数量	平均持证张数
牙种植体（含系统）	11	10	1.1	97	64	1.5
基台及附件	—	—	—	46	26	1.8
种植支抗	—	—	—	3	2	1.5
种植导板	40	35	1.1	30	24	1.3
种植扫描体	—	—	—	22	22	1.0
种植导向定位器	9	8	1.1	30	24	1.3
种植角度测量器	—	—	—	1	1	1.0
种植工具	11	7	1.6	101	56	1.8
合计	71	52	1.4	330	128	2.6

注：表中"企业数量"因部分企业获多种类注册证，故企业数量合计一项并非表中数据之和。

（1）进口注册人国家/地区分析

从进口（含港澳台）注册人所属的国家/地区来看，共覆盖 15 个不同的国家和地区。其中，韩国种植材料类产品所占比例超过进口产品注册总数的 1/4，位列第一（见表 22）。

（2）境内注册人省份分析

从境内注册人所属的省份来看，共覆盖 8 个省份，其中排名前三的省份是北京市、上海市、江苏省，三个省份的注册数量超过境内总注册产品数量的 80%，北京市注册数量居榜首（见表 23）。

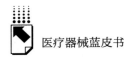

表 22　种植材料的注册证进口区域分布

单位：张，%

国家/地区	数量	占比
韩国	90	27.3
德国	49	14.8
瑞士	39	11.8
美国	38	11.5
以色列	29	8.8
中国台湾	27	8.2
法国	17	5.2
瑞典	14	4.2
意大利	13	3.9
英国	5	1.5
西班牙	3	0.9
日本	2	0.6
荷兰	2	0.6
芬兰	1	0.3
丹麦	1	0.3

表 23　种植材料境内注册证省份分布

单位：张，%

省份	数量	占比
北京市	31	43.7
上海市	21	29.6
江苏省	8	11.3
浙江省	6	8.5
山东省	2	2.8
河北省	1	1.4
四川省	1	1.4
河南省	1	1.4

（3）境内注册人城市分析

从注册人所在的城市来看，共涉及 12 个城市，产品注册大部分集中于北京和上海，其他城市注册产品数量处于较低水平（见表 24）。

表 24　种植材料境内注册证城市分布

单位：张，%

城市	数量	占比
北京市	31	43.7
上海市	21	29.6
常州市	6	8.5
杭州市	3	4.2
宁波市	3	4.2
石家庄市	1	1.4
南通市	1	1.4
泰安市	1	1.4
成都市	1	1.4
苏州市	1	1.4
威海市	1	1.4
郑州市	1	1.4

（五）缝合止血材料市场数据分析

1. 缝合止血定义及范围界定

根据《一次性医用耗材分类编码（2012 版）》，缝合止血材料包括缝合类和黏合止血类两个二级分类（见表 25）。

表 25　缝合止血材料范围界定

二级分类	内容
缝合类	a. 线：特殊缝线等； b. 器：吻合器等； c. 夹：血管夹、管路夹等
黏合止血类	a. 止血材料 b. 黏合材料：骨蜡等； c. 防粘连材料：黏弹剂

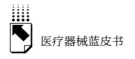
2. 缝合止血材料代表品种分析

（1）缝线

提取数据库中所有处于有效状态（截至2019年6月30日）的缝合线产品注册证作为代表品种分析，共计237项，共由108家注册人取得。其中境内注册证131项，分属于72个注册人，进口（含港澳台）注册证106项，分属于35个注册人（见表26）。

在所有缝线中，进口（含港澳台）注册的产品暂无记忆合金缝合线。其中，可吸收缝合线共计96项，境内有效注册证45项，占有效注册总数量的46.88%，进口（含港澳台）注册证51项，占有效注册总数量的53.12%；不可吸收缝合线共计128项，境内有效注册证73项，占有效注册总量的57.03%，进口（含港澳台）有效注册证55项，占有效注册总量的42.97%。虽然从注册数量上，境内与进口（含港澳台）差异较小，但进口（含港澳台）注册企业平均持证张数是境内的1.7倍，境内企业产业集中度相对分散（见表26）。

表26　缝线注册证数量分布

单位：张，家

类别	国产			进口		
	注册证数量	企业数量	平均持证张数	注册证数量	企业数量	平均持证张数
可吸收缝合线	45	31	1.5	51	22	2.3
不可吸收缝合线	73	48	1.5	55	20	2.8
记忆合金缝合线	8	8	1.0	—	—	—
未知类型缝合线	5	5	1.0	—	—	—
合计	131	72	1.8	106	35	3.0

注：表中"企业数量"因部分企业获多种类注册证，故企业数量合计一项并非表中数据之和。

进口注册人国家/地区分析

从进口（含港澳台）注册人所属的国家和地区来看，共覆盖11个不同的国家和地区。其中，美国企业在缝合线产品领域的产品注册数量处于领先地位，所占比例接近总数的一半（见表27）。

表 27   缝合线注册证进口区域分布

单位：张，%

国家/地区	数量	占比
美国	52	49.1
日本	13	12.3
法国	9	8.5
德国	8	7.5
西班牙	7	6.6
比利时	5	4.7
印度	4	3.8
意大利	3	2.8
中国台湾	2	1.9
瑞士	2	1.9
韩国	1	0.9

境内注册人省份分析

从境内注册人所属的省份来看，共覆盖 15 个省份，其中江苏省的产品数量位居榜首，占比接近有效注册总量的 1/3（见表 28）。

表 28   缝合线境内注册证省份分布

单位：张，%

省份	数量	占比
江苏省	39	29.8
上海市	19	14.5
山东省	14	10.7
浙江省	14	10.7
北京市	11	8.4
广东省	9	6.9
江西省	8	6.1
湖南省	4	3.1
四川省	3	2.3
河南省	3	2.3
安徽省	2	1.5
吉林省	2	1.5

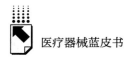

续表

省份	数量	占比
福建省	1	0.8
河北省	1	0.8
天津市	1	0.8

境内注册人城市分析

从注册人所在的城市来看，共涉及 31 个城市。其中上海市的产品数量位居首位，注册数量前 5 位城市未有明显差异，超过 40% 的城市仅有一款有效注册产品（见表29）。

表29　缝合线境内注册证城市分布

单位：张，%

城市	数量	占比
上海市	19	14.5
杭州市	13	9.9
南通市	11	8.4
北京市	11	8.4
扬州市	10	7.6
珠海市	8	6.1
苏州市	8	6.1
威海市	5	3.8
菏泽市	5	3.8
淮安市	5	3.8
南昌市	5	3.8
青岛市	4	3.1
成都市	3	2.3
长沙市	3	2.3
九江市	2	1.5
长春市	2	1.5
泰州市	2	1.5
常州市	2	1.5
鹰潭市	1	0.8
厦门市	1	0.8
佛山市	1	0.8

城市	数量	占比
南京市	1	0.8
宁波市	1	0.8
郑州市	1	0.8
滁州市	1	0.8
新乡市	1	0.8
石家庄市	1	0.8
天津市	1	0.8
合肥市	1	0.8
平顶山市	1	0.8
娄底市	1	0.8

（2）吻（缝）合器分析

提取数据库中所有处于有效状态（截至 2019 年 6 月 30 日）的吻（缝）合器产品注册证，共计 847 项，共由 153 个注册人取得。其中境内注册证 807 项，分属于 151 个注册人，进口（含港澳台）注册证 40 项，分属于 2 个注册人。

在所有吻（缝）合器中，进口（含港澳台）注册的产品暂无皮肤筋膜吻合器、荷包吻合器、包皮环切吻合器。从整体情况看，境内有效注册产品数量远高于进口（含港澳台）；但进口（含港澳台）注册企业仅为 2 家，平均持证张数为 20，境内注册平均持证张数为 5.3，虽然远低于进口水平，但显著高于其他品类医用耗材，吻（缝）合器产业相对集中（见表30）。

表30　吻（缝）合器注册证数量分布

单位：张，家

类别	国产			进口		
	注册证数量	企业数量	平均持证张数	注册证数量	企业数量	平均持证张数
线性吻合器	109	73	1.5	3	1	3.0
管型吻合器	133	93	1.4	4	2	2.0
皮肤筋膜吻合器	40	38	1.1	—	—	—
荷包吻合器	17	17	1.0	—	—	—

类别	国产			进口		
	注册证数量	企业数量	平均持证张数	注册证数量	企业数量	平均持证张数
直线切割吻合器	103	79	1.3	3	1	3.0
弧形切割吻合器	43	43	1.0	1	1	1.0
旋转切割吻合器	2	2	1.0	2	1	2.0
其他切割吻合器	16	11	1.5	2	1	2.0
包皮环切吻合器	66	61	1.1	—	—	—
肛肠吻合器	139	95	1.5	4	2	2.0
腔镜专用吻合器	94	67	1.4	13	2	6.5
电动腔镜吻合器	1	1	1.0	5	2	2.5
未知类型吻合器	44	27	1.6	3	1	3.0
合计	807	151	5.3	40	2	20.0

境内注册人省份分析

从境内注册人所属的省份来看，共覆盖 17 个省份，其中江苏省一个省的产品数量即接近所有总量的 70%，是吻（缝）合器产业在境内产品注册的最大集中区域（见表 31）。

表 31 吻（缝）合器境内注册证省份分布

单位：张，%

省份	数量	占比
江苏省	555	68.7
北京市	41	5.1
天津市	26	3.2
浙江省	25	3.1
广东省	23	2.8
河南省	23	2.8
山东省	22	2.7
上海市	21	2.6
江西省	17	2.1
重庆市	17	2.1

省份	数量	占比
湖北省	10	1.2
安徽省	9	1.1
河北省	8	1.0
湖南省	4	0.5
甘肃省	3	0.4
陕西省	2	0.3
四川省	2	0.3

境内注册人城市分析

从注册人所在的城市来看，共涉及 36 个城市。其中常州市、苏州市、无锡市以绝对数量优势排在前列，且 3 个城市均来源于江苏（见表 33）。江苏还是境内超过 60% 的吻（缝）合器有效注册产品的来源地。

表 32 吻（缝）合器注册证城市分布

单位：张，%

城市	数量	占比
常州市	348	43.1
苏州市	87	10.8
无锡市	71	8.8
北京市	41	5.1
天津市	26	3.2
泰州市	22	2.7
上海市	21	2.6
新乡市	18	2.2
广州市	17	2.1
扬州市	17	2.1
重庆市	17	2.1
南昌市	13	1.6
宁波市	13	1.6
威海市	12	1.5
杭州市	11	1.4
南京市	10	1.2

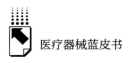

续表

城市	数量	占比
石家庄市	7	0.9
合肥市	6	0.7
青岛市	6	0.7
武汉市	5	0.6
郑州市	5	0.6
襄阳市	5	0.6
长沙市	4	0.5
潍坊市	4	0.5
吉安市	3	0.4
芜湖市	3	0.4
兰州市	3	0.4
珠海市	3	0.4
西安市	2	0.3
成都市	2	0.3
揭阳市	1	0.1
保定市	1	0.1
宜春市	1	0.1
嘉兴市	1	0.1
中山市	1	0.1
东莞市	1	0.1

（六）管套容器过滤材料市场数据分析

1. 管套容器过滤材料定义及范围界定

根据 2012 年发改委和卫计委规划财务司发布的《一次性医用耗材分类编码（2012 版）》，管套容器过滤材料包括通气管路类、通液管路类、管路连接类、容器类、过滤吸附类等 5 个二级分类（见表 33）。

2. 管套容器过滤材料代表品种分析

透析用耗材作为套管容器的代表品种，分析数据时提取数据库中所有处于有效状态（截至 2019 年 6 月 30 日）的透析相关产品注册证，共计 241 项，共由 150 个注册人取得。其中境内注册证 167 项，分属于 117 个注册人，进口注册证 74 项，分属于 33 个注册人。

表33　管套容器过滤材料范围界定

二级分类	内容
通气管路类	a. 通气管道：吸氧管、麻醉呼吸回路、鼻咽通气道、口咽通气道、通气管、口器等； b. 气管导管：异型气管导管、双腔气管导管、支气管导管、气管切开套管等
通液管路类	a. 引流管：乳胶管、脑室引流管、心包引流管、静脉引流管、胆管引流管、胰管引流管、肾引流管、导尿管、三腔导尿管、专用引流管、吸痰管、分流管、三腔胃管、欧玛亚管、T形管、U形管、鼻导管、胃管、空肠营养管、输卵管插管、胚胎移植管、扩张管、输尿管导管、造瘘管、肛管、灌注导管、三腔两囊管、四腔两囊管、通液管、吸引管、抽吸管、冲洗管、冲洗器、延长管、气囊导管、灌洗导管、专用导尿管、造口底盘、造口袋等； b. 引流装置：普通引流管、引流袋、负压引流装置、胸腔闭式引流装置、腹腔闭式引流装置等； c. 透析管路：腹膜透析导管、腹膜透析短管、血液透析管路、长期透析管、转流管、分离管路等
管路连接类	a. 接头：三通、连接管、管路接头、碘伏帽、肝素帽； b. 罩：面罩、蓄氧面罩、鼻罩、喉罩等
容器类	采血管、真空采血管、尿袋、灌肠装置
过滤吸附类	a. 过滤装置：血滤器、透析器、超滤器、血浆分离器、细菌过滤器、呼吸过滤器、滤网等； b. 吸附类：麻醉废气吸附器、吸附器等； c. 氧合器：膜肺

透析滤过物共计82项有效注册证，境内有效注册证29项，占有效注册总量的35.37%，进口（含港澳台）注册证53项，占有效注册总量的64.63%；透析浓缩物共计67项有效注册证，境内有效注册证61项，占有效注册总量的91.04%，进口（含港澳台）有效注册证6项，占有效注册总量的8.96%；透析管路及处理器械共计92项有效注册证，境内有效注册证77项，占有效注册总数量的83.70%，进口（含港澳台）注册证15项，占有效注册总数量的16.30%。进口（含港澳台）注册企业平均持证张数高于境内企业（见表34）。

（1）进口注册人国家/地区分析

进口（含港澳台）注册人共覆盖12个国家。其中，德国企业在透析相

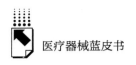

关产品领域的产品注册数量处于领先地位，其次是日本和意大利，三个国家注册产品数量之和所占比例超过总量的75%（见表35）。

表34　透析用耗材注册证数量分布

单位：张，家

类别	国产			进口		
	证数量	企业数量	平均持证张数	证数量	企业数量	平均持证张数
透析滤过物	29	15	1.9	53	22	2.4
透析浓缩物	61	40	1.5	6	5	1.2
透析管路及处理器械	77	70	1.1	15	11	1.4
合计	167	117	1.4	74	33	2.2

注：表中"企业数量"因部分企业获多种类注册证，故企业数量合计一项并非表中数据之和。

表35　透析用材料注册证进口区域分布

单位：张，%

国家	数量	占比
德国	28	37.8
日本	17	23.0
意大利	11	14.9
美国	6	8.1
法国	4	5.4
埃及	2	2.7
瑞典	1	1.4
加拿大	1	1.4
瑞士	1	1.4
马来西亚	1	1.4
韩国	1	1.4
西班牙	1	1.4

（2）境内注册人省份分析

境内注册人共覆盖23个省份，其中江苏省的产品注册数量居首位，占比超过总量的20%。其后依次为河南省和山东省，占比均超过10%（见表36）。

表36　透析用材料注册证省份分布

单位：张，%

省份	数量	占比
江苏省	38	22.8
河南省	25	15.0
山东省	17	10.2
天津市	14	8.4
江西省	11	6.6
广东省	9	5.4
四川省	9	5.4
上海市	7	4.2
河北省	5	3.0
黑龙江省	4	2.4
辽宁省	4	2.4
海南省	4	2.4
浙江省	4	2.4
湖南省	3	1.8
北京市	3	1.8
安徽省	2	1.2
湖北省	2	1.2
重庆市	1	0.6
福建省	1	0.6
吉林省	1	0.6
云南省	1	0.6
贵州省	1	0.6
山西省	1	0.6

（3）境内注册人城市分析

注册人所在的城市共涉及46个，排名前2位的是新乡市、扬州市，其占比均超过10%（见表37）。

（七）敷料护创材料市场数据分析

1. 敷料护创材料定义及范围界定

根据《一次性医用耗材分类编码（2012版）》，敷料护创材料包括敷料、护创材料、其他，共计3个二级分类（见表38）。

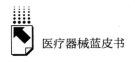

表 37 透析用材料境内注册证部分城市分布

单位：张，%

城市	数量	占比
新乡市	21	12.6
扬州市	19	11.4
天津市	14	8.4
南昌市	10	6.0
成都市	9	5.4
广州市	8	4.8
威海市	8	4.8
上海市	7	4.2
青岛市	6	3.6
泰州市	5	3.0
苏州市	5	3.0
海口市	4	2.4
常州市	4	2.4
保定市	3	1.8
北京市	3	1.8
杭州市	3	1.8
哈尔滨市	2	1.2
沈阳市	2	1.2
漯河市	2	1.2
淄博市	2	1.2
朝阳市	2	1.2
沧州市	2	1.2
南京市	2	1.2
武汉市	2	1.2

表 38 敷料护创材料范围界定

二级分类	内容
敷料	a. 普通敷料； b. 功能性敷料； c. 带：胃束带等
护创材料	负压护创材料等
其他	—

2. 敷料护创材料代表品种分析

选取数据库中所有处于有效状态（截至 2019 年 6 月 30 日）的功能性敷

料产品注册证作为敷料护创材料的代表品种，由提取的数据可知功能性敷料是本报告分析的所有医用耗材中，有效注册证数量最多的品类，共计 1195 项，共由 683 个注册人取得。其中境内产品注册证 1022 项，分属于 610 个境内注册人；进口（含港澳台）产品注册证 173 项，分属于 73 个进口（含港澳台）注册人。

在全部 16 个不同的细分类别中，进口（含港澳台）有效注册数量多于境内有效注册数量的品类是：水胶体敷料、泡沫敷料、含银敷料和复合敷料。其中，泡沫敷料和复合敷料两个类别的进口（含港澳台）产品注册数量远多于境内产品。尤其是复合敷料，进口（含港澳台）注册人平均持证数量达到了 2.1，数据表明在该领域，中国企业与世界领先企业尚有较大距离（见表 39）。

表 39　功能性敷料注册证数量分布

单位：张，家

类别	国产			进口		
	注册证数量	企业数量	平均持证张数	注册证数量	企业数量	平均持证张数
外科织造布类敷料	478	334	1.4	2	1	2.0
外科非织造布敷料	10	10	1.0	—	—	—
可吸收防粘连敷料	19	11	1.7	2	2	1.0
水胶体敷料	14	14	1.0	16	11	1.5
凝胶敷料	38	32	1.2	15	14	1.1
泡沫敷料	13	12	1.1	34	21	1.6
液体敷料	30	24	1.3	7	6	1.2
纤维敷料	31	25	1.2	13	9	1.4
生物敷料	4	4	1.0	1	1	1.0
隔离敷料	7	7	1.0	1	1	1.0
含壳聚糖敷料	54	40	1.4	2	2	1.0
胶原敷料	1	1	1.0	—	—	—
含碳敷料	12	11	1.1	2	2	1.0
含银敷料	9	7	1.3	12	9	1.3
复合敷料	1	1	1.0	15	7	2.1
未知类型敷料	301	216	1.4	51	33	1.5
合计	1022	610	1.7	173	73	2.4

注：表中"企业数量"因部分企业获多种类注册证，故企业数量合计一项并非表中数据之和。

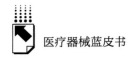

（1）进口注册人国家/地区分析

进口（含港澳台）注册人所属的国家/地区共覆盖17个。其中，德国、美国企业在功能性敷料领域的产品注册数量一致，两者获批产品注册数量超过有效注册总数的30%；此外，英国、法国、瑞典获批产品注册数量均超过有效注册总量的20%，分列第三、第四、第五位（见表40）。

表40　功能性敷料注册证进口区域分布

单位：张，%

国家/地区	数量	占比
德国	27	15.6
美国	27	15.6
英国	23	13.3
法国	21	12.1
瑞典	20	11.6
中国台湾	15	8.7
丹麦	9	5.2
日本	8	4.6
韩国	7	4.0
爱尔兰	6	3.5
捷克	2	1.2
瑞士	2	1.2
意大利	2	1.2
比利时	1	0.6
加拿大	1	0.6
南非	1	0.6
土耳其	1	0.6

（2）境内注册人省份分析

从境内注册人所属的省份来看，共覆盖27个省份，其中河南和江苏二省居前列，两者之和超过有效注册总量的40%，远高于其他省份有效注册数量（见表41）。

（3）境内注册人城市分析

从注册人所在的城市来看，共涉及121个城市，新乡市、南昌市位居前列，两者均为功能性敷料相对集中的注册产地（见表42）。

表 41　功能性敷料注册证省份分布

单位：张，%

省份	数量	占比
河南省	210	20.5
江苏省	208	20.4
江西省	73	7.1
山东省	70	6.8
浙江省	62	6.1
广东省	61	6.0
湖南省	43	4.2
湖北省	37	3.6
上海市	33	3.2
陕西省	25	2.4
河北省	23	2.3
吉林省	21	2.1
云南省	19	1.9
黑龙江省	16	1.6
重庆市	15	1.5
四川省	14	1.4
北京市	14	1.4
福建省	12	1.2
山西省	12	1.2
海南省	12	1.2
贵州省	12	1.2
天津市	10	1.0
安徽省	8	0.8
广西壮族自治区	5	0.5
辽宁省	3	0.3
甘肃省	2	0.2
广西	2	0.2

表 42　功能性敷料注册证部分城市分布

单位：张，%

城市	数量	占比
新乡市	146	14.2
南昌市	60	5.9
上海市	33	3.2

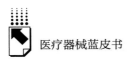
城市	数量	占比
苏州市	32	3.2
泰州市	30	2.9
广州市	30	2.9
长沙市	29	2.8
常州市	28	2.7
扬州市	22	2.2
盐城市	20	2.0
西安市	20	2.0
徐州市	20	2.0
昆明市	19	1.9
郑州市	18	1.8
长春市	18	1.8
重庆市	15	1.5
绍兴市	15	1.5
南通市	15	1.5
无锡市	15	1.5
哈尔滨市	14	1.4
武汉市	14	1.4
北京市	14	1.4
杭州市	13	1.3
成都市	11	1.1
青岛市	11	1.1
深圳市	11	1.1

（八）中医及民族医类材料市场数据分析

1. 中医及民族医类材料定义及范围界定

根据《一次性医用耗材分类编码（2012 版）》，中医及民族医类材料包括中医针具、中医内固定材料、中医辅助材料共计 3 个二级分类（见表 43）。

2. 中医及民族医类材料代表品种分析

针灸针具作为中医及民族医类材料耗材的代表品种，数据分析时提取数据库中所有处于有效状态（截至 2019 年 6 月 30 日）的针灸针具类产品注册

表 43 中医及民族医类材料范围界定

二级分类	内容
中医针具	a. 针灸针具:毫针、芒针、梅花针、锋钩针、镵针、埋线针、浮针、皮内针、针刀、刃针等; b. 中医专用针具:铜离子针等
中医内固定材料	内固定针:骨圆针
中医辅助材料	a. 中医治疗辅助材料:磁片、压丸、磁珠、药卷、药香、药线等; b. 中药加工辅料:赋形剂、炮制辅料

信息,共计 122 项,共由 60 个注册人取得。其中境内注册证 119 项,分属于 58 个注册人,进口(含港澳台)有效注册证仅 3 项,分属于 2 个注册人。作为具有中国特色的医疗领域,主要以境内注册为主(见表 44)。

表 44 针灸针具注册证数量分布

单位:张,家

类别	国产			进口		
	注册证数量	企业数量	平均持证张数	注册证数量	企业数量	平均持证张数
针灸针	43	43	1.0	2	2	1.0
三棱针	10	10	1.0	—	—	—
小针刀/刃针	12	12	1.0	—	—	—
皮肤针/梅花针/七星针	13	13	1.0	—	—	—
滚针	6	5	1.2	—	—	—
皮内针/揿针	27	20	1.4	1	1	1.0
埋线针	8	8	1.0	—	—	—
浮针	—	—	—	—	—	—
合计	119	58	2.1	3	2	1.5

注:表中"企业数量"因部分企业获多种类注册证,故企业数量合计一项并非表中数据之和。

(1)进口注册人国家/地区分析

进口(含港澳台)注册人仅有 2 家,分别为日本企业清零株式会社和韩国企业 Neo Dr. Inc.,这两家企业除了针灸针具外,在中国境内并没有注册任何其他类别的产品。

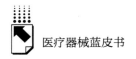

（2）境内注册人省份分析

从境内注册人所属的省份来看，共覆盖 15 个省份，其中江苏省一个省的产品数量所占比例高达 70% 以上，位居榜首（见表 45）。

表 45　针灸针具内注册证省份分布

单位：张，%

省份	数量	占比
江苏省	85	71.4
河南省	9	7.6
安徽省	5	4.2
山东省	4	3.4
江西省	2	1.7
北京市	2	1.7
上海市	2	1.7
浙江省	2	1.7
山西省	2	1.7
贵州省	1	0.8
湖南省	1	0.8
天津市	1	0.8
广东省	1	0.8
河北省	1	0.8
重庆市	1	0.8

（3）境内注册人城市分析

从注册人所在的城市来看，共涉及 28 个城市。苏州市以绝对的数量优势位列第一，占境内有效注册数量的 45.4%。值得关注的是，江苏省 13 个地级市中有 8 个城市在列，是针灸针具产业的绝对优势省份（见表 46）。

表 46　针灸针具境内注册证城市分布

单位：张，%

城市	数量	占比
苏州市	54	45.4
泰州市	9	7.6

城市	数量	占比
信阳市	8	6.7
镇江市	6	5.0
无锡市	6	5.0
扬州市	5	4.2
常州市	2	1.7
临沂市	2	1.7
北京市	2	1.7
上海市	2	1.7
杭州市	2	1.7
太原市	2	1.7
宿迁市	2	1.7
马鞍山市	2	1.7
池州市	2	1.7
合肥市	1	0.8
贵阳市	1	0.8
吉安市	1	0.8
益阳市	1	0.8
天津市	1	0.8
盐城市	1	0.8
茂名市	1	0.8
南昌市	1	0.8
济宁市	1	0.8
保定市	1	0.8
青岛市	1	0.8
重庆市	1	0.8
郑州市	1	0.8

（九）其他类耗材市场数据分析

1. 其他类耗材定义及范围界定

根据《一次性医用耗材分类编码（2012 版）》，其他类耗材包括治疗功能材料、存储介质类、其他，共计 3 个二级分类（见表 47）。

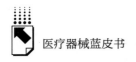

表 47　其他类耗材范围界定

二级分类	内容
治疗功能材料	降温贴等
存储介质类	胶片等
其他	腔镜材料、体外循环材料、膜肺材料、固定膜等

2. 其他类耗材代表品种分析

胶片作为其他类耗材的代表品种，分析数据时提取数据库中所有处于有效状态（截至 2019 年 6 月 30 日）的胶片相关产品注册证，共计 213 项，共由 125 个注册人取得。其中境内产品注册证 180 项，分属于 111 个境内注册人；进口（含港澳台）产品注册证 33 项，分属于 14 个进口（含港澳台）注册人。

从细分类别上看，干式胶片有效注册数量最多，共计 167 项，其中境内有效注册证 152 项，占有效注册总数量的 91.02%，进口（含港澳台）注册证 15 项，占有效注册总数量的 8.98%。进口（含港澳台）注册人平均持证张数高于境内（见表 48）。

表 48　胶片注册证数量分布

单位：张，家

类别	国产			进口		
	注册证数量	企业数量	平均持证张数	注册证数量	企业数量	平均持证张数
X 射线胶片	16	13	1.2	14	8	1.8
热敏胶片	7	5	1.4	4	3	1.3
干式胶片	152	99	1.5	15	7	2.1
胶片显影定影剂	5	2	2.5	—	—	—
合计	180	111	1.6	33	14	2.4

注：表中"企业数量"因部分企业获多种类注册证，故企业数量合计一项并非表中数据之和。

（1）进口注册人国家/地区分析

从进口（含港澳台）注册人所属的国家/地区来看，共覆盖 6 个不同的国家和地区。其中，美国和日本企业的胶片类产品注册数量居前列，二者之和所占比例超过进口有效注册总量的 75%（见表 49）。

表 49　胶片注册证进口区域分布

单位：张，%

国家/地区	数量	占比
美国	15	45.5
日本	10	30.3
奥地利	4	12.1
比利时	2	6.1
意大利	1	3.0
德国	1	3.0

（2）境内注册人省份分析

从境内注册人所属的省份来看，仅覆盖4个省份，江苏、上海、浙江和北京，江苏省占比接近境内有效注册总量的1/2（见表50）。

表 50　胶片注册证省份分布

单位：张，%

省份	数量	占比
江苏省	86	47.8
上海市	37	20.6
浙江省	36	20.0
北京市	21	11.7

（3）境内注册人城市分析

从注册人所在的城市来看，共涉及17个城市，其中江苏省泰州市居首位，排在第二位的是上海市（见表51）。

表 51　胶片境内注册证城市分布

单位：张，%

城市	数量	占比
泰州市	39	21.7
上海市	37	20.6
杭州市	22	12.2

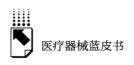
续表

城市	数量	占比
北京市	21	11.7
扬州市	12	6.7
苏州市	9	5.0
宁波市	8	4.4
徐州市	8	4.4
无锡市	4	2.2
盐城市	4	2.2
南京市	3	1.7
温州市	3	1.7
镇江市	3	1.7
金华市	2	1.1
常州市	2	1.1
南通市	2	1.1
宿迁市	1	0.5

二 我国体外诊断试剂市场品类数据分析

（一）致病病原体检测类试剂市场品类数据分析

1. 致病病原体的定义及检测

病原体指可造成人或动植物感染疾病的微生物（包括细菌、病毒、立克次氏体、真菌）、寄生虫以及其他媒介。

对致病病原体的检测可以通过检测其抗原、抗体以及核酸等物质获得。

2. 致病病原体检测类试剂代表品种分析

乙型肝炎病毒检测试剂作为致病病原体检测类试剂代表品种，分析数据时提取数据库中所有处于有效状态（截至 2019 年 6 月 30 日）的乙型肝炎病毒，检测相关体外诊断试剂的产品注册证，共计 646 项，共由 107 个注册人取得。其中境内产品注册证 528 项，分属于 93 个境内注册人；进口（含港澳台）产品注册证 118 项，分属于 14 个进口（含港澳台）注册人。

根据检测物质的不同，将所有产品分成以下不同类别，数据详情如表52所示。

表52　乙型肝炎病毒检测试剂注册证数量分布

单位：张，家

类别	国产			进口		
	注册证数量	企业数量	平均持证张数	注册证数量	企业数量	平均持证张数
乙肝病毒 e 抗体检测	64	44	1.5	5	5	1.0
乙肝病毒 e 抗原检测	64	45	1.4	7	5	1.4
乙肝病毒表面抗体检测	67	50	1.3	9	7	1.3
乙肝病毒表面抗原检测	64	48	1.3	13	8	1.6
乙肝病毒表面抗原确认	1	1	1.0	3	2	1.5
乙肝病毒核心抗体检测	87	47	1.9	13	7	1.9
乙肝病毒基因突变检测	13	7	1.9	—	—	—
乙肝病毒基因分型检测	12	10	1.2	1	1	1.0
乙肝病毒前 S1 抗体检测	1	1	1.0	—	—	—
乙肝病毒前 S1 抗原检测	33	24	1.4	—	—	—
乙肝病毒前 S2 抗原检测	9	8	1.1	—	—	—
乙肝病毒前 S 抗原检测	1	1	1.0	—	—	—
乙肝病毒核酸检测	36	29	1.2	2	2	1.0
乙肝多项联检	14	14	1.0	—	—	—
校准品/质控品	62	7	8.9	65	11	5.9
合计	528	93	5.7	118	14	8.4

注：表中"企业数量"因部分企业获多种类注册证，故企业数量合计一项并非表中数据之和。

（1）进口注册人国家/地区分析

从进口（含港澳台）注册人所属的国家/地区来看，共来自8个不同的国家，主要集中在德国、美国、日本、意大利4个国家，其数量之和占进口（含港澳台）注册总量的3/4以上（见表53）。

（2）境内注册人省份分析

从境内注册人所属的省份来看，覆盖了15个省份，其中北京市排在第一位（见表54）。

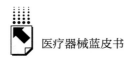

表53　乙型肝炎病毒检测试剂注册证进口区域分布

单位：张，%

国家/地区	数量	占比
德国	34	28.8
美国	23	19.5
日本	18	15.3
意大利	15	12.7
爱尔兰	10	8.5
西班牙	9	7.6
英国	8	6.8
比利时	1	0.8

表54　乙型肝炎病毒检测试剂注册证省份分布

单位：张，%

省份	数量	占比
北京市	117	22.2
广东省	102	19.3
福建省	60	11.4
河南省	43	8.1
山东省	41	7.8
江苏省	41	7.8
上海市	39	7.4
四川省	33	6.3
浙江省	17	3.2
天津市	9	1.7
湖北省	8	1.5
辽宁省	5	0.9
吉林省	5	0.9
重庆市	5	0.9
湖南省	3	0.6

（3）境内注册人城市分析

从注册人所在的城市来看，共涉及30个城市。排在第一位的是北京市（见表55）。

表 55　乙型肝炎病毒检测试剂境内注册证城市分布

单位：张，%

城市	数量	占比
北京市	117	22.2
厦门市	54	10.2
深圳市	41	7.8
上海市	39	7.4
郑州市	37	7.0
成都市	33	6.3
广州市	30	5.7
苏州市	21	4.0
潍坊市	19	3.6
威海市	18	3.4
中山市	17	3.2
无锡市	17	3.2
杭州市	16	3.0
珠海市	10	1.9
天津市	9	1.7
武汉市	8	1.5
洛阳市	6	1.1
莆田市	6	1.1
长春市	5	0.9
重庆市	5	0.9
沈阳市	4	0.8
长沙市	3	0.6
青岛市	3	0.6
汕头市	3	0.6
南通市	2	0.4
济南市	1	0.2
本溪市	1	0.2
湖州市	1	0.2
潮州市	1	0.2
泰州市	1	0.2

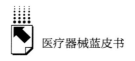

（二）血型、组织配型相关试剂市场数据分析

1. 血型、组织配型相关试剂整体市场情况

根据国家药监局出台的《体外诊断分类子目录》，血型、组织配型相关试剂均属于第三类医疗器械，其包含凝聚胺试剂、ABO 血型定型试剂、ABO 血型反定型试剂、RhD 血型定型试剂、Rh 血型抗原检测试剂、抗 D（IgM）血型定型试剂、抗 D（IgG）血型定型试剂、抗人球蛋白检测试剂、血小板抗体检测试剂、HLA-DNA 分型检测试剂、红细胞抗体筛选试剂。

2. 血型、组织配型相关试剂代表品种分析

血型相关试剂作为血型、组织配型相关试剂代表品种，分析数据时提取数据库中所有处于有效状态（截至 2019 年 6 月 30 日）的血型组织配型相关体外诊断试剂的产品注册证，共计 105 项，共由 36 个注册人获得。其中境内产品注册证 71 项，分属于 21 个境内注册人；进口（含港澳台）产品注册证 34 项，分属于 15 个进口（含港澳台）注册人。

根据体外诊断试剂用途的不同，将所有产品分成以下不同类别，数据详情如表 56 所示。

表 56　血型相关试剂注册证数量分布

单位：张，家

类别	国产			进口		
	注册证数量	企业数量	平均持证张数	注册证数量	企业数量	平均持证张数
ABO 血型定型	4	3	1.3	5	3	1.7
ABO/Rh 血型检测	32	17	1.9	9	4	2.3
Rh 血型抗原检测	22	10	2.2	5	4	1.3
校准/对照/质控品,稀释液	13	9	1.4	15	11	1.4
合计	71	21	3.4	34	15	2.3

注：表中"企业数量"因部分企业获多种类注册证，故企业数量合计一项并非表中数据之和。

（1）进口注册人国家/地区分析

从进口（含港澳台）注册人所属的国家/地区来看，共来自 9 个不同

的国家，主要集中在英国和西班牙，两者之和是有效注册总量的 1/2（见表 57）。

表 57　血型相关试剂注册证进口区域分布

单位：张，%

国家/地区	数量	占比
英国	9	26.5
西班牙	8	23.5
瑞士	4	11.8
法国	3	8.8
美国	3	8.8
荷兰	2	5.9
日本	2	5.9
加拿大	2	5.9
德国	1	2.9

（2）境内注册人省份分析

从境内注册人所属的省份来看，覆盖了 10 个省份。血型相关体外诊断试剂注册证数量最多的是吉林省，占比超过总量的 20%；占比超过 10% 的地区还有江苏、上海、北京和广东（见表 58）。

表 58　血型相关试剂注册人省份分布

单位：张，%

省份	数量	占比
吉林省	15	21.1
江苏省	13	18.3
上海市	12	16.9
北京市	10	14.1
广东省	9	12.7
安徽省	5	7.0
天津市	4	5.6
四川省	1	1.4
河北省	1	1.4
福建省	1	1.4

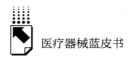

（3）境内注册人城市分析

从注册人所在的城市来看，共涉及 14 个城市。排在第一位的是长春市，上海市和北京市分别排在第二位和第三位（见表 59）。

表 59　血型相关试剂境内注册人城市分布

单位：张，%

城市	数量	占比
长春市	15	21.1
上海市	12	16.9
北京市	10	14.1
无锡市	7	9.9
合肥市	5	7.0
中山市	5	7.0
苏州市	4	5.6
天津市	4	5.6
泰州市	2	2.8
深圳市	2	2.8
珠海市	2	2.8
成都市	1	1.4
石家庄市	1	1.4
厦门市	1	1.4

（三）麻精毒检测类试剂市场数据分析

1. 麻精毒检测类试剂整体市场情况

根据《体外诊断分类子目录》，麻精毒检测类试剂均为第三类医疗器械，包含苯巴比妥检测试剂、美沙酮检测试剂、可待因检测试剂、可卡因检测试剂、吗啡检测试剂、氯胺酮检测试剂、四氢大麻酚酸检测检剂、苯二氮卓检测试剂、洋地黄毒苷检测试剂、甲基安非他明检测检剂、安非他明检测试剂、亚甲二氧基甲基安非他明（MDMA）检测试剂。

2. 麻精毒检测类试剂代表品种分析

提取数据库中所有处于有效状态（截至 2019 年 6 月 30 日）的部分麻

醉、精神、毒性药品检测试剂的产品注册证，作为代表品种分析，共计获取 204 项有效注册证，共由 34 个注册人取得。其中境内产品注册证 192 项，分属于 31 个境内注册人；进口（含港澳台）产品注册证 12 项，分属于 3 个进口（含港澳台）注册人，该类别中主要由境内产品组成。

　　根据肿瘤标志物的不同，将所有产品分成以下不同类别，如表 60 所示。

表 60　麻精毒检测类试剂注册证数量分布

单位：张，家

类别	国产			进口		
	注册证数量	企业数量	平均持证张数	注册证数量	企业数量	平均持证张数
苯巴比妥检测	—	—	—	4	3	1.3
美沙酮检测	2	2	1.0	1	1	1.0
可待因检测	1	1	1.0	—	—	—
可卡因检测	9	9	1.0	—	—	—
吗啡检测	31	29	1.1	—	—	—
氯胺酮检测	24	21	1.1	—	—	—
四氢大麻酚酸检测	13	12	1.1	—	—	—
苯二氮卓检测	6	6	1.0	—	—	—
洋地黄毒苷检测	—	—	—	2	2	1.0
甲基安非他明检测	25	22	1.1	—	—	—
安非他明检测	7	7	1.0	—	—	—
亚甲二氧基甲基安非他明检测	12	11	1.1	—	—	—
麻醉药品两项联检	35	18	1.9	—	—	—
麻醉药品三项联检	15	11	1.4	—	—	—
麻醉药品五项联检	9	7	1.3	—	—	—
麻醉药品六项联检	3	3	1.0	—	—	—
校准/质控品	—	—	—	5	3	1.7
合计	192	31	6.2	12	3	4.0

　　注：表中"企业数量"因部分企业获多种类注册证，故企业数量合计一项并非表中数据之和。

　　（1）进口注册人国家/地区分析

　　从进口（含港澳台）注册人所属的国家/地区来看，仅有来自 2 个国家的 3 个注册人（见表 61）。

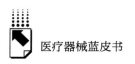

表61 麻精毒检测类试剂注册证进口区域分布

单位：张，%

国家/地区	数量	占比
美国	9	75.0
德国	3	25.0

（2）境内注册人省份分析

从境内注册人所属的省份来看，覆盖了8个省份，其中浙江省以绝对数量优势占据40%以上的境内有效注册产品（见表62）。

表62 麻精毒检测类试剂注册证省份分布

单位：张，%

省份	数量	占比
浙江省	79	41.1
上海市	33	17.2
北京市	31	16.1
福建省	23	12.0
广东省	12	6.3
江苏省	10	5.2
河南省	2	1.0
天津市	2	1.0

（3）境内注册人城市分析

从注册人所在的城市来看，共涉及13个城市，其中杭州市位列第一，是境内该品种体外诊断试剂产业集中地区（见表63）。

表63 麻精毒检测类试剂境内注册证城市分布

单位：张，%

城市	数量	占比
杭州市	71	37.0
上海市	33	17.2

续表

城市	数量	占比
北京市	31	16.1
厦门市	23	12.0
南通市	9	4.7
广州市	6	3.1
嘉兴市	5	2.6
汕头市	4	2.1
湖州市	3	1.6
郑州市	2	1.0
中山市	2	1.0
天津市	2	1.0
常州市	1	0.5

注：表中"企业数量"因部分企业获多种类注册证，故企业数量合计一项并非表中数据之和。

（四）肿瘤标志物检测类试剂市场数据分析

1. 肿瘤标志物检测类试剂整体市场情况

根据《体外诊断分类子目录》，肿瘤标志物检测试剂均属于第三类医疗器械，包含甲胎蛋白（AFP）检测试剂、癌胚抗原（CEA）检测试剂、总前列腺特异抗原（tPSA）检测试剂、游离前列腺特异抗原（fPSA）检测试剂、结合前列腺特异抗原（cPSA）检测试剂、细胞角蛋白 19 片段（CYFRA21 - 1）检测试剂、鳞状上皮细胞癌抗原（SCC）检测试剂、神经元特异性烯醇化酶（NSE）检测试剂、人附睾蛋白 4（HE4）检测试剂、癌抗原 125（CA125）检测试剂、癌抗原 15 - 3（CA15 - 3）检测试剂、糖类抗原 19 - 9（CA19 - 9）检测试剂、糖类抗原 242（CA242）检测试剂、糖类抗原 50（CA50）检测试剂、癌抗原 72 - 4（CA72 - 4）检测试剂、组织多肽特异性抗原（TPS）检测试剂、β2 微球蛋白（β2 MG）检测试剂、铁蛋白检测试剂、S100 蛋白检测试剂、人绒毛膜促性腺激素（HCG）检测试剂、β - 人绒毛膜促性腺激素（β - HCG）检测试剂、前列腺碱性磷酸酶（PAP）检测试剂、前列腺酸性磷酸酶（PACP）检测试剂、胸腺嘧啶核苷激酶（TK）检测试剂、胃泌素释放肽前体（proGRP）检测试剂、胃蛋白酶原（PG）I 检测试剂、胃蛋白酶原（PG）II检测试剂、肿瘤蛋白 p185（erbB‐2/HER‐2）检测试剂、HER‐2/neu 蛋白检测试剂、κ 轻链检测试剂、λ 轻链检测试剂、尿核基质蛋白 22 检测试剂、雌激素受体检测试剂、胰岛素样生长因子‐Ⅰ检测试剂、a‐L‐岩藻糖苷酶检测试剂、泌乳素检测试剂、降钙素检测试剂、芳香基硫酸酯酶检测试剂。

2. 肿瘤标志物检测类试剂代表品种分析

提取数据库中所有处于有效状态（截至 2019 年 6 月 30 日）的甲胎蛋白、癌胚抗原和糖类抗原 3 类常见肿瘤标志物检测试剂的产品注册证，作为代表品种，共计 452 项，共由 98 个注册人取得。其中境内产品注册证 344 项，分属于 76 个境内注册人；进口（含港澳台）产品注册证 108 项，分属于 22 个进口（含港澳台）注册人。

根据肿瘤标志物的不同，将所有产品分成以下不同类别，数据详情如表 64 所示。

表 64　肿瘤标志物检测类试剂注册证数量分布

单位：张

类别	国产			进口		
	注册证数量	企业数量	平均持证	注册证数量	企业数量	平均持证
甲胎蛋白检测	92	67	1.4	20	17	1.2
癌胚抗原检测	69	57	1.2	16	14	1.1
糖类抗原 125 检测	27	21	1.3	8	6	1.3
糖类抗原 15‐3 检测	29	22	1.3	8	6	1.3
糖类抗原 19‐9 检测	44	35	1.3	13	11	1.2
糖类抗原 242 检测	10	10	1.0	—	—	—
糖类抗原 50 检测	24	18	1.3	—	—	—
糖类抗原 72‐4 检测	11	11	1.0	3	2	1.5
肿瘤标志物联检	12	7	1.7	2	1	2.0
标准/校准/质控品	26	8	3.3	38	10	3.8
合计	344	76	4.5	108	22	4.9

注：表中"企业数量"因部分企业获多种类注册证，故企业数量合计一项并非表中数据之和。

（1）进口注册人国家/地区分析

从进口（含港澳台）注册人所属的国家/地区来看，共来自 10 个不同的国家，其中主要以日本、德国、英国、美国为主要进口国，四者之和约占进口（含港澳台）有效注册产品总量的3/4（见表65）。

表65　肿瘤标志物检测类试剂注册证进口区域分布

单位：张，%

国家/地区	数量	占比
日本	27	25.0
德国	23	21.3
英国	19	17.6
美国	11	10.2
意大利	6	5.6
瑞典	6	5.6
法国	5	4.6
芬兰	5	4.6
爱尔兰	4	3.7
韩国	2	1.9

（2）境内注册人省份分析

从境内注册人所属的省份来看，覆盖了13个省份，北京市单一地区获得的肿瘤标志物检测类试剂的有效注册数量已过百，占据了总量的1/3以上，是全国最大的肿瘤标志物检测类试剂的注册地区（见表66）。

表66　肿瘤标志物检测类试剂注册证省份分布

单位：张，%

省份	数量	占比
北京市	116	33.7
广东省	51	14.8
上海市	34	9.9
河南省	27	7.8
山东省	26	7.6
浙江省	21	6.1
福建省	20	5.8
天津市	17	4.9

省份	数量	占比
江苏省	16	4.7
四川省	10	2.9
吉林省	3	0.9
黑龙江省	2	0.6
湖北省	1	0.3

（3）境内注册人城市分析

从注册人所在的城市来看，共涉及 26 个城市，北京市排名第一（见表 67）。

表 67　肿瘤标志物检测类试剂境内注册证城市分布

单位：张，%

城市	数量	占比
北京市	116	33.7
上海市	34	9.9
郑州市	27	7.7
广州市	25	7.3
深圳市	23	6.7
杭州市	19	5.5
天津市	17	4.9
厦门市	15	4.4
潍坊市	11	3.2
成都市	10	2.9
威海市	8	2.3
无锡市	7	2.0
苏州市	7	2.0
莆田市	4	1.2
中山市	3	0.9
长春市	3	0.9
烟台市	3	0.9
宁波市	2	0.6
大庆市	2	0.6
济宁市	2	0.6
福州市	1	0.3
南京市	1	0.3

城市	数量	占比
南通市	1	0.3
青岛市	1	0.3
济南市	1	0.3
武汉市	1	0.3

（五）与变态反应相关的试剂市场数据分析

1. 与变态反应相关的试剂整体市场情况

根据《体外诊断分类子目录》，与变态反应相关的试剂均属于第三类医疗器械，仅包含总 IgE 检测试剂、特异性 IgE 抗体检测试剂

2. 与变态反应相关的试剂代表品种分析

选取特异性 IgE 检测试剂作为代表品种分析，提取数据库中所有处于有效状态（截至 2019 年 6 月 30 日）的特异性 IgE 检测试剂的产品注册证，共计 112 项，共由 11 个注册人取得。其中境内产品注册证 60 项，分属于 6 个境内注册人；进口（含港澳台）产品注册证 52 项，分属于 5 个进口（含港澳台）注册人。

（1）进口注册人国家/地区分析

从进口（含港澳台）注册人所属的国家/地区来看，共来自 5 个不同的国家和地区，该试剂品种主要进口注册国为瑞典（见表 68）。

表 68　与变态反应相关的试剂注册证进口区域分布

单位：张，%

国家/地区	数量	占比
瑞典	38	73.1
德国	10	19.2
中国台湾	2	3.9
美国	1	1.9
韩国	1	1.9

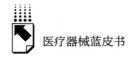

（2）境内注册人省份分析

从境内注册人所属的省份来看，仅覆盖了4个省份，其中江苏省占据境内有效注册的半壁江山（见表69）。

表69 与变态反应相关的试剂注册证省份分布

单位：张，%

省份	数量	占比
江苏省	34	56.7
浙江省	18	30.0
广东省	6	10.0
北京市	2	3.3

（3）境内注册人城市分析

从注册人所在的城市来看，共涉及5个城市，苏州市是特异性IgE检测试剂主要产业集中区域（见表70）。

表70 与变态反应相关的试剂境内注册证城市分布

单位：张，%

城市	数量	占比
苏州市	34	56.7
杭州市	12	20.0
绍兴市	6	10.0
深圳市	6	10.0
北京市	2	3.3

（执笔人　范文乾　曹悦）

数据实践和应用篇

Topics in Data Practice and Application

B.5

我国医疗设备维修保障
数据智能应用研究

路鹤晴　邱　涛　司玉春*

摘　要： 医疗设备的在线化运营与智能化管理是医疗设备产业新一轮变革的重要驱动力量。我国科研人员在多年医院医疗设备服务实践及信息化产品研发的基础之上，结合云计算、物联网与大数据分析等新技术，建立了一套基于数据智能＋网络协同的创新型医疗设备维修保障的新模式。该模式通过SAAS、物联网技术将维修保障流程在线化、数据化，基于知识图谱、自然语言学习、图像识别等大数据技术，结合医疗设备特性和临床使用经验总结，构建大数据智能管理平台，帮助行业

* 路鹤晴，同济大学附属第一妇婴保健院设备科科长，正高级研究员，医学博士；邱涛，上海至数企业发展有限公司总经理，上海交通大学电力系统及自动化系毕业；司玉春，上海至数企业发展有限公司高级工程师、硕士。

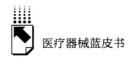

用户从海量数据中发现揭示规律，唤醒沉睡的数据力量，同时通过网络协同机制，反向赋能行业，打造临床、科研、质控、维修、管理综合型医疗设备业务体系，推动行业的升级迭代。云计算、大数据技术的发展推动了中国医疗设备管理进入新的天地，智能化医疗设备管理必将给行业带来大的革命，并全方位地助力临床，进而大幅度地提升人民的健康水平。

关键词： 医疗设备　设备维修　设备效率　云服务

当下数字化、智能化已经是医疗设备管理的主流趋势，通过 SAAS、物联网，设备供应商、设备维修商和医工等紧密连接起来。AI 技术与医疗设备管理的融合，推进了医疗设备管理从流程驱动向数据驱动的转变。

随着机器学习、智能算法技术的兴起，医疗设备管理也正式进入智能数据时代，医疗设备管理的业务模式也由传统的经验驱动、流程驱动发展为数据驱动。数据不再是业务系统的副产品，而是业务系统的核心资产，成为设备运营和临床高效使用的驱动力。数据智能由两大部分组成，数据中台和数字化连接。数据中台帮助医疗机构进行数据治理，将数据资产有效整合和利用，融合业务场景，挖掘业务洞察，通过物联网、云计算技术，帮助医院快速整合全行业资源，达到最大化设备使用效率的目标，帮助医疗机构实现设备价值的最大化，体现数据最终价值。

以数字化手段优化医院资产的管理模式，实现医疗设备的全生命周期管理，全面提升医院设备管理水平，推动医院管理的数字化变革，引领医疗服务"智变"。

一　医疗设备信息化管理现状与发展趋势

2016 年 2 月 1 日国家食品药品监督管理总局第 18 号令《医疗器械使用

质量监督管理办法》正式施行。2017 年 5 月，李克强总理签署第 680 号国务院令，公布关于修改《医疗器械监督管理条例》的决定。2017 年 10 月中共中央办公厅、国务院办公厅印发《关于深化审评审批制度改革鼓励药品医疗器械创新的实施意见》中第四章明确要求加强药品、医疗器械全生命周期管理。国家卫健委医政医管局也正在就《医疗器械临床使用管理办法》进行意见征集。上述一系列法律法规的出台都明确了医疗器械使用安全和使用质量在医疗服务质量和医疗安全中的关键地位。2019 年 1 月，为进一步深化公立医院改革，推进现代医院管理制度建设，国务院办公厅颁布《国务院办公厅关于加强三级公立医院绩效考核工作的意见》国办发〔2019〕4号文件。明确大型医用设备维修保养及质量控制管理作为三级公立医院绩效考核指标中的医疗质量部分，是质量安全中的核心指标之一；并明确指出该考核指标体系将逐步覆盖所有医疗机构。

（一）医疗设备资产的管理特点

所有行业和机构都面临着设备资产管理的问题，但是医疗机构的设备资产管理也许是所有行业中最难的，医疗设备资产的管理具有以下几个特点。

高：医疗设备均为高价值，高技术含量，高使用门槛，高培训门槛，高维修维护门槛的专业设备。这个过程中涉及各种专业知识和相关的法律法规。所有的医疗设备均需进行严格注册审批。

多：部门多，机构多，角色多，种类多，要求多；各种多对一，一对多，多对多的关系组合决定了医疗设备管理的难度较其他行业呈几何级倍数增加。

散：位置分散，归属分散，归属和使用也经常分散，同一物品的不同管理职能分散。

杂：台账杂，名称杂，分类杂，制度杂，有法规缺制度，有制度难执行，有执行难监管。

缺：管理系统严重缺失，专业人员配置不到位，信息缺失严重，资料缺

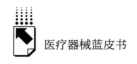
失严重，重采购轻维护，重维修轻管理，长时间的投入缺位导致绝大多数医院医疗设备资产管理的整体水平弱。

（二）医疗器械行业管理技术发展阶段

1. 传统阶段

目前我国接近 90% 的医疗机构还处于医疗器械传统管理阶段。这个阶段的主要特点是依据管理规定，依赖于专业人员的专业技能以及个体水平，通过纸质或者办公软件电子表格进行管理。在这个阶段，医疗器械行业的各机构之间很难实现信息协同共享，主要依赖于制度、流程和相关人员的执行力，存在大量不可控因素，很难做到科学化、精细化管理。

2. 信息化管理 IT 阶段

这一阶段是指医疗机构或者行业的相关机构已经上线了资产或者设备的信息化管理系统。IT 阶段的主要特点是实现信息记录的在线化、电子化，建设以流程、功能、信息录入填报为主的信息化系统，目的还是以管控以及满足相关要求的信息存储追溯为主。

这个阶段，很难实现分布式协同以及产业协同。这阶段主要是依据行业经验以及机构管理者的管理要求开发，重功能、轻数据，重管控、轻协同。常见的场景是要求使用者在完成了一些相关工作后，将相关过程、行为以及记录重新录入系统中。这种不能够实现移动协同、动态输入的系统通常会出现数据质量没有管控，系统中的垃圾数据以及数据缺失情况越来越严重，增加实际使用人员的工作量，最终导致系统弃用。另外这类系统开发、维护和升级的成本都很高。这类系统在数据利用方面只能通过数据的导出做简单的分析，而且分析的结果没有办法找到行业的参照。

3. 数字化管理 DT 阶段

这一阶段特点是以数据为核心，以激发生产力为主。基于工业互联网发展理念，这一阶段相较于 IT 阶段更多的是一种思想观念层面的差异。基于工业互联网思维和数据科技理念的产品服务体系，实现全协同体系的数据化，以数据为核心实现行业的智能化协同。数据作为体系的根本支撑行业管理、协同以及服务运营体系的进化和发展。

基于工业互联网思维和数据科技理念的产品服务体系，结合行业最佳实践经验将能够实现行业协同的自动化、智能化，以更加快捷、高效、低成本的方式满足医疗器械行业各方面的管理和发展需求。

数据科技时代，即 DT 时代已经到来，数据科技时代相较于信息时代（IT）最大的区别就在于移动互联网、物联网、云计算、数据科技、协同共享理念等。通过设备大数据深度挖掘和分析、智慧化辅助决策建议，优化医院资产的管理模式，实现医疗设备的全生命周期管理，帮助医院有效加强对医疗质量和医疗安全的把控，极大地提升了医院资产的精细化运营管理，彰显了数字化变革下的卓越医疗关爱。医疗设备全生命周期管理演进路径见图 1。

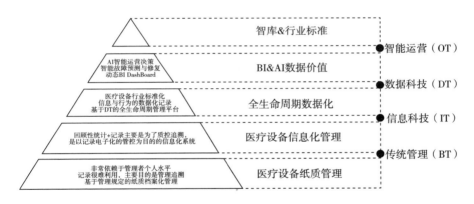

图 1　医疗设备全生命周期管理演进路径

二　基于工业互联网平台的医疗设备管理
创新模式系统架构

根据《工业互联网平台白皮书（2019 讨论稿）》对国内外 366 个平台的应用案例分析发现，当前工业互联网平台应用有 38% 集中于设备管理服务，基于"模型＋数据深度分析"模式的设备运维、资产管理、能耗管理等应用取得了良好的发展。

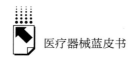

基于工业互联网平台的医疗设备管理云服务平台（以下简称"云服务平台"），融合工业互联网、物联网、云计算、数据技术、协同共享理念等一系列新技术、新形态、新理念打造以数据为核心的医疗设备资产全生命周期管理相关应用系统，彻底解决医疗设备资产管理方面的难题，实现了医疗机构医疗设备资产动态化、精准化、数据化、可视化、智能化的全生命周期管理，以此为基础，逐步拓展基于医疗器械行业工业互联网标识解析二级节点的应用体系，通过行业协同，不断提升医疗机构设备资产管理水平，与相关主管机构、监管机构数据协同的能力；以及与供应商体系的服务协同能力。

（一）云服务平台促进医疗设备维修网络化协同

在传统的维修模式下，服务效率、工程师单位效能、设备运维管控能力是有限的。将互联网、物联网融入医学工程技术与服务全流程，打破传统的服务模式，可实现监测预警机制、远程协同机制，线上线下结合，连通海量数据，并结合实时数据提供专业分析服务，深挖数据背后的价值，帮助医院实现全院设备的动态管理。[①]

云服务平台架构通过连接临床医护人员、设备工程师、厂商和维修商，共同参与医疗设备的故障维修；所有的工程师将设备的操作记录下来，这样的工作流程体系，就变成一个设备的知识库，里面包含了每一个设备管理人员、参与人员的工作情况。云服务平台维修应用架构见图2。

基于云服务平台的维修网络协同化应用实现了以下功能。

1. 维修流程优化

信息互联数据共享；对维修流程各节点均有到期提醒；参与维修流程的所有工作人员都需要实时了解设备的维修情况；能够对维修效果进行评价。

2. 维修过程数据化、可追溯

一条工单的维修情况数据可以追溯；一台设备以往的维修历史随时可查

① 王同伟、主海文：《我国医疗设备第三方售后服务现状、趋势与实践探索》，载王宝亭、耿鸿武主编《中国医疗器械行业发展报告（2018）》，社会科学文献出版社，第382页。

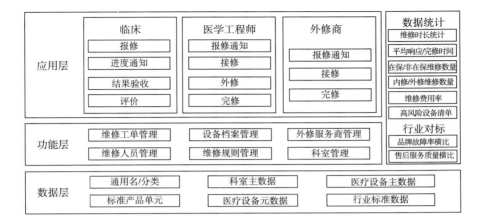

图2 云服务平台维修应用架构

看；设备管理人员可以看到当前所有故障设备及其维修情况；所有设备维修时长和故障分布等统计；清晰了解不同品牌、不同型号的设备性能比、维修效率比和售后维修服务比等；行业对标，定位机构内同类设备故障时长、故障频次、维修效率在行业中的情况，帮助优化设备使用流程和维修流程。

3. 数据优化资源配置

能够直观地看到每个部门人员的工作负荷和效果，了解维修人员的配比和分工是否合理；针对需要混合维修方式的设备，提供可筛选的维修商，帮助选择合适的维修商；告知配件库库存预警，为配件库采购提供建议；基于通用名配置故障现象、故障类型，工程知识快速复制到所有的临床工程师，降低维修工作对人的依赖程度。

4. 数据智能决策

故障早发现、设备早维护，如多故障分布点智能转到预防性维护项；再如质控过程、计量过程发现故障智能提交维修工单。

（二）云服务平台赋能医疗设备质控高效管理

医疗器械的质量管理是医疗器械全生命周期管理中的核心环节，医疗器械的应用质量直接关系到患者和使用人员的安全以及疾病诊断和治疗的质

量。

医疗器械质量管理贯穿医疗器械使用的整个生命周期，需要医疗机构、设备制造商、维修商、国家监管机构（计量局、食药监、卫计委等）的多方协同；质量控制的内容包括制定明确的操作规程，科学的性能检测和计量检测，规范的预防性维护、保养、维修及必要的工程人员技术培训等。

1. 医疗器械质量控制的主要业务场景

巡检：医工定期到临床对设备进行核对和检查，及时排除问题和隐患，是院方执行的预防性维护。

预防性维护（PM）：设备厂商或者外部维修商周期性地对设备进行维修保养工作，确保设备安全有效，并处于最佳工作状态，以达到降低故障率、延长使用寿命、提高利用率的目的。

日常检查：临床在日常使用中的例行保养工作。

计量检定：查明和确认计量器具是否符合法定要求的程序，它包括检查、加标记和出具检定证书。按照法制管理要求，分为强制检定和非强制检定。

计量校准：在规定的条件下，是为确定测量仪器或者测量系统所指示的量值或实物量具或参考物质所代表的量值，是与对应的由标准所复现的量值之间关系的一组操作。

以上所列的质控业务中，存在质控文档全纸质，质控活动效率低，质控信息在医院、厂商、监管机构等多方不共享，质控计划不闭环，操作不规范，质控记录无法实时动态查看等行业痛点。

2. 云服务平台创新应用解决的痛点问题

流程数字化、线上化：标准质控 SOP 全流程数字化、线上化，支撑质控流程 PDCA 闭环；根据设备类型不同，可提供不同的质控模版，并且可以批量匹配适用设备；质控记录可追溯，质控历史可查看，质控报告可下载；实现质控过程中发现故障，自动发起维修工单。

实现了多机构协同：连接厂商，共同完成预防性维护。

提供数据统计，以数据评估质控质量：提供行业对标分析，对比了解质控计划和质量。

实现数据智能：质控计划执行提醒；自动分析机构内风险管理结果，给出质控计划调整建议；单品类高频故障自动转为质控项；行业内同情况单品类高频故障建议转为质控项。质控应用架构见图3。

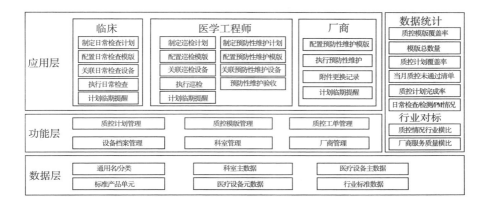

图3 质控应用架构

三 基于数据中台技术的医疗设备数据智能

医疗设备智能管理平台从设备资产管理、设备维修管理、设备质控管理、设备临床使用等高频常用场景出发进行规划设计，基于多年行业实践经验，形成了"一标准，三中心"的数据中台体系。

数据中台的概念由阿里巴巴首次提出，它是一个承接技术，引领业务，构建规范定义的、全域可连接萃取的、智慧的数据处理平台，建设目标是高效满足前台数据分析和应用的需求。数据中台是涵盖了数据资产、数据治理、数据模型、垂直数据中心、全域数据中心、萃取数据中心、数据服务等多个层次的体系化建设方法。

"一标准"指医疗设备行业数据标准，"三中心"指数据管理中心、数据计算中心、数据服务中心。数据管理中心管理数据的公共模型，并提供数

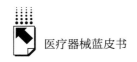

据安全、数据质量等基础数据治理能力；数据萃取中心基于数据管理中心的基础服务，按照不同的业务场景和主题输出数据统计及行业洞察报告；数据服务中心将内外部的数据接口标准化，并根据服务水平协议（SLA）对周边系统及内外部用户提供数据服务。

（一）医疗设备全生命周期管理行业数据标准

医疗设备全生命周期数据来源广泛，数据类型复杂多样，包含来自管理系统的结构化数据、设备日志等半结构化数据和图像等非结构化数据，在大数据服务方面，也面向复杂的用户身份和业务场景，因此需要建立合理的数据治理体系，才能更好地为医疗机构提供有效的和专业的服务；同时标准化建设也是实现互联互通、信息共享、安全运行的前提和基础。

1. 元数据标准规范

元数据标准规范的质量和效率直接影响到数据结构化处理的质量，也直接影响大数据处理和分析的效率和质量，这将直接影响到大数据服务的质量，如大数据智能检索的准确度、信息揭示和信息关联的准确度、个性化推荐的信息质量等。

元数据标准规范以 Dublin Core 元数据标准规范为基准，结合医疗设备管理业务实际需要，进行必要的扩展和优化，以信息组织和业务场景的角度进行专业的行业分类体系构建，从以下方面建设多维的业务元数据体系：医疗设备行业分类体系、医疗设备业务分类体系、医疗设备学科分类体系。

2. 行业数据平台主数据标准

医疗设备维修保障涉及医疗机构、设备制造商、第三方维修商、计量局、卫计委、食药监等多方，是一种 B2B2G 新型商业模式，其中多方的网络协同涉及各方的数字空间的唯一标识，线上线下数字孪生体的映射，维修保障各业务场景中的信息打通，都离不开行业主数据规范和标准的建立。至数在多年服务上述多方的实践和探索基础之上，自主研发了星云行业主数据平台，基于医院内外修、设备质控等场景，总结出了行业主数据的数字空间模型，打通了医疗设备维修保障全流程的信息流、交易流及物流，改变了传统模式下依靠强管理，打造了全新的赋能型流程及组织。

（二）数据管理中心

医疗设备数据管理中心是结合医疗设备行业数据标准、大数据技术建设而成的医疗设备行业全数据基础服务平台。平台基于医疗设备资产管理、维修管理、质控管理、使用培训等医疗设备高频场景，为医疗设备行业的设备运营管理提供行业数据对标和参照体系，并基于最佳业务实践，为业务中台输出基础数据服务。

（三）数据萃取中心

数据萃取中心将数据分为数据存储层、数据集成层、公共数据中心层、萃取数据中心层。

1. 数据存储层

把来源于其他系统的数据几乎无处理地存放在数据仓库中。主要功能有数据同步：结构化数据增量或全量同步到数据计算平台；结构化：非结构化（日志）结构化处理并存储到数据计算平台；累积历史：根据数据业务需求及稽核和审计要求保存历史数据。

2. 数据集成层

整合多种来源的数据。主要功能有数据同步：结构化数据增量或全量同步到数据计算平台；结构化：非结构化（日志）结构化处理并存储到数据计算平台。

3. 公共数据中心层

存放明细事实数据、维表数据及公共指标汇总数据。该层又细分为明细宽表层和公共汇总数据层，采取维度模型方法基础，更多采用一些维度退化手法，减少事实表和维度表的关联，强化明细事实表的易用性；同时在汇总数据层加强指标的维度退化，采取更多宽表化的手段构建公共指标数据层，提升公共指标的复用性，减少重复的加工。

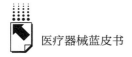

组合相关和相似数据：采用明细宽表，复用关联计算，减少数据扫描。公共指标统一加工：基于 OneData 体系构建命名规范、口径一致和算法统一的统计指标，建立逻辑汇总宽表。建立一致性维度：建立一致的数据分析维度表，降低数据计算口径不统一的风险。

4. 萃取数据中心层

根据业务主题和关注点分别存放数据产品个性化的统计指标数据，根据公共数据中心层加工生成。个性化指标加工：不公用性、复杂性（指数型、比值型、排名型等）；基于应用的数据组装：大宽表集市、横表转纵表、趋势指标串等。

（四）数据服务中心

数据服务中心基于数据中台，为医疗机构的设备运营管理建立行业数据对标和参照体系，为中心提供数据分析服务，创新分析方法，实现多维度数据解析，为管理决策提供精准依据（见图4），涵盖医疗设备资产采购、入库、使用、维修、计量、质控、巡检、盘点、报废以及运营管理、数据分析等多场景的 BI 数据挖掘平台，可为医院、卫健委等管理部门提供多业务场景的数据分析，根据业务需求在手机、PC 等终端提供定制化的应用分析展示。

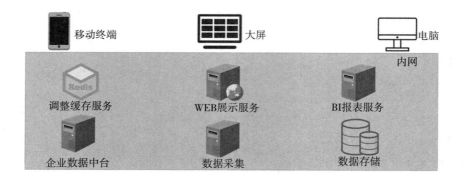

图4 医疗设备行业数据中台数据服务中心

数据服务中心可提供可任意扩展的中心定制数据报告和行业分析报告，可根据中心管理需求提供定制化数据分析服务，包括定期的资产分布情况分析，资产增减量情况分析，定期的故障率分析，包括品牌、品类对比等，工程师工作饱和度分析，质控等维护工作覆盖情况分析等。

行业分析报告包括同品牌设备在不同医院、不同科室的使用情况；同品类设备中不同品牌设备在医院的使用情况；行业中同科室设备的故障率；行业中各医院进口设备与国产设备的比例；行业中各科室投放设备/科研设备/购买设备的比例。

四　典型案例

（一）上海某医疗设备全生命周期数据化管理服务云计算平台

上海某公司是一家以"互联网+"、大数据以及产业互联网服务平台建设为核心的创新型企业，致力于打造全球顶级的设备资产数据化运营服务平台，为医疗行业各类机构提供以设备全生命周期管理为核心的各类产业互联网相关云计算应用服务以及专业服务。旗下云服务平台以数据为核心，基于角色、场景需求和医疗器械行业工业互联网标识解析二级节点支撑，采用云网端架构，结合云计算、物联网与大数据分析等信息化工具，建立了一套基于"数据智能+网络协同"的创新型医疗器械全生命周期管理的新模式。

新模式通过打通医院、厂家、维修商、服务商等机构，结合物联技术将设备资产管理、维修管理、质控保障、效率效益分析等设备全生命周期在线化、可视化、数据化、智能化，并结合大数据技术，建立数据仓库与数据中台，针对行业全数据进行整合、分析、建模，结合网络协同机制，反向赋能行业，推动医疗器械行业运营管理与医疗器械产品全生命周期管理及服务的升级。

云产业互联网应用平台以数据为核心，以行业运营管理最佳实践和行业法规为基础，以互联网产品思维方法为依托，以帮助医疗器械行业发展为目标，打造世界一流的医疗器械行业全生命周期，全价值链协同体系。

底层为标识，中台为数据，上层为应用，横向连接，纵向赋能。

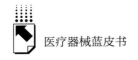
设备管理云平台是面向医疗机构的医疗器械全生命周期管理数据化SaaS平台，包括设备档案管理、设备资产管理、设备维修维护管理、设备质量控制管理、计量管理、效率效益分析、供应商管理、不良事件上报、闲置设备利用、专业数据服务等功能模块。

供应商售后服务平台是面向设备制造商、售后服务专业机构以及其他专业服务机构的创新运营管理应用服务平台。通过售后服务平台和设备管理云平台的协同对接，实现医疗器械供需双方的跨机构、跨要素、跨场景、跨地域、跨行业协同，极大地提升了行业服务效率以及行业的数据化水平。

物联平台专注于通过传感器、物联网、智能网关、工业大数据应用赋能整个服务矩阵。

数据中心为医疗机构的设备运营管理建立行业数据对标和参照体系，创新分析方法实现多维度数据解析，为管理决策提供精准依据。

1. 医疗设备维修网络协同智能化应用

扫码报修：微信或网页扫一扫，即可对设备进行报修，支持文字，语音以及图像对故障信息以及其他信息进行描述；支持设置设备状态如故障停机和维修紧急程度、是否有备机等要素；支持根据通用名配置通用故障现象供报修人选填。

接修管理：支持手机端接收报修信息通知；支持网页端和手机端机中管理查看维修工单信息，并按照工单状态进行分类管理。

工程师或维修商接修以后，状态以合理方式同步给报修人以及相关方。维修费用管理：支持预估费用输入以及预估费用依据输入。支持生成预估费用申请表并可以便捷导出。支持维修费用按照人工、配件、耗材分类进行明细记录，并对维修费用自动计算总额。

支持外修：打通厂商售后服务以及第三方服务商，支持外修的设备自动转外修，外修工程师和相关人员能够在手机端接收维修通知、查看设备信息和故障信息并参与维修全过程。

维修过程管理：支持工程师在手机端和网页端便捷调阅设备全生命周期档案；支持工程师在手机端和网页端便捷调阅故障设备历史维修信息以及查

找同类设备历史维修信息；支持接修工程师邀请其他工程师一起协作负责故障维修；支持维修工程师记录接修时间、出发时间以及到达现场时间；支持工程师输入预计完成维修时间；支持维修备件/配件的订购信息记录，并支持记录维修备件/配件的下单时间以及到场时间；支持在手机端和网页端对维修过程添加备注；支持报修人/临床在手机端/网页端验收功能；支持报修人/临床科室在手机端/网页端对维修进行评价；支持在手机端和网页端标记工单信息，例如发票信息、处理方式等；支持维修报告系统导出功能。

数据统计以及行业对标：统计范围包括维修工单总数、内修/外修工单总数、维修费用、在保/非在保设备维修数量、维修费用率等维度的统计；本年医工维修情况、本年维修商维修情况；品类维修情况和品牌维修情况分析；设备成新分析：按照气泡图展现通用名下平均使用年限（X轴展现）、平均故障次数（Y轴展现）和因故障停机时间（圆大小展现）。

2. 医疗设备质控 PDCA 闭环+数据智能创新应用

根据通用名配置质控模版，并自动关联适用设备，省去人工逐项添加和维护，并可根据需要自定义设置。

制定质控计划并配置计划覆盖的设备，并可以为计划设置开始时间、结束时间和重复周期；开始与截止时间之前系统会向责任人发送消息提醒。

质控执行：执行日常检查的临床人员仅需使用手机扫一扫即可开始执行日常检查，并可以查看质控记录；同样，医学工程师使用手机扫一扫即可开始巡检；打通厂商，厂商也只需要扫一扫即可完成预防性维护；质控报告手机端与 web 端同时更新、即时查看并可下载打印。

数据统计以及行业对标：统计范围包括本机构质控覆盖率统计，如模版总数量（包含标准模板、设备制造商提供的 PM 模板及机构自定义模版）、模版覆盖率（通用名下 ITEM 覆盖 PM 模版的比率，等于该通用名下已经覆盖 PM 模版的设备数）、质控计划覆盖率以及质控执行率统计，如质控工单月发生数量、质控计划执行率（数量）、当月质控未通过设备清单、强检计划到期提醒、临床科室日常检查周次数、设备制造商预防性维护情况、医工当月巡检统计等；并提供行业内质控执行情况横比分析。

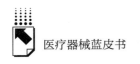

（二）上海某医疗设备管理大数据平台

上海某数据中台是结合医疗设备行业数据标准、导入数据中台技术和方法论建设而成的医疗设备行业全数据服务平台。平台基于医疗设备资产管理、维修管理、质控管理、使用培训等医疗设备高频场景，为医疗设备行业的设备运营管理提供行业数据对标和参照体系，并基于最佳业务实践，为全行业输出基础数据服务。

1. 数据中台功能建设分为五个层次

全域数据采集与引入：以资产管理、维修管理、质控管理、使用培训等医疗设备高频场景驱动，以设备数据全域思想为指导，采集与引入设备全生命周期、多终端（物联、互联、移动端等）、三方（医疗机构、企业、政府监管机构）的数据。

标准规范数据架构与研发：统一基础层、公共中间层、应用层的数据分层架构模式，通过数据指标结构化规范化的方式实现指标口径统一。

连接与深度萃取数据价值：形成以业务核心对象为中心的连接和标签体系，深度萃取数据价值。

统一数据资产管理：构建行业主数据和元数据中心，通过数据资产分析、应用、优化、运营四个方面，充分利用数据资产、降低数据管理成本、最大化数据价值。

统一主题式服务：通过构建数据服务中心，包括服务元数据中心和数据服务查询引擎，面向业务统一数据出口与数据查询逻辑，屏蔽多数据源，向行业输出统一的数据服务支撑。

2. 数据平台包含设备管理全生命周期

设备管理全生命周期的各个要素（人、物、场景）关系如图5所示。

标准化的医疗设备元数据主数据模型见图6。平台充分考虑到国家医疗设备行业工业互联网标识解析二级节点以及相关医疗设备行业主数据平台的支撑利用，建立标准化的医疗设备元数据主数据模型。

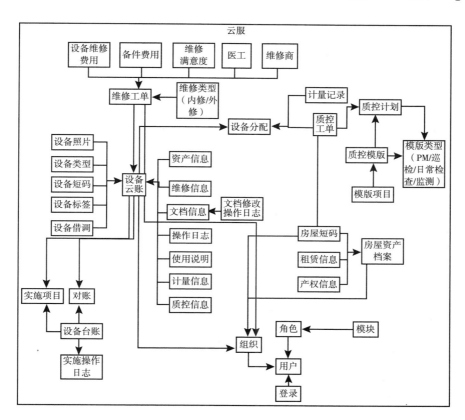

图5　平台设备数据域模型

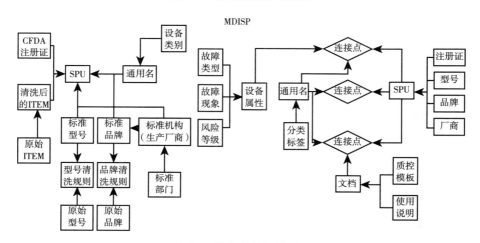

图6　平台主数据模型

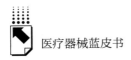

数据仓库采用 ODS-EDW-DM 的分层架构。分层架构体现了数仓的两个核心点：粒度和维度。从 ODS 到 EDW 到 DM，数据只能单向流动，并由细粒度向粗粒度转化。另外，ODS 是原始的运营数据，体现不出主题，而经过汇总后到达 DM，已经成为面向具体主题的数据，也是面向不同业务部门的数据。数仓分层架构和说明如图 7 所示。

数据分层	用途	模型	粒度	存储周期
ODS层	贴源数据库，保存源业务系统的原始信息，按日分区存放增量，用于穿透和基础层建模	E-R	明细级	1周，用于回退和校验
EDW基础层	构建基于主题域的数据仓库模型，数据来源于ODS，数据存储体现历史变化；有二种类型表：拉链表和流水表	E-R	明细	根据数据对象规划，资料类永久保存，其他数据保存1年
FACT事实层	按照应用分析主题，主要用于OLAP分析，可以基于此层创建Cube,能实现上卷、下钻、旋转等	多维Cube	汇总	永久保存
DIM维度层				
MDM主数据层	主数据的管理层，数据存储体现主数据版本历史变化	E-R	明细	永久保存
Meta元数据层	元数据存储层	E-R	明细	永久保存

图7　数仓分层架构及定义说明

B.6
利用原厂数字化技术对设备
生命周期进行前瞻性管理

赵　珏　李凯*

摘　要： 随着医学影像科相关检查在医疗诊断过程中扮演的支持角色越来越重要，如何提升设备使用效率，减少患者候诊时间成为一个重要的课题。本文从设备生产厂商角度，利用在产品研发周期内已经设计好的数字化解决方案，阐述数字化如何为医院的运营管理模式提供变革动力，真正做到"治未病，快诊断，速修复"，从而为临床创造价值。

关键词： 数字化　设备生命周期　前瞻性管理

医疗设备，尤其是大型医疗设备，在当今各类医疗机构的广泛使用已经成为一种趋势，医技科室在医疗设备的支持下，为患者的诊断治疗提供了巨大的支撑，同时为医生完成工作也带来了极大便利。如何更好地使用相关医疗设备，让医疗设备在其使用寿命期间充分发挥作用，是各大医疗机构对于相关医疗设备的关注点，在日常运营中则体现在设备维修及预防性保养上。

---

* 赵珏，通用电气医疗，数字化解决方案经理，同济大学信息管理与信息系统硕士；李凯，通用电气医疗，服务中心部门总监，天津大学电子信息工程学士。

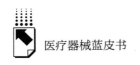
一　医疗设备维修现状和成功案例

　　传统的医疗设备维修，首先是由医疗机构发现问题，初步甄别问题，然后主动提出维修申请，随后相关工程师领着工单去现场再次判断问题，如果有需要，预定相应的配件以维修设备。这样的方式使得医疗机构设备日常运营的非计划停机时间较长，患者等待时间不得不增长，相应的收益流失，同时医疗机构以及相关维修工程师的劳动力也没有充分利用。

　　尤其值得指出的是，由于当代设备发展日新月异，对各种不同型号设备的理解程度常存在差异，能否及时对设备故障进行诊断，并找出运转不良的真正原因，才是帮助医疗机构解决日常运营痛点的关键。

案例一：核磁影响伪影

　　作为核磁影响设备，最关键的就是有好的图像质量以支持医生进行相关病灶的诊断，当图像发生伪影时，虽然设备表面上启动正常，但是其对图像质量的影响之大，会直接影响相关诊断治疗的结果。此类问题，虽然非直接停机，但对设备运营使用及潜在产生的后果影响极大。

　　为了分析清楚这样的复杂问题，往往需要有清晰的思路来规划，每一步都需要去检查哪些可能参数会影响此类问题，并且需要通过伪影本身的形态以及特性，来判断相对可能性更高的解决方案。

　　在这个案例中，伪影的问题被场地用户提出，接到相应请求的工程师需要根据一个维修计划案，分为以下几步：首先，需要观察伪影形态；其次，调整不同参数观察场地本身是否有噪声影响，如果有图像质量工具，需要迅速判断是否有属性上的缺憾，同时要排除是否由于关键配件，比如线圈的使用引发的问题；再次，整个设备的运行电子记录也需要分析，包括系统制冷参数等。

　　通过噪声预检查分析发现，在通道检测中发现了异常变化的现象，时间上与报告问题吻合，并由此推导出问题的产生线圈插头有突然松动，建议中心布置线圈后，该问题再没有在同一个场地重复出现过。

一个有详细的维修计划案支持的诊断所需要的执行时间是 2~3 小时，有效的建议和迅速的维修行动可以大大提升医疗设备问题解决的效率。

显然，在同样的问题、同样的维修计划案支持的前提下，如果加上设备本身具有的远程维修支持能力，那么高效迅速地诊断设备问题就会变得可能。在维修工程师接单、安排出行的等待期间，由于原厂在设计设备时就已设置管理数字化方案，在问题一旦发生的情况下，设备充分利用自带的数字化管理解决方案，迅速做出诊断、指导，及时修复，真正做到高效修复。

案例二：核磁设备预防液氦危机

核磁的液氦泄漏可以说是此类大型设备宕机原因中影响最大的一种，因此及时预防和分析这类问题可以说是极为关键的。

2019 年某日晚间，某核磁设备压缩机呈现出关机报警状态，相关负责的值班工程师马上远程检测压缩机真实运转状况，并且检查相关部件，判断问题成因，根据判断发现，室外水冷机温度高导致压缩机停机。值班工程师及时与现场客户以及现场工程师沟通，要求现场工程师紧急采用自来水备案，让设备冷头及时恢复工作运转。第二天工作日原厂工程师及时从根本上解决问题，成功避免了一次大规模液氦泄漏导致的核磁设备宕机。

图 1 为监测到的核磁液氦压力变化情况，充分反映了从监测到液氦压力突然攀升到及时采取有效措施再列设备运行情况好转的整个过程。

当然，这一切的"治未病"也都是发生在远程，尤其是晚上没有临床用户使用设备的情况下，及时发现潜在风险，并且当机立断与现场工作人员通力合作，从而成功避免了一次大宕机，这幕后的英雄也就是原厂数字化技术对设备生命周期的前瞻性管理。

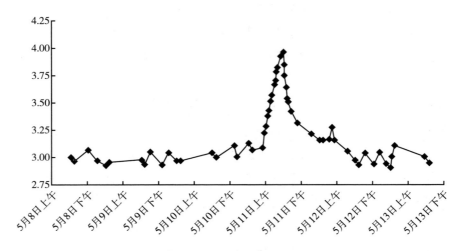

图1　某台监测的核磁液氦压力变化情况

二　前瞻性管理的坚实基础

原厂的数字化技术可以达成前瞻性管理，这背后蕴藏的是原设备厂商在多年服务经验中累计的实战经验。

（一）物理硬件基础

要做到这样的数字化管理，首先要让这些设备的物理硬件"会说话"。在物联网的概念引领下，优秀的原厂会在新产品设计或者老产品升级的过程中，基于过去历史服务记录，特别是根据高频率发生的问题，而设置相应的硬件基础，包括工业设计的提升、元器件数字化支持升级等。还是以核磁为例，作为关键部件的冷头由于其存在液氦泄漏的风险，相关优秀厂商会在设备设计阶段就加入冷头数据监控部件，用于记录液氦压力与液面高度。

（二）数字化智能决策

有了坚实的物理硬件基础，下一步就是要把这些硬件"看到"的问题都通过数字化的方式显示出来，这个步骤就需要引入数字化原理以及初步的智能决策系统，也就是把设备硬件可以采集到的各类属性，根据设备原始设计目的进行分析与校验，直接将其中有潜在风险的数据转化成相应警报，并且通过数字化方案手段，将重要信息及时传递给相关负责人。以 CT 设备为例，球管本身是一个高精密的重要部件，一些优秀原厂会设计几十个甚至上百个传感器以确定设备运转过程中的风险监测，以降低设备宕机有可能性。有的警报会指出设备运转过程中存在的异常情况，虽然没有直接造成宕机，但是如果不及时干预，则很有可能引发不良后果，造成惨重损失。

如 2019 年，有设备被监控系统发现存在高压散热系统过温过压的报警，工程师主动联系值班医疗机构使用者后，对方表示设备并无异常。报警初期发生在 24 点至 6 点，该时间段通常没有病人，随着进一步监控发现，球管管套温度超过 92 度的情况越发频繁，并且逐渐出现在患者在做检查的时间段，由于该问题历史数据都一一被保存下来，最终帮助工程师诊断出具体零件问题。

（三）远程数字化指挥中心

真正能够把前瞻性管理的结果带给医疗机构的是这支强大的远程数字化指挥中心团队。以美国医疗设备企业 GE 为例，数字化指挥中心需要配置至少 30 名资深工程师，不间断监控所有设备警报并及时做出响应。值得一提的是，除了主动监控报警和及时处理已经被提出的实际设备故障，远程预防性维护也是一种行之有效的主动防患于未然的解决方案。

远程数字化保养依据设备定期的运行日志。以血管机为例，在 2019 年的某次远程保养中，数字化指挥中心成员发现数字平板环境参数有几项不合格。随后工作人员下载系统日志文件 error log，并迅速确认问题的关键：平板水冷机里缺冷却液，在这个基础上，迅速联系医疗机构用户，并且指导其添加冷却液到正常液位，从而避免了在随后的手术中停机的可能。

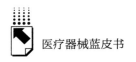
（四）基于大数据分析的前瞻性人工智能备件预测

在上述"三位一体"的设置下，可以基本实现设备问题及时发现、及时诊断。可是由于医疗设备，尤其是大型医疗设备的备件整体价值较高，体积庞大，在维修过程中，增加第一时间所需备件的准确判断，可以为整体维修过程节省至少 50% 的等待时间。

当原厂设计支持数字孪生这个理念后，当有现实场地发现设备故障时，数字孪生可以通过人工智能的方式，基于大量历史数据迅速判断出导致该问题出现的最可能原因，如果是相应备件必须更换，则可以在现场工程师第一次到场之前将备件备好，大大免去了不必要的等待时间，而这些必须依靠强大的分析工具以及设备在设计过程中融入的各种参数设置和长期累积的医疗机构实际支持经验。

如图 2 所示的智能分析结果，通过成功判断相应的备件信息，及时与物流部门相互协作，在最短的时间内解决了设备故障，极大降低了设备的停机时间，为患者争取到了更多的时间。

系统识别号：824		高压评估报告
软硬件配置：12HW14.6_SP2-2-1.V40_H_V64_G_GTL		未发现灯丝老化/校准问题
高压发生装置型号：V40_H=Jedi HV w/Hercules（7x VCT System）		未发现硬件损坏
数据分析：2019年3月15日		运转模块
医院名称：Hospital		发现问题
		灯丝电路老化
火花分析	现存灯管信息	极有可能
阴极-阴极 溅射	插入序列号：21	电缆损坏或松弛
39	插入模式号：22	可能
阳极-阴极 溅射错误	套装序列号：62	高压模块
13	套装模式号：22	发现问题
发射灯	安装日期：2018年九月14日 周五	灯管损坏
0	上次扫描时间：2019年五月15日 周六	极有可能
入射量	总患者检查数：15333	电源模块
0	总mAs数:55238512	发现问题
	灯管制造商：GE	

图 2　基于历史数据的部件情况智能分析结果

三　医疗设备维修前景与展望

综上所述，一个现代的新型设备维修模式，其实是硬件设计、数据流程、指挥中心以及人工智能判断"四位一体"的全方位解决方案，这样才能够真正给医疗机构的设备使用和运营带来高质量的设备运营保障。

随着科技的发展，设备厂商将会不断提升设备设计质量，必然将设备的使用寿命当成最重要的指标来建设。同时，与合格的合作伙伴共同运营设备是大势所趋，其中包括了设备技术的原厂认证、关键部件的原厂采购渠道等，所有的生态体系建设的共同目标，都是为了能真正支持医疗设备更好地在医疗机构发挥作用，服务更多的患者。

B.7
唯一器械标识与医疗器械全流程追溯

张凤勤 喻 瑾*

摘　要： 基于 GS1 标准的唯一器械标识（UDI）是实现医疗器械在全球范围全流程追溯的标准化信息工具。制定和实施医疗器械唯一标识的目标是加强医疗器械研制、生产、经营和使用环节的监督和管理，提高监督管理效能。UDI 可以运用在生产、流通、库存管理、使用和上市后监管等领域。UDI 的使用和推广能让监管方、生产企业、流通企业、医疗机构、医保支付方、患者受益。

关键词： 医疗器械　唯一器械标识　标准化信息工具

一　基于 GS1 标准的唯一器械标识（UDI）

GS1（Globe Standard 1）是一个开发和维护商业信息交换标准的非营利组织。GS1 系统涵盖跨行业的产品、运输、位置和服务的标识标准体系和信息交换标准，使产品在全世界都能够被扫描和识读。GS1 通过电子产品代码（EPC）、射频识别（RFID）技术标准提供更高的供应链运营效率；GS1 可追溯解决方案，帮助企业遵守国际有关食品安全法规，实现食品消费安全。GS1 作为全球广泛使用的编码标准体系，已被 150 多个国家和地区的超过

---

* 张凤勤，中国医学科学院阜外医院，设备处及物资供应处处长，副研究员、本科；喻瑾，中国医学科学院阜外医院，物资采购处副处长。

200万家企业采用，广泛应用于包括医疗保健在内的众多领域。目前已有32个国家、地区的编码组织在各自管辖区内成立本国家、地区的医疗用户组。在我国，中国物品编码中心通过推广GS1标准以提升医疗供应链管理效率。GS1同时包含了五个含义：一个全球系统，一个全球标准，一种全球解决方案，世界一流的标准化组织（供应链管理/商务领域），在全球开放标准/系统下的统一商务行为。

唯一器械标识（UDI）是用于在医疗保健供应链中标记和识别医疗设备的系统。IMDRF（国际医疗器械监管论坛）、美国食品药品监督管理局（FDA）等的目标是通过实施全球统一的标准UDI来提高患者的安全性，促进医疗流程的优化。

2018年2月27日，国家食品药品监督管理总局就《医疗器械唯一标识系统规则（征求意见稿）》（以下简称《意见稿》）向社会公开征求意见。制定医疗器械唯一标识规则的目标是加强医疗器械研制、生产、经营和使用环节的监督和管理，提高监督管理效能。《意见稿》明确，医疗器械唯一标识（Unique Device Identification，简称UDI），是医疗器械产品的身份证，唯一标识数据载体是储存或传输医疗器械唯一标识的媒介，唯一标识数据库是储存医疗器械唯一标识的产品标识与关联信息的数据库，三者共同组成医疗器械唯一标识系统。其中，唯一标识应当包括产品标识和生产标识。产品标识是识别医疗器械上市许可持有人、医疗器械型号规格和包装的唯一代码；生产标识是由医疗器械生产过程相关信息的代码组成，根据监管和实际应用需求，可包含医疗器械序列号、生产批号、生产日期、失效日期。建立医疗器械唯一标识系统，有利于运用信息化手段实现对医疗器械在生产、经营和使用各环节的快速、准确识别，有利于实现产品监管数据的共享和整合，有利于创新监管模式，提升监管效能，有利于加强医疗器械全生命周期管理，实现政府监管与社会治理相结合，形成社会共治的局面，进一步提升公众用械安全保障水平。

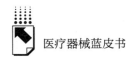

二　UDI 在美国和欧盟实施

美国食品药品监督管理局于 2013 年 9 月发布了一项法规，该法规规定，将全球通用的唯一器械标识（UDI）系统应用于美国市场上的所有医疗设备。规则规定：设备制造商应为设备的每个版本或型号分配一个唯一的设备标识编号；唯一设备标识应为人类可读格式和自动识别格式。UDI 信息将应用于唯一标识的每个设备的标签上。2013 年 12 月 17 日，GS1 被美国食品药品监督管理局（FDA）认证为唯一设备标识（UDIS）的发布机构。全球 GS1 标准符合美国政府发布 UDI 的标准，并将帮助制造商遵守 FDA UDI 法规的要求，以支持患者安全和供应链安全。

欧盟医疗器械法规（MDR）和体外诊断法规（IVDR）已于 2017 年 4 月 5 日通过，并规定了欧盟 UDI 系统的要求。GS1 标准使世界各地的医疗保健制造商能够按照欧盟法规和 GS1 通用规范创建和维护 UDI 编号。根据规定，必须在医疗器械标签、包装以及某些情况下的器械本身上使用 UDI 编号。欧盟法规引入了一个新的概念：基本的 UDI-DI，它允许在欧盟内部对受管制的医疗设备进行分组。

三　UDI 代码结构和 UDI 标签

唯一器械标识（UDI）包括：DI 器械标识（静态信息）和 PI 生产标识（动态信息）（见图 1）。有厂商识别码、GS1 UDI 编码、UDI。

厂商识别码由 7～10 位数字组成，中国物品编码中心负责分配和管理。厂商识别码 1～3 位为前缀码，国际物品协会分配给中国物品中心的前缀为 690～699。商品项目代码由厂商识别代码所有人（即商品条码系统成员）依据有关国家标准自行分配。校验码由标准算法得出。UDI 编制方法：医疗器械使用风险和监管追溯的要求不同。UDI 也将随之变化。UDI 可以由 DI 单独表示，也可由 DI 加 PI 联合使用表示（见图 2）。

图 1　统一识别标识的信息构成

标识到规格型号

UDI由DI表示，例如"6901234000054"是标识并追溯到规格型号的某一器械唯一编码，用一维条码表示如下：

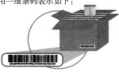

6901234000054

标识到批次

UDI由DI联合PI中的生产日期/有效期，批号实现。例如："（01）26901234567896（17）130131（10）1234"是标识并追溯到批次的某一器械唯一编码，用一维条码表示如下：

(01)26901234567896(17)130131(10)1234
有效期　批号

标识到单品

UDI由DI联合PI中的生产日期/有效期，序列号实现。例如："（01）06901234567892（17）130131（21）1302011475"是标识并可追溯到单品的某一器械唯一编码，用一维条码表示如下：

(01)06901234567892(17)130131(21)1302011475
序列号

图 2　统一识别标识的编码信息

　　GS1 UDI 编码由主条码和副条码组成，（01）标识后的数字是逐条码，包含 14 位数字。（01）编码也称为 GTIN，含国别、厂家、产品名称、型号规格、包装级别等静态信息。其他条码包括（11）生产日期、（17）失效日期、（10）批号、（21）序列号等信息。其中（01）、（11）、（17）是长字符串（见图 3）。

　　UDI 的数据载体主要有三种形式：一维条码、二维条码和射频标签（见图 4）。三种数据载体的区别在于数据存储量和识读方式的不同。但三种载体的 UDI 结构和编制方法均不变。

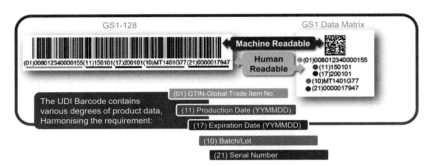

图 3　统一识别标识的编码信息

图 4　统一识别标识的三种标签

四　实施和应用 UDI 代码结构和 UDI 标签的意义

一旦全面实施，UDI 系统将通过以下方式为企业、监管方、消费者、医疗机构、医疗系统带来一系列保障和便利：实现更准确地报告、审查和分析不良事件，更快地识别和纠正问题设备；医疗专业人员可以更快、更准确地识别设备并获得有关设备特性的重要信息，减少医疗差错；通过提供一种标准和清晰的方式，加强对电子健康记录、临床信息系统、索赔数据源和登记处记录设备的使用情况进行分析；提供一个标准化标识符，使制造商、分销商和医疗机构能够更有效地管理医疗器械召回；为安全分销链提供基础，帮助解决假冒商品问题，并为医疗紧急事件做好准备。

卫生系统采用 UDI 规范为医疗器材行业提供了监管框架。制造商、经销商、医疗保险、供应商、患者、医疗系统和相关者在医疗器械的整个生命周期中都能发挥重要作用。所有相关方普遍使用 UDI 能充分实现此类系统所带来的优势和便利（见图 5）。

五　实施和应用 UDI 对医疗行业的影响

医疗行业的发展和国际化对整个生产、流通、使用和使用后追溯提出了更高的数据要求，对医疗器械数据信息收集、传递、使用形成了挑战。我国大部分地区的医疗数据仍处于分散、碎片化、孤立化的状态，对医疗器械的生产、流通、使用、监管造成瓶颈。统一的数据标准是维护政府、患者、企业相关权益的基础。UDI 的使用将促进中国医疗器械行业的国际化发展。

对政府监管而言，建立和使用 UDI 系统可以从源头开始监管医疗器械的生产、流通、使用。UDI 的使用有利于加强医疗器械监管的范围和效率，提升整个医疗器械监管的能力，开创新的监管模式。具体可以应用在监管医疗器械生产、销售、使用、上市后再评价等领域。使用 UDI 可串联不同环节的信息，有效掌握产品使用情况。有关人士表示，监管部门已将 UDI 作为高值医用耗材治理改革重点，会将 UDI 运用在产品招标、采购、医保结算和支付环节中。

对生产企业而言，UDI 可实现产品的全流程追溯，有助于打通内部供应链，连接企业内部研发、生产等信息系统数据。帮助企业实施不良事件报告和开展再评价，实现不良产品的及时召回。UDI 还可以用于预防假冒伪劣产品流入市场。通过查询 GUDID 数据库关于销售网络的情况，使用者可以准确、快速地判断产品的真伪。国内外对于植入类等高风险器械强制使用 UDI 已有不少呼声。

对患者而言，UDI 系统能够提高接受治疗的安全性。实施 UDI 后，假冒伪劣和不合格批次的产品能够被有效监控并快速识别。对于不良事件的反馈

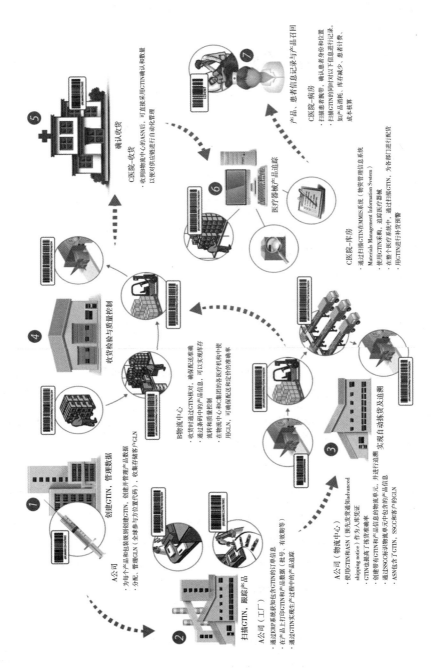

图5 统一识别标识应用于医疗器械全流程追溯

将会更加快速和准确，有效杜绝器械相关的病人安全隐患。

对医疗机构而言，使用 UDI 可以大幅提高医疗器械库存管理的精度和效率。人工管理的方式要求医院人员逐条输入产品的型号规格、批号、序列号、失效日期等产品信息，并且人工打印出库单。这些环节的人工操作容易形成操作失误。有些医疗机构为了方便管理对产品进行自定义编码。这不仅给医疗器械的入库管理增加了工作量，还导致器械追踪的困难。据统计，手工出库的错误率可达 1%。在医疗机构使用 UDI 编码，可以大幅提高入库管理的速度，降低人力操作成本。

B.8
信息化在医疗机构消毒供应中心的应用

张　群*

摘　要： 医疗机构的消毒供应中心是医院感染管理的重点科室，承担着医院全部重复使用的医疗器械、物品的清洗、消毒、灭菌及供应工作。加强消毒供应中心的建设和管理，确保无菌物品质量，对有效降低医院感染、保证医疗安全和病人安全具有重要的意义。消毒供应中心信息系统是医院消毒供应中心实现过程质量管理的一种工具，通过对工作流程中每个节点的质量标准、操作规程、结果确认等数据进行分析，明确Who？（谁做）、When？（什么时候做？）、Where？（在哪里做？）、What？（做什么？），从而达到被灭菌物品处理过程每个环节的质量可控和可追溯。

关键词： 消毒供应中心　信息系统　医院感染管理　过程质量管理　追溯

　　医疗机构的消毒供应中心是医院感染管理的重点科室，承担着医院全部重复使用的医疗器械、物品的清洗、消毒、灭菌及供应工作。加强消毒供应中心的建设和管理，确保无菌物品质量，对有效降低医院感染、保证医疗安全和病人安全具有重要意义。

---

　　* 张群，山东新华医疗器械股份有限公司感染控制产品事业部、市场部IT产品总监，高级工程师，大学本科。

一 消毒供应中心政策要求及其特点

2009 年 4 月 1 日，卫生部颁布的《WS310 – 2009 医院消毒供应中心第 1 部分：管理规范》中，对消毒供应中心提出了质量管理追溯的要求，条款 4.2.2：应建立质量管理追溯制度，完善质量控制过程的相关记录，保证供应的物品安全。2016 年，在修订版《WS 310.1—2016 医院消毒供应中心第 1 部分：管理规范》中，明确提出，条款 4.1.5：宜将 CSSD 纳入本机构信息化建设规划，采用数字化信息系统对 CSSD 进行管理。由此可见，国家对于消毒供应中心建立信息化追溯软件系统的重视程度和紧迫性。

消毒供应中心质量追溯信息化系统是医院消毒供应中心实现过程质量管理的一种工具，通过对工作流程中每个节点的质量标准、操作规程、结果确认等质量控制及数据进行分析，明确 Who？（谁做）、When？（什么时候做？）、Where？（在哪里做？）、What？（做什么？），从而达到被灭菌物品处理过程每个环节的质量可控和可追溯。

信息化管理系统对影响灭菌过程和结果的关键要素进行记录，当确定需要召回器械时，能找出并及时反映，实现可追踪，促进消毒供应中心质量管理与持续改进。与此基础上，消毒供应中心信息化系统对物流管理做到精细、高效、准确的成本核算和成本控制，满足医院临床对无菌物品的需求。消毒供应中心质量追溯信息化系统实现了良好的质量控制与物流管理的功能与作用。

消毒供应中心信息系统以消毒包处理为中心，服务于临床，为医院提供了回收管理系统、包装管理系统、发放管理系统、临床申领及使用系统、设备实时监控系统、监测管理系统等模块。

消毒供应中心信息系统是用于医院消毒包处理和使用流程记录与管理的计算机软件系统。本系统对整个消毒包处理实现信息化管理，能促进医院消毒供应管理合理、有效、安全地运行，并留下完整的消毒包处理记录，全程跟踪、记录消毒包的申领（预约）、审核，消毒供应中心和使用科室对消毒

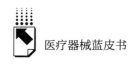

包进行处理等相关信息，完成消毒包处理所涉及的所有记录。

消毒供应中心信息系统具有以下特点：一是全程数字化操作，告别手工记录，查找、统计快捷无误；二是流程完全透明，可掌握每个消毒包在整个流程的分布与状态；三是信息追溯与物品召回可即时自动化完成；四是记录所有操作，逆向追踪，责任到人；五是优化整个消毒供应中心流程，强化内部管理，调整人员安排，提高工作效率；六是自动生成绩效考核及成本核算报表，准备无误，省时省力；七是电子数据报表可即时调取，作为强有力的证据，保证医院的合法权益；八是全面执行卫生部发布的《医院消毒供应中心管理规范》；九是完全响应《三级医院综合评审标准实施细则》。

二　消毒供应中心信息系统实现的功能

实现从"消毒包回收→清洗→包装→灭菌→库存→发放→科室接收→质量检查→病人使用→最终清点"的整个流程的自动化和信息化。提高消毒包处理的效率，达到实时跟踪消毒包处理过程。系统存储清洗机和灭菌器等输出的数据，提供报警和数据分析，这些资料对于临床使用及护士长科学化管理具有重大意义。

通过使用该系统，能够规范消毒供应中心和使用科室的工作流程，实现消毒包处理流程中的信息数字化和网络化，实现对消毒包处理过程管理，从而提高整个消毒供应工作和医院感染控制的水平。

根据消毒供应中心的工作流程，信息系统实现以下功能。

（一）回收

每天早上，消毒供应中心的下收人员，将手术室和各临床科室的污染可重复使用物品装在密封回收箱里，通过专用的通道，运送到消毒供应中心的去污区。去污区的接收人员使用条形码扫描枪，扫描下收人工号和自己的工号条形码，并开始双人核对；此时，电脑显示器上会显示器械列表和照片。工作人员据此对照，对器械进行清点、核查，接收人员确认回收物品无误后，操作电脑上的信息化程序，保存回收数据。

消毒供应中心信息化系统中对回收工作流程有明确的质量要求、工作指引、效果记录和数据自动汇总等，提供岗位人员随时查询及核对等功能，使回收工作做到正确、及时、安全，对回收不符合质量要求的器械进行记录并做处理。

不同种类的治疗包使用不同的操作流程和方式。

1. 临床科室包

可对照临床科室从网上登记的申领信息进行回收确认。扫描污物回收箱上的科室条形码，自动显示该科室的请领信息，污物接收人员核对实物无误之后接收。

2. 手术室器械包

扫描手术包内卡（上有该包唯一条形码编号），根据电脑清单来登记回收。

3. 外来器械

可以选择预置的手术包名称，并由供应商填写《外来器械接受、清洗单》，接收人员将手术时间、手术医生、患者姓名、器械总数量等信息录入电脑，如有植入物，可登记提醒功能，提醒灭菌员对此外来器械做生物监测。

去污区由接收人员双人核对并分类清点。接收人员扫描自己的工号，确认接收完毕。

分类人员按照电脑系统中的《分类指引》，根据器械物品的材质结构、精密程度等进行分类。复杂的器械，会以图片的形式分步指引，根据指引图片及质量标准准确的分类，避免拆分不彻底，从而减少损坏。

（二）清洗

物品回收、分类之后，进入清洗步骤。清洗人员扫描手术包内卡上的条形码，电脑显示该包的器械照片和清单，再选择单件器械的《清洗指引》，按照指引对器械进行正确的拆分、处理。清洗方法包括机械清洗、手工清

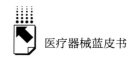

洗。信息化系统为清洗工作人员提供相应的器械清洗指引与质量要求：常用器械、器皿及各类器械清洗的要求；对精密、复杂器械清洗处理方法及要点进行提示；需要拆分器材的每个步骤及放置要求；对这些特殊的要求通过语音提示、图片显示及查询，工作人员正确执行并达到质量要求。

工作人员针对清洗的需要，选择清洗架、清洗程序。信息化系统为员工提供清洗消毒器程序、各类器械清洗装载要求及清洗与湿热消毒等功能操作指引和质量要求，并将工作过程记录自动录入信息化系统中，以备查询和追溯。

工作人员按照清洗指引将器械摆放在相应清洗架上，不同结构特性的器械应分别放置于适合的清洗架上，选择相对应的清洗程序。

清洗人员在电脑上进行清洗登记，对自己处理的器械进行确认。然后，使用条形码扫描枪，依次扫描操作员工号条码、清洗架条码，选择放置在清洗架上的手术器械，并进行机器清洗登记，物品清洗登记完毕后，进入清洗机进行清洗。

清洗前，扫描清洗架条码、操作员工号条码。清洗过程中：全程记录在追溯系统中，以备随时调取清洗结束后，卸载人员，首先确认 A0 值是否达到标准，如果 A0 值不符合标准，设备将报警并将器械返回去污区重新登记清洗；如果 A0 值符合标准，设备将自动开启卸载门，以便卸载人员初步检查清洗质量。

卸载人员目测清洗结果，无肉眼可见的污垢、锈迹、水珠后，扫描确认，进入清洗质量检查。

（三）检查包装

清洗质量检查完成后，检查人员送至各包装台。消毒供应中心信息化系统提供各类手术器械装配的技术规程、拆卸器的组装步骤说明、复杂精密器械的检查要点。根据各类灭菌物品的需要，规定包装材料种类、灭菌程序、灭菌参数等质量标准，确保工作流程每个环节符合质量标准。

包装流程实行双人负责。配装人员在包装之前，扫描工号条形码及清洗篮筐里的条形码，再次检查器械清洁度及功能形状：清洗不合格的器械，随时在系统中登记，并重新进行清洗，系统可以根据登记信息，统计清洗不合格率。

检查合格后，进行配装。配装人员首先将拆分的器械依照《组装指引》进行组装，按照系统指示正确核对器械的数量、规格、摆放方法、包装材料及相符的灭菌方式。

包装人员按照质量要求逐一复核；系统会提示放入包内化学指示物，无误后扫描工号确认，合格后打印条形码标签。

手术包及其常规灭菌包标签上打印的明码信息包含"包名称""灭菌日期""失效日期""配装人""包装人""包编号"。外来器械可根据包装人登记的分包数量，打印出相同数量的标签，并在常规明码信息基础上附加手术名称、患者姓名、住院号等。包装结束，条形码标签粘贴包外。如为超大超重包，包装员应在系统上标记。清洁敷料检查包装后，打印条形码标签粘贴包外。

（四）灭菌

包装后的器械、敷料等治疗包，用标准篮筐盛装，放入灭菌器消毒内车的层架上。操作人员扫描自己的工号，系统将自动判断操作人员是否为灭菌员，"是"将进入下一环节，"否"语音模块将会提示非法操作员。通过的操作员，将待灭菌的物品逐一清点扫描，语音提示清晰，防止重复扫描；如果不小心将低温待灭菌包放入高温待灭菌包内时，设备会自动提示："低温灭菌包不能用此设备灭菌。"

扫描超大超重包时，设备会自动提示："超大超重包！"提醒灭菌员使用超大超重程序灭菌。有植入物的灭菌包，设备会自动提示："植入物，请生物监测！"这样待灭菌包在重重质量控制下，进入灭菌器，开始灭菌。

灭菌完成之后，设备会自动提示灭菌结束，灭菌员取出批量 PCD，与质检员共同复核化学监测结果。冷却 30 分钟之后，质检员扫描自身工号，

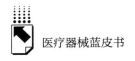

检查无菌包是否有湿包、包装完好性等情况，登记为合格，检查完毕的灭菌包自动进入无菌物品存放间进行储存。如出现包外湿包时，灭菌员应使用湿包登记表进行逐一项目观察记录，以备查找发生的原因。不合格灭菌包将返回检查包装间，重新包装灭菌，整个过程信息系统会自动采集不合格数量，统计不合格。

（五）储存

无菌物品管理员，将已合格的灭菌包放入货架，并进行登记，发放时可在信息系统中迅速定位无菌物品存放位置，实现仓库的智能化管理。同时，可以对无菌物品的出入库时间、库存量、有效期预警等信息进行监控，系统可以设置有效期预警时间，当物品即将过期时，系统会给出警示。

（六）发放

无菌物包发放时，信息化系统具备完善的物流管理和质量控制的功能，确保无菌物品发放质量，遵循先进先出的原则，实现按需供应。对发出的每件无菌物品处理数据进行清晰的记录，一旦需要召回，能迅速找到并召回。

发放时，工作人员确认无菌物品的有效性，扫描发放人工号条码、下送人工号条码进行对比发放；系统依据科室请领信息及其实际回收数量，如果出现扫描数量大于回收数量，会有语音提醒发放人员。然后，发放人员扫描无菌物品条码，打印发放单，通过传递窗（门）将无菌物品传递给下送人员，再放置到密闭下送车中，通过专用通道运送到临床科室，进行发放。

（七）临床科室网上申领

消毒供应中心接入医院的院内网后，临床科室可以在护士站电脑上，通过网上申领的方式，从消毒供应中心预订所需的可重复使用物品和一次性物品。

（八）患者使用

无菌物品送至手术室后，进入手术室无菌存放间，手术室工作人员进行接收入库操作，灭菌包入库后等待使用。

患者进行手术时，工作人员进行手术包使用登记，扫描无菌物品条码，并登记病人信息，建立病人与手术包的关联。同时，将手术包条码粘贴到病人病历或手术护理单上，便于以后追溯查询。

（九）追溯与召回

无菌物品经过消毒供应中心每一工作环节的控制和记录，可以实现追溯管理功能。通过扫描无菌物品条码，可以查询与此包运行的整个环节是否出现问题，包括灭菌包的清洗、消毒和灭菌信息。同时，与此灭菌包同批次灭菌的物品也可立即查询出来，可以立即定位这些物品目前的去向，便于迅速召回。

三　消毒供应中心信息化应用的意义

消毒供应中心信息化系统，通过流程化、信息化的管理，对全院复用无菌物品进行成本控制、物流控制和预警调配，对所有发出的无菌物品进行追踪管理，实现了无菌物品的可控性；通过对工作质量指标动态进行监测，有效控制消毒供应中心的高危风险。

质量管理与信息追溯系统相结合，通过设立计算机工作站，将各项工作流程的质量标准融入操作中，在重要岗位设置"合格－通过"的控制节点，让每位员工对自己的"工作质量"负责。组长和质控员进行质量衡量与纠偏，护士长日常全面的质量管理，护理部的定期检查督导，更加科学的三级质量管理体系，能够实现无菌物品的质量控制，保证供应物品的安全，从而保障患者的安全。

B.9
后　记

　　本报告通过对医疗器械相关数据的研究，对行业内医疗器械的使用者和研发者进行数据调研，有效补充了我国目前医疗器械行业数据不足的现状，为行业研究者、企事业单位、生产经营企业、医疗结构提供参考依据。

　　本书采用的数据主要来源：国家各部委对外发布的公开数据、《中国医疗设备》杂志社连续九年面向全国范围展开的中国医疗设备行业调研所得数据，以及南京器械平台的汇总数据正是这些可溯源且具有持续性的调研数据，为本蓝皮书的编写提供了真实可信的数据资源。

　　我们在写这本书的时候切身感受到，目前我国医疗器械数据发展迅速，其中价值有待进一步挖掘。希望各位读者通过本书可以更全面地了解目前我国的医疗器械行业数据发展现状。本书是第一本关于医疗器械行业数据的报告，其中难免会有很多不足之处，在此欢迎各位同行和业界人士批评指正，多多提出意见，共同为医疗器械行业的发展略尽绵力。在本书的编纂过程中，我们得到了业内众多专家的支持与指导，得到了中国药品监督管理研究会王宝亭副秘书长的支持与鼓励，每位编者都付出了辛勤劳动，在这里对本书的所有参与者表示衷心的感谢！

　　最后，感谢健康报社、中华医学会医学工程学分会、人民卫生出版社、中国药品监督管理研究会医疗器械监管研究专业委员会、中华医学会影像技术分会、中国研究型医院学会临床工程专业委员会、中国非公立医疗机构协会临床工程分会、中国医师协会临床工程师分会等对行业数据调研活动的大力支持，感谢《中国医疗设备》杂志社 60 余家编委会对调研活动的积极号召，感谢 14000 名中国医疗设备行业数据研究员对调研活动的积极参与！

金　东

二○一九年八月二十八日

Abstract

Based on the actual situation of the registration, approval, market allocation, bidding and application of medical devices and consumables in China in recent 3 – 5 years, The Report reflects the current situation of medical device industry with detailed data and charts and reveals its future development direction through giving a comprehensive processing of the market research and data from several different sources. The Report consists of five parts up to eight research reports, including general report, data for registration and approval, data for device market, data for consumable market, and data practice and application. The general report describes the establishment, methods, index setting, and reporting statistics of the research project of the medical device industry in China. The data for registration and approval part analyzes the situation of declaration and approval of medical devices, consumables and reagents in 2016 – 2018. The data for device market part respectively gives a detailed analysis of the data of seven categories of digital medical equipment like CT and MR in 2014 – 2018, the data of fourteen categories of medical first aid equipment like monitoring and respiratory devices in 2018, and the biding data of eight categories of medical device in 2018. The data for consumable market part analyzes the market date of eight consumables (such as medical tools, placed consumables, and implanted consumables) and five related reagents (such as pathogenic pathogen detection reagents and blood type tissue matching reagents). The data practice and application part selects the application cases from four enterprises to find useful data for clinical service. In conclusion, The Report has a great guiding significance for the future development of medical device industry in China.

Contents

I General Report

Abstract: With the rapid development of Internet technology and the improvement of medical conditions, the medical device industry has also entered the era of big data. This paper starts with the definition of big data and expounds the wide application of big data in medical machinery industry. Then, according to the current situation of data-based development of medical devices in China, find out the shortcomings. And introduced the background and progress of data research in the medical device industry, data research ideas, specific research contents and analysis methods; combined with the social situation, discuss the future trend of the digital development of Chinas medical device industry. Finally, on the basis of the full text, some Suggestions on the digital development of medical devices in China are given.

Keywords: Big Data; Medical Device; Data Research Ideas

II Topics in Registration and Approval

Abstract: In accordance with the Regulations for the Supervision and Administration of Medical Devices and the Opinions of the State Council on

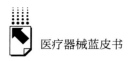
Reforming the Examination and Approval System of Pharmaceuticals and Medical Devices (State Council [2015] No. 44), the State Drug Administration is dedicated to further deepening the reform of the medical device approval system, and continuous improvement of the efficiency and quality of medical device registration and approval. During 2016 - 2018, totally 22362 applications of medical devices were accepted by the State Drug Administration, with the total number of acceptances gradually declining, while the proportion of first-time registration acceptance increasing year by year. About two thirds of the total were medical devices, while the rest were IVD reagents, and the ratio of the two has been slightly changing overthese three years. In total, 6570 filings for Class I imported medical devices, 7898 registrations for Class II imported medical devices, 7295 registrations for Class III imported medical devices, and 7911 registrations for Class III domestic medical deviceshave been approved by the State Drug Administration, while 41843 filings for Class I domestic medical devicesand 45197 registrations for ClassII domestic medical devicesapproved by provincial and municipal drug administration. The Class I domestic medical devices approved have been rapidly growing, and ClassII fluctuating significantly over the years, while the other classeshave shown a slow decline.

Keywords: Examination and Approval Registration; Filing Medical Devices; Registration of Medical Devices

Ⅲ   Topics in Equipment Market

B. 3   Data Analysis Report of Medical Equipment Market in China

China Medical Devices / 107

Abstract: This paper expounds the configuration and use status of medical equipment in China from the aspects of brand configuration, after-sales service, maintenance service and procurement recommendation of 21 types of medical equipment. By interpreting the bidding data of eight kinds of medical equipment, the distribution of winning bids of some medical equipment in 2018 is expounded.

Keywords: Medical Equipment; Hospital Configuration; After-sales Service

IV Topics in Consumption Market

B. 4 An Analysis on Category Data of China's Medical

Consumable Market   *Nanjing ZhiXie Info. Co. , Ltd.* / 236

Abstract: Medical consumables and IVD reagents are the most frequently consumed medical devices in hospitals, with complicated and varied varieties, involving almost all categories of medical devices. Along with introduction of new technologies and materials, medical consumables and IVD reagent products have become indispensable and important components of the medical device industry. Due to awide range of medical consumables and IVD reagents, in this paper, only some typicalcategories were selected for relevant industrial data analysis, to present the developments and industrial distribution of medical consumables and diagnostic reagents, and provide reference for relevant industrial analysis.

Keywords: Medical Consumables; Medical Tools; IVD Reagents

V Topics in Data Practice and Application

B. 5 Technology Innovation and New Generation Applications

of Medical Device life-cycle Management   / 293

Abstract: Cloud computing and artificial intelligence technology is an significant innovation driving force of medical device industry. Based on IoT and Big Data technology, the domestic researchers established the online operation mode on new generation SaaS platform for medical device life-cycle management. AI and Big-data technologies make all things online through end to end processes, i. e maintenance process and quality control process etc. On the first time people and devices on these essential scenarios are linked together. Meanwhile all the data

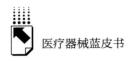
which was scattered are collected into one platform and business intelligence and knowledge miningtechnologies are available to generate business insight from backend of data. The buried data are waked up on new generation platform, whichrelys on Knowledge Mapping Analysis, pattern recognition, NLP technologies, to enpower medical device industry upgrading and business mode innovation. The development of cloud computing and big-data technology will drive deep innovation of the china medical device information management fields and then arise the medical level in china.

Keywords: Medical Device; Device Maintenance; Device Efficiency; Cloud Service

B. 6 Proactive Management of Equipment Life Cycle by Original Digital Technology *Zhao Jue, Li Kai* / 311

Abstract: With the support role played by the medical imaging department in the medical diagnosis process becoming more and more important, how to improve the efficiency of equipment use and reduce the waiting time for patients has become an important issue. This article describes how to use the digital solutions that have been designed in the product development cycle from the perspective of equipment manufacturers, how to provide the driving force for the hospital's operation and management model, and truly achieve "Proactive treatment, fast diagnosis, rapid repair", creating value for the clinic.

Keywords: Digitalization; Life Cycle; Proactive Management

B. 7 Tracking Medical Device by GS1 −based Unique Device Identity *Zhang Fengqin, Yu Jin* / 318

Abstract: GS1 −based Unique Device Identity (UDI) is an informatic tool for tracking medical devices at all processes globally. The goal of establishing and applying UDI is to strengthen surveillance and managementof medical devices throughout its developing, manufacturing, logistic, and using process. UDI can be used in the field of production, circulation, stock management, usage, and post-market surveillance. The adoption of UDI can benefit regulators, manufacturers, distributors, healthcare providers, payers, and patients.

Keywords: Medical Device; All Process Surveillance; Standardized Information Tools

B. 8   The CSSD Information System   *Zhang Qun* / 326

Abstract: CSSD (central sterile supply department) is the key department of nosocomial infection management. It undertakes the cleaning, disinfection, sterilization and supply of all reused medical instruments and articles. Strengthening the construction and management of CSSD and ensuring the quality of sterile articles are of great significance to effectively reduce hospital infection, ensure medical safety and patient safety. The CSSD Information System is a tool for hospital CSSD to realize process quality management. Through quality control and data analysis of quality standards, operating procedures, result confirmation of each node in the workflow, it is clear who? (Who does) When? (When does it do it?) Where? What? (What do you do?) In order to achieve the quality control and traceability of each link in the process of disposal of sterilized articles.

Keywords: CSSD; Information System; Hospital Infection Management; Process Quality Management

社会科学文献出版社

皮 书

智库报告的主要形式
同一主题智库报告的聚合

❖ 皮书定义 ❖

皮书是对中国与世界发展状况和热点问题进行年度监测，以专业的角度、专家的视野和实证研究方法，针对某一领域或区域现状与发展态势展开分析和预测，具备前沿性、原创性、实证性、连续性、时效性等特点的公开出版物，由一系列权威研究报告组成。

❖ 皮书作者 ❖

皮书系列报告作者以国内外一流研究机构、知名高校等重点智库的研究人员为主，多为相关领域一流专家学者，他们的观点代表了当下学界对中国与世界的现实和未来最高水平的解读与分析。截至2020年，皮书研创机构有近千家，报告作者累计超过7万人。

❖ 皮书荣誉 ❖

皮书系列已成为社会科学文献出版社的著名图书品牌和中国社会科学院的知名学术品牌。2016年皮书系列正式列入"十三五"国家重点出版规划项目；2013~2020年，重点皮书列入中国社会科学院承担的国家哲学社会科学创新工程项目。

权威报告·一手数据·特色资源

皮书数据库
ANNUAL REPORT(YEARBOOK)
DATABASE

分析解读当下中国发展变迁的高端智库平台

所获荣誉

- 2019年，入围国家新闻出版署数字出版精品遴选推荐计划项目
- 2016年，入选"'十三五'国家重点电子出版物出版规划骨干工程"
- 2015年，荣获"搜索中国正能量 点赞2015""创新中国科技创新奖"
- 2013年，荣获"中国出版政府奖·网络出版物奖"提名奖
- 连续多年荣获中国数字出版博览会"数字出版·优秀品牌"奖

成为会员

通过网址www.pishu.com.cn访问皮书数据库网站或下载皮书数据库APP，进行手机号码验证或邮箱验证即可成为皮书数据库会员。

会员福利

- 已注册用户购书后可免费获赠100元皮书数据库充值卡。刮开充值卡涂层获取充值密码，登录并进入"会员中心"—"在线充值"—"充值卡充值"，充值成功即可购买和查看数据库内容。
- 会员福利最终解释权归社会科学文献出版社所有。

数据库服务热线：400-008-6695
数据库服务QQ：2475522410
数据库服务邮箱：database@ssap.cn
图书销售热线：010-59367070/7028
图书服务QQ：1265056568
图书服务邮箱：duzhe@ssap.cn

S 基本子库
SUB DATABASE

中国社会发展数据库（下设 12 个子库）

整合国内外中国社会发展研究成果，汇聚独家统计数据、深度分析报告，涉及社会、人口、政治、教育、法律等 12 个领域，为了解中国社会发展动态、跟踪社会核心热点、分析社会发展趋势提供一站式资源搜索和数据服务。

中国经济发展数据库（下设 12 个子库）

围绕国内外中国经济发展主题研究报告、学术资讯、基础数据等资料构建，内容涵盖宏观经济、农业经济、工业经济、产业经济等 12 个重点经济领域，为实时掌控经济运行态势、把握经济发展规律、洞察经济形势、进行经济决策提供参考和依据。

中国行业发展数据库（下设 17 个子库）

以中国国民经济行业分类为依据，覆盖金融业、旅游、医疗卫生、交通运输、能源矿产等 100 多个行业，跟踪分析国民经济相关行业市场运行状况和政策导向，汇集行业发展前沿资讯，为投资、从业及各种经济决策提供理论基础和实践指导。

中国区域发展数据库（下设 6 个子库）

对中国特定区域内的经济、社会、文化等领域现状与发展情况进行深度分析和预测，研究层级至县及县以下行政区，涉及地区、区域经济体、城市、农村等不同维度，为地方经济社会宏观态势研究、发展经验研究、案例分析提供数据服务。

中国文化传媒数据库（下设 18 个子库）

汇聚文化传媒领域专家观点、热点资讯，梳理国内外中国文化发展相关学术研究成果、一手统计数据，涵盖文化产业、新闻传播、电影娱乐、文学艺术、群众文化等 18 个重点研究领域。为文化传媒研究提供相关数据、研究报告和综合分析服务。

世界经济与国际关系数据库（下设 6 个子库）

立足"皮书系列"世界经济、国际关系相关学术资源，整合世界经济、国际政治、世界文化与科技、全球性问题、国际组织与国际法、区域研究 6 大领域研究成果，为世界经济与国际关系研究提供全方位数据分析，为决策和形势研判提供参考。